日本コミュニケーション学会40周年記念

現代日本のコミュニケーション研究

日本コミュニケーション学の足跡と展望

日本コミュニケーション学会 編

三修社

##　まえがき

40歳を迎えた日本コミュニケーション学会

　現在の日本コミュニケーション学会（CAJ：Communication Association of Japan）が、太平洋コミュニケーション学会（CAP：Communication Association of the Pacific）の名のもとに設立されたのは1971年。その2年前の1969年7月20日、米国のアポロ11号が人類初の月面着陸に成功した。その偉業の瞬間や、宇宙飛行士とヒューストン宇宙センターとの交信、そしてアームストロング船長の"That's a small step for a man, one giant leap for mankind."という名文句を、よどみなく日本語に置き換えた、「同時通訳」という、ことばのプロフェッショナルの存在が脚光を浴びた。

　それから4年後に起こったのがオイルショック。日々の生活に欠くことができない石油製品や、日用品、また通貨間の為替など、一つの国、あるいは二国間で起こること、さらにはメディアを通して流される情報、人々の思い込みや噂などが瞬時に世界中の人間の生活に大きな影響を与えることを目の当たりにした。今日のグローバル化時代の幕開けだったと言える。

　同時通訳のような一言語を他言語に置き換える能力や、語学力の大切さが一層認められ、また日本経済の発展にも後押しされ、多くの若者が外国（特に米国）に留学するようになった。その結果、習慣や伝統、歴史、価値観の違いなどによって、外国語を流暢に話せるだけでは異文化適応が十分できない、という現実を痛感させられた留学生も多かったに違いない。そのような折、バーンランド（Barnlund, D）の *Public and private self in Japan and the United States*（『日本人の表現構造』、西山千訳、サイマル出版、1975）が出版され、日米間の異文化コミュニケーション研究の先駆者的な役割を果たした。

　日本での体系的なコミュニケーション研究や、日本コミュニケーション学会のような研究組織の発展の歴史が半世紀にも届かないのに対し

て、世界レベルのコミュニケーション研究の源流は紀元前400年前後の古代ギリシャの時代、日本で言えば弥生時代にまでさかのぼると考えられている。その時代的伝統に支えられているだけに、コミュニケーション研究の背景である研究哲学や研究法、理論、概念なども欧米の研究者によって提唱、検証、発展、応用されてきた。その結果、現在でも、日本人研究者による多くの論文で用いられている先行研究の大半が、欧米の研究者のものである場合が圧倒的である。

　人々の日常の人間関係をはじめとする社会行動、言語・非言語の表象行動や志向を研究対象とするのがコミュニケーション学である。私たちのコミュニケーション活動は文化的背景や社会的、経済的動向に大きく影響を受け、同時にそれらの行動が社会を形成している。だとすれば、コミュニケーション学の完成にはそれぞれの文化的基盤に根差した哲学や手法を十分に考慮することが欠かせないはずである。欧米の文化や哲学に偏った研究では、日本社会で営まれ、日本文化を形成するコミュニケーションの特徴や問題点を十分に明らかにすることはできない。

　1985年に太平洋コミュニケーション学会が日本コミュニケーション学会へと変わったのは、単に名称の変更ではなく、このような変遷と時代的要請を反映してのことだった。環太平洋という大ざっぱで多様な地域を対象とするのではなく、日本独自の文化、歴史、社会事情などを取り入れて日常の表象行動を研究するコミュニケーション学を促進する学会として生まれ変わったことは喜ばしい。しかし、1980～90年代にかけても、コミュニケーション学の大学院レベルでの教育、研究はそのほとんどを米国で行うしか選択肢がなかった。専門的知識と経験を得るために留学した日本人研究者は、何らかの形で英語教育（スピーチ、ディベートなどを含む）と関わっているという状況だったので、学位取得後日本の大学に赴任しても、外国語学部や文学部、さらには経済学部などで英語教員として籍を置き、コミュニケーション研究に励むという状況で、その状態は現在でも続いている。

　2000年以降、ますますグローバル化、情報化が進む時代の要請を背に、コミュニケーション学の必要性や社会貢献への期待が認知されるよ

うになり、大学をはじめとする研究、教育機関でコミュニケーション研究の礎がはっきりと見えるようになってきた。創立40周年、40歳といえば人間の年齢に置き換えると「不惑の年」。しかし、長い歴史を持つ西洋のコミュニケーション学と比べると、ようやく二本の足で立ち上がり、よちよち歩きを始めたばかりなのが日本コミュニケーション学会の今の姿である。

40周年記念出版の経緯と目的

　日本人に限らず、人間は「○○周年記念」を祝うのを好む。39周年でも41周年でも中身はそれほど変わらないはず。でもキリが良い、そして10年刻みの年を節目と考え、それまでの歩みを振り返ったり、その後の道筋や目的を新たにしたりすることも、やはり人間ならではの表象行動のひとつである。

　40歳を祝福し、これまでの足跡を振り返り、今後の歩みを展望する試みの一環として記念の書を発行することにした。とはいっても、これまでの日本のコミュニケーション学研究の特徴のひとつである多様性や多方向性を一つにまとめ、研究者たちが一丸となって同じ方角を向いて共通の目的に向かっての第一歩となるように、というのではない。むしろその反対である。

　人間の社会実践、表象行動という壮大な領域に関心を注ぐのがコミュニケーション学なので、その研究領域も当然広大である。そこで本書では、その領域を対人、組織、異文化、教育、レトリック、それに「問題系」に区分することにした。

　共通点が多いことは当然だが、同じ「コミュニケーション学」を研究し、そこで得た結果を教育やトレーニングを通して社会に貢献したり、真理を探究しようと努力したりする研究者としての生き方、哲学を示そうとする「同業者」でも、研究目的、「真理とは」という問いに対する姿勢、研究方法などあらゆる点で異なっているのがコミュニケーションという学界の特徴でもある。

　仲間との和を尊び、協調性を重んじる日本という文化では、多様性の

価値が真に認められることは、「個の時代」と言われる現代でも珍しい。しかし、一人ひとりの顔や姿が異なるように、考え方も生き方も異なって当然。自分と相手とは違う人間で、その違いがどこからくるのか、という疑問を抱くことから始まるのがコミュニケーションである。私たちコミュニケーション研究者には、「コミュニケーションとは」という抽象的で壮大な疑問に対して、社会でその哲学的、実践的価値が認められるような答えを模索する責務がある。その責任を負って研究者、教育者として生きる上で、同業者同士の違いを認め合い、それらの違いを追及してこそ存在価値が認められるはずである。

　日本コミュニケーション学会はこの数年、「コミュニケーション学とX」をテーマに年次大会を開催してきた。「X」には文学、演劇、文化人類学、カルチュラル・スタディーズ、政治学、人間科学などの近隣領域を当てている。コミュニケーション学とそれらの研究領域との共通点、そして相違点を明らかにすることによって棲み分けを試みている。それは、単に境界線を明らかにして「縄張り意識」を煽るためではない。むしろ、そうすることによってコミュニケーション学のアイデンティティを明らかにしたいからである。

　違いを過度に強調すると敵対意識が高じ、せっかくよちよち歩きを始めた日本のコミュニケーション学が倒れてしまう。本書のそれぞれの部をお読みいただくと、同じコミュニケーション学の領域であるはずなのに、研究の目的、対象、研究法、また文章のスタイルも大きく異なることにお気づきになるだろう。例えば、本文中の参考文献の記載の仕方と文献リストの作成方法が執筆者によってはMLA方式を使ったり、あるいはAPA方式に則ったりしている。同じコミュニケーション学でも社会科学の流れを汲む、たとえば対人、組織コミュニケーションではAPAを、またもっと歴史の長い、そして人文学の特色が強いレトリックではMLA方式が好まれるのは自然なことである。一冊の本の中に、違った方式が混在していて良いのか、というご批判もあるかも知れないが、それがコミュニケーション学の領域の広さを示す一つの特徴であると受け止めていただきたい。

このように多様性を尊重しつつ、それぞれの領域のこれまでの歩みと今後の展望を読み説いていただくために、あえて執筆者の裁量に委ねた結果であることをご理解いただきたい。

本書の構成

多様性が「売り」である日本コミュニケーション学会だけに、六部の選択と構成には苦慮した。一対一という最も基本的な人間関係に関心を注ぐ「対人コミュニケーション」の部を先頭に置くことにした。21世紀になって特にインターネットや携帯電話による情報伝達が主流になったのに伴い、生身の人間と面と向かったコミュニケーションをめぐってさまざまな社会問題が表面化している。対人コミュニケーションの研究、教育に多くの方々に関心を持ってもらうことは、あらゆる状況での人間関係を通して豊かな人生を送ることに直結している。

次の「組織コミュニケーション」の部では組織とコミュニケーションとの関係を探る。企業など多くの人間が共通の目的に向かって、日々の業務を遂行する過程でコミュニケーションが果たす役割は大きい。しかしコミュニケーションを単に情報のやり取りと捉えるのではなく、組織することそのものが人間の表象行動としてのコミュニケーションの表れ、と考える。企業や政府、役所の不祥事が日常化してきた今日、人を育てる機能と責務を有するはずの組織の倫理が問われている。組織とコミュニケーションとの位置づけ、意味づけを明らかにすることは、本学会が社会に向けて発することのできる有益なメッセージとなり得ると確信する。

文化を異とする相手との関わり合いが日常的になってきた今日のグローバル化社会、続く「異文化コミュニケーション」の部では「文化」という大きな概念のとらえ方に新しい光を当てている。異文化は外国とは限らない。日本国内でも地域、世代、性、さらには職業や所属する会社、学校が異なれば文化の差異を認めることができる。また、文化とはあらかじめ作られ、あるグループの一員として認められるために受け入

れなければならないもの、と考えるのではなく、人間の日々の表象行動によって形成、変化させられ、その発展に影響を与える行動、思考の枠組みと考えたい。同時に文化という枠組みから日常の社会行動の意味づけが行われているのも確かで、文化とコミュニケーションとの双方向の関係を考えるのが異文化コミュニケーションの研究である。

「コミュニケーション教育」の部は文字どおりコミュニケーションと教育との関連を中心に展開している。ただし、コミュニケーションの教育と、教育におけるコミュニケーションとは区別して考える必要がある。自分の考えを適切で効果的なメッセージに託して表現し、相手からのメッセージを正確に認知、理解、判断する能力の向上を目指す上での諸問題を研究するのがコミュニケーション教育である。また、科目や目的に関わらず、教育の場では必ず教える側と教えられる側との人間関係がその効果に大きな影響を与える。いじめ、校内暴力、アカデミック・ハラスメント、モンスターペアレンツなど、教育を舞台とした人間関係の問題を、コミュニケーション学の立場から研究することは今後の重要課題である。

コミュニケーション研究の世界で最も長い歴史と、研究の基盤、それに基礎的概念を提供してきたのが「レトリック」である。本書に一貫して流れる表象の概念の源がレトリック研究と考えられるので、他の領域の後に置くことによって、レトリック研究のコミュニケーション研究への貢献と、これまでの足跡について改めて確認することができる。公的状況でどのような表現を使って自分の主張に動きやインパクトを与えられるか、という狭い意味での修辞学の考え方から、レトリックとは人間がことば、非言語の表象を用いて真理を探究する過程である、という考え方までも包含するのがこの分野である。ことばによって構築される力関係や、社会でのさまざまな差別など、レトリックが人間の日常生活と密接な関わりを持っていることが理解できる。

最後の「コミュニケーション学の問題系」は、従来の、例えば対人、

組織、異文化、レトリックなどの括りでは明らかにすることができない諸問題を扱う領域をいくつか選び、まとめたものである。医療・看護、カルチュラル・スタディーズ、ナラティブ、表象、映画・映像、メディア・テクノロジーなど、コミュニケーション学の領域に限った研究の経験や手法だけでは研究を推進することが難しい対象は、社会の多様化によって毎日増加し続けている。本書に含むことができなかったジェンダー、コンピューターや携帯電話などの電子媒介を使ったコミュニケーション、不倫やストーキング、セクシュアル・ハラスメントなど、女性と男性との間の「好ましくない(不適切な)関係」など、問題系として扱うべき、また扱うことのできる領域は際限なく広がる。

謝辞

　本書の企画、執筆、編集、発行は多くの方々の献身的な努力の結晶である。学会が40周年を迎えるかなり前からこの企画の案を練り、温めてくれた三修社の澤井啓允顧問、企画委員長の松本茂立教大学教授、それに道半ばでこの世を去った今堀義日本コミュニケーション学会前会長に深く感謝申し上げる。松本さんには「コミュニケーション教育」の部の責任者としても、念入りな校正をはじめ、多くの建設的アドバイスをいただいた。

　また、「対人コミュニケーション」の部の守崎誠一神戸市外国語大学准教授、「異文化コミュニケーション」の池田理知子国際基督教大学教授、「組織コミュニケーション」の山口生史明治大学教授、そして「レトリック」の柿田秀樹獨協大学准教授には、それぞれの部の責任者として、内容の構成、執筆者の選定、執筆依頼、原稿の取りまとめ、校正に至るまで長きにわたってご尽力いただいた。多くの章によって構成されているだけに、各責任者のご苦労もたいへんだった。

　合計27名の執筆者のみなさん、短い時間内で、広大なコミュニケーション研究の領域の事情を6〜7千字という短い文章にまとめていただくという、無理な注文に応じていただいたことに感謝。なかなか最終原稿が届かなかったり、文献リストのスタイルなどについて、やきもきし

ながらも、最後まで編集の仕事をしてくださった三修社の松居奈都さんには、ことばでは言い表せない感謝の気持ちでいっぱいである。
　ありがとうございました！
　本書が、日本のコミュニケーション学の研究、教育のこれまでの歩みを振り返る上で問題を提起し、それらの問題をさらに突き詰めていく日本コミュニケーション学会の発展を後押ししてくれることを願っている。

編集責任者

宮原　哲

CONTENTS

第Ⅰ部　対人コミュニケーション

第1章　対人コミュニケーションの特徴と研究概要 …………… 18
    1　対人コミュニケーションとは／18
    2　現代の対人コミュニケーション研究の特徴と研究概要／18

第2章　対人関係の親密化 ……………………………………… 25
    1　対人関係の親密化に関する研究の歴史と概要／25
    2　対人関係の発生から崩壊まで／26
    3　親密な対人関係と親密化／27
    4　親密な対人関係形成に影響を与える要因／28
    5　親密化研究の近年の研究動向と今後／29

第3章　自己開示 ………………………………………………… 32
    1　自己開示の概念／32
    2　自己開示と状況的要因との関係／33
    3　自己開示と心身の健康／35
    4　自己開示と社会／37

第4章　自己呈示 ………………………………………………… 40
    1　自己呈示の定義／40
    2　自己呈示の生起／41
    3　自己呈示の機能と方略／42
    4　自己呈示に対する個人差と文化差／43
    5　自己呈示研究の今後／44

第5章　対人コミュニケーション能力 ………………………… 47
    1　対人コミュニケーション能力とは何か／47
    2　対人コミュニケーション能力の研究／52

第6章　対人コミュニケーション・トレーニング ……………… 56
    1　コミュニケーション・トレーニングの必要性／56
    2　現代の青年をとりまくコミュニケーション状況／58
    3　現代の社会人をとりまくコミュニケーション状況／60
    4　日本の対人コミュニケーション・トレーニングの特徴と問題点／62

第Ⅱ部　組織コミュニケーション

第1章　組織コミュニケーション研究発展の経緯と動向 ……… 68
　　1　組織コミュニケーション研究の発展経緯／68
　　2　組織コミュニケーションの研究アプローチ／70
　　3　組織コミュニケーション学の研究トピック／73
　　4　日本における組織コミュニケーション研究／74
　　5　まとめ／77

第2章　組織コミュニケーションの量的研究 ………………… 81
　　1　組織コミュニケーション研究における量的研究の位置づけ／81
　　2　量的研究のさまざまな研究方法／83
　　3　おわりに／87

第3章　組織コミュニケーションの質的研究：組織ディスコース …… 90
　　1　組織コミュニケーションと組織ディスコース研究／90
　　2　組織ディスコース研究のさまざまな方法／93
　　3　組織ディスコース研究の挑戦と可能性／96

第Ⅲ部　異文化コミュニケーション

第1章　異文化コミュニケーション研究の歴史 ………………… 104
　　1　第1期：創成期（戦後―1970年代）／104
　　2　第2期：実証主義的研究の展開期（1980―1990年代）／105
　　3　第3期：批判的展開期（1990年代以降―現在）／107
　　4　日本における異文化コミュニケーション研究の展開／108

第2章　コミュニケーションと文化 ……………………………… 111
　　1　「コミュニケーション」と「文化」の多義性について／111
　　2　コミュニケーションと文化の関係／113
　　3　結語／117

第3章　アイデンティティ ………………………………………… 119
　　1　機能主義的アプローチ／119
　　2　解釈的アプローチ／120
　　3　批判的アプローチ／121
　　4　これまでのアイデンティティ研究と今後の課題／123

第4章 権力 ··· 126
 1 研究対象としての権力／126
 2 研究行為が行使する権力／128
 3 権力は「悪」か――異文化コミュニケーションという「旅」／130

第5章 異文化コミュニケーション研究の課題と展望 ········· 133
 1 「異文化」と名付ける行為／134
 2 アイデンティティを語ること／135
 3 異文化コミュニケーションとグローバル化／136

第Ⅳ部　コミュニケーション教育

第1章 コミュニケーション教育の源流 ························· 140
 1 古典から近代への転換点としてのヴィーコ：人間化・歴史化のプロセス／142
 2 現代コミュニケーション学の源流としてのジョン・ロック：〈個人〉の誕生／143
 3 まとめ／144

第2章 日本におけるコミュニケーション教育の歴史 ········· 148
 1 はじめに／148
 2 明治以前／148
 3 明治時代／149
 4 大正から昭和前期／150
 5 昭和後期／151
 6 おわりに／154

第3章 コミュニケーション学におけるコミュニケーション能力の捉え方 ···· 158
 1 はじめに／158
 2 コミュニケーション能力の主要構成要素／159
 3 異文化コミュニケーション能力へのアプローチ／160
 4 今後の展望と課題／164

第4章 コミュニケーション教育に関する研究の課題と手法 ····· 168
 1 はじめに／168
 2 コミュニケーション教育に関する研究の概要／168
 3 コミュニケーション教育に関する研究の主な課題／170
 4 コミュニケーション教育に関する研究手法の特色と傾向／172
 5 日本でのコミュニケーション教育に関する研究の課題と展望／174

第5章 教育的課題とコミュニケーション教育の在り方 …… 178

 1 はじめに／178
 2 初等中等教育における「コミュニケーション」／179
 3 「社会の要請」と高等教育のコミュニケーション教育／184
 4 おわりに／186

第Ⅴ部　レトリック

第1章 レトリック研究の源流 ………………………… 190

 1 ソフィストの時代／191
 2 プラトン（前427年-前347年）／193
 3 イソクラテス（前436年-前338年）／194
 4 アリストテレス（前384年-前322年）／195
 5 キケロ（前106年-前43年）とクインティリアヌス（39年頃-96年頃）／197
 6 おわりに／198

第2章 1980年代までの現代レトリック批評 ……………… 203

 1 リベラルな市民的実践／203
 2 認識論的視点／206
 3 批判的＝文化的視点／210

第3章 1990年代以降の現代レトリック批評 ……………… 216

 1 権力批判としての現代レトリック批評の理論＝実践的系譜／216
 2 批判的パフォーマンスとしてのレトリック実践／219

第4章 議論の理論 ………………………………… 225

 1 トゥールミン、ペレルマン＆オルブレッツ・テュテカの議論の理論の受容／225
 2 議論研究の制度の整備／229
 3 議論研究の本格的な発展／231
 4 まとめ／234

第5章 レトリックとペダゴジー ……………………… 237

 1 ペダゴジー／237
 2 現代社会と古代ギリシャ／239
 3 現代コミュニケーション学における「パイデイア」／240
 4 市民レトリシャンの教養教育としてのペダゴジー／241
 5 結語／244

第Ⅵ部　コミュニケーション学の問題系

第1章　カルチュラル・スタディーズ ……………………………… 248
- 1　コミュニケーション学の新たな課題とカルチュラル・スタディーズ／248
- 2　カルチュラル・スタディーズの企て／249
- 3　諸実践の場（トポス）に介入するレトリックの可能性／252

第2章　医療・看護 ………………………………………………… 255
- 1　はじめに／255
- 2　医療・看護コミュニケーションの領域の概要／256
- 3　医療・看護コミュニケーションの推移／257
- 4　医療・看護コミュニケーション研究の特徴と課題／259

第3章　メディア・テクノロジー ………………………………… 264
- 1　人間とメディア・テクノロジー／264
- 2　メディア・テクノロジーは人間の何を拡張するのか／266
- 3　技術と発達と、その影響力について／270

第4章　ナラティブ ………………………………………………… 274
- 1　はじめに／274
- 2　ウォルター・フィッシャーの「ナラティブ・パラダイム」をめぐる論争／276
- 3　コミュニケーション研究における物語／280
- 4　物語はコミュニケーション研究に何をもたらすのか――おわりに代えて／282

第5章　精神分析 …………………………………………………… 286
- 1　レトリック研究と精神分析／287
- 2　ラカンの「四つの言説」について／288
- 3　レトリック研究における視点の転換と「四つの言説」との関連性／290
- 4　今後のコミュニケーション研究の方向性／292

第6章　映画／映像へのアプローチ ……………………………… 296
- 1　映画理論の萌芽／296
- 2　記号学、精神分析学、文学理論などの導入／297
- 3　メディア研究、カルチュラル・スタディーズとの比較／299
- 4　今後の展望／302

第7章　表象 ………………………………………………………… 306
- 1　表象と人間／306
- 2　言語表象／映像表象の秩序／308
- 3　表象と実在の関係性と、その現在／311

第 I 部

対人コミュニケーション

第 1 章
対人コミュニケーションの特徴と研究概要

中西 雅之

1 対人コミュニケーションとは

　社会生活を送るために必要不可欠な人間による活動・営みのほとんど全ては、対人コミュニケーションであるといっても過言ではない。主体はあくまで人間であるという前提を強く意識して、ヒューマン・コミュニケーション（human communication）、「私とあなた」のペア（dyad）によるコミュニケーションという意味で、ダイアディック・コミュニケーション（dyadic communication）という用語もよく使われる。したがって、人間関係（relationship）がキーワードであり、その重要な目的の1つは意味の共有という形での相互理解、人間関係とその発展（relationship development）である。対人コミュニケーションの研究対象は言語・非言語のシンボル（verbal and nonverbal symbols）を用いた相互作用（interaction）とプロセスである。

2 現代の対人コミュニケーション研究の特徴と研究概要

　対人コミュニケーションは比較的新しい。心理学、社会学等の既存の領域から枝分かれする形で、1960年代に入ってようやく学際的な研究領域として認知されるようになった。1990年代までの発展の歴史については、Knapp, Albada, & Miller（2002）に詳しく述べられているので、本章では、2000年代から将来に向けての展望を論じてみたい。

2.1　2000年代―成熟期からさらなる発展へ

　2000年代は、対人コミュニケーション研究の成熟期といえる。相互作用のプロセス、メッセージ、そして人間関係に関わる諸問題を共通のテーマに、1対1の対面（face-to-face）に限らず、小集団、組織、異文化間、さらにはネット上の仮想空間（cyberspace）のコンテキストでの研究が盛んに行われるようになった。

　一方、自身の研究分野を批判的に見つめようとする一部の学者によってメタ理論的仮定（meta-theoretical assumptions）あるいはパラダイム確立の必要性も活発に議論されるようになった（Deetz, 2001；Baxter & Babbie, 2004）。

　その結果、データ重視、仮説検証を基に客観的事実の解明を目的としたポスト実証主義（post-positivism）、複数ある主観的現実（subjective reality）の差異と間主観的現実（intersubjective reality）を共有するプロセスを見ようとする解釈主義的視座（interpretative perspective）、そして特定のイデオロギーを反映する言説や女性や民族的、文化的マイノリティ集団のアイデンティティ形成のプロセスを批評する批判主義的視座（critical perspective）の3つの基本的な流れに整理された（Baxter & Braithwaite, 2008）。

　さらに、単なる実態調査ではなく、蓄積されたデータを使って、理論の検証とさらなる厳密化を目指す、グラウンデッド・セオリー・アプローチ（grounded theory approach/GTA）への移行により、学術研究領域としての評価が相対的に高まることとなった。

　そして2000年代のもう1つの新たな展開として、怒りや傷心といった負の感情、いじめ、家庭内暴力、不倫関係等、それまでタブーとされてきた暗黒地帯（dark side）の対人コミュニケーションが、研究領域として公に認知されるようになったことも特筆に値する（Spitzberg & Cupach, 2007）。

2.2　対人コミュニケーション研究の将来の課題と展望

【課題1】　メタ理論的仮定の統合

　理論構築のベースとなるメタ理論的仮定は、ポスト実証主義、解釈主義、批判主義の3つにほぼ整理されたとはいえ、1990年から2005年までにNCAとICAの学会誌に公刊された研究論文（958本）の内訳は、ポスト実証主義に依拠した、データベースの定量的な研究が83.9％と圧倒的である。解釈主義が13.9％、批判主義に至っては僅か2.9％にすぎないことが報告されている（Baxter & Braithwaite, 2008）。

　実際、対人コミュニケーション研究に用いるメタ理論的な仮定の間に絶対的な優劣はなく、研究やリサーチクエスチョンの性質により、合理的にメタ理論的仮定や研究方法論（research methodology）が決定されるべきである。とりわけ、批判主義的メタ理論については、レトリックと対人コミュニケーションの相互乗り入れが実現しつつあることを示すものであるが、公刊論文に占める割合が非常に低い。

　組織コミュニケーション（organizational communication）では、組織文化や組織内のコミュニケーション研究のメタ理論的仮定として、機能主義（functionalism）と解釈主義を併用する三角法（triangulation）が推奨されてきた。これは、2つの視点から現実を見るという理にかなったアプローチである（Putnam & Pacanowsky, 1983）。例えばレトリック批評の研究者と統計学的分析手法や定量分析に精通した研究者が協力して同じトピックについて研究するのである。このような形の共同研究が対人コミュニケーションでも今後増加することが期待される。

【課題2】　理論ベースの研究の促進

　メタ理論的仮定を明確にすることは研究の中心に理論を据えることを意味する。実証データや観察、論証の結果の蓄積を基に仮説や理論の妥当性を検証したり、また新たな理論を構築したりという進化をもたらすことが期待される。

　最も重要な点は、研究意義（rationale）の明確化である。学術研究を

行う意義には大別して学問的意義（academic significance）と社会的意義（social significance）の2つがある。前者は、先行研究の成果を基に、学問的な知見を増やし、新しい発見をさらに次の研究につなげていくことによって学問領域を進歩させることである。後者は、研究成果の社会への還元であり、研究者の社会的義務や責任に関わる重要な側面である。対人コミュニケーションについて正しい理解を促進し、人々を啓蒙し、さらには、日常の対人関係の問題解決の根拠あるヒントを与えることができる。理論的根拠を明確にすることでこの2つの研究意義が自然と明らかになるのである。

【課題3】研究対象のさらなる多様化

対人コミュニケーションは、コンテキストではなく、あらゆるコミュニケーション・コンテキストに共通するプロセスである。したがって、対人コミュニケーション研究は「ある特定のコンテキストにおける対人コミュニケーション（interpersonal communication in context）だと捉えることができ、人間関係のタイプや研究対象の母集団を広げることによって、研究の多様性がさらに拡大することが期待される（Wood & Duck, 1995；Spitzberg & Cupach, 2008）。

具体的には、対面（face-to-face）からメディア、特にインターネットや携帯端末などの電子メディアを使って行う対人コミュニケーション（computer-mediated interpersonal communication）への研究の広がりが今後ますます顕著になるだろう（Berger, 2005）。ソーシャル・ネットワーキング・サービス（SNS）やtwitterといった新しい対人コミュニケーションの場や方法が急速な勢いで普及していること、スマートフォンが登場し、もはや携帯端末というよりも、身につけるパソコン（wearable computer）により近いものになってきていることにより、対人コミュニケーションの本質が確実に変化してきている。コミュニケーションの相手と直接会うこと（face-to-face context）が対人コミュニケーションの必要十分条件ではなくなってきているからだ。

【課題4】研究活動と教育の連携強化

　対人コミュニケーションは学問領域であると同時に良好な人間関係を築くために身につけるべき技能（skill）や能力（competence）でもある。

　このように研究と教育が表裏一体の密接な関係にあるのが、対人コミュニケーションの特色でもある。すなわち、研究成果の教育へのフィードバックであり、研究者の教育活動への積極的な関与である。日本の大学の現状を見てみると、対人コミュニケーションについて教える専門科目は開講されていても、対人コミュニケーションの仕方（技術）を教える科目はほとんど提供されていない。大学でのコミュニケーション技能の教育は、基礎英語科目としての会話やライティング、また日本語での論文作成法に姿を変えてしまっている。パブリックスピーキングを授業として取り入れている大学もそう多くはない。これでは、せっかくの対人コミュニケーションの実践的側面が十分生かされているとは言い難い。

　中西（2008）は、全ての人に身につけてほしい対人コミュニケーション能力として、「対話力」を強調している。対話力は、「相手ときちんと向き合って話す・聴く力」である。昨今、日本の企業も人材に優れたコミュニケーション能力を期待するようになってきたことから、大学でのキャリア教育の一環として、対人コミュニケーション教育を位置づけることが今後もっと行われていい。さらに、社会の要請に応える形で、大学の研究者が研究室にこもらずに、広く一般の人々を対象にした教育・啓蒙活動にもっと積極的に関与することが期待される。

【課題5】文化を超越した対人コミュニケーション研究の推進

　コミュニケーション学が欧米（特にアメリカ）を中心に発展してきたことにより、対人コミュニケーションの研究は欧米人が考える望ましい対人コミュニケーションのあり方についての価値観や考え方が基準（de-facto standard）となってきた。非欧米系の研究者でさえも、欧米文化のバイアスに対して、特に異論を唱えることなく研究を行ってき

た。このことが、実際、研究結果の妥当性や一般化に深刻な影響を与えることに気づかなければならない。

　最近になって、この欧米文化のバイアスについて問題提起を試みたアジア系の研究者が現れた（Kim, 2002；Miike, 2007）。両者とも非欧米系文化の視点を研究の理論的枠組みの中に意識的に導入することで、欧米文化のバイアスを中性化する試みを行っている。これは、研究の結果得られた結論を2つの文化の視点からダブルチェックすることを促すことで、対人コミュニケーション研究のみならず、コミュニケーション学全体が内包する欧米文化のバイアスの問題を解決しようとする積極的な（proactive）アプローチとして評価できる。

　さらに、異文化のコンテキストではなく、自文化内での研究（intra-cultural interpersonal communication research）がもっと奨励されて良い。アメリカで、アメリカ人を対象とした対人コミュニケーション研究はごく自然なものである。しかし、日本人の研究者が日本人の対人コミュニケーションを日本の文化の特徴に関連づけた独自の理論的枠組みの中で研究することはこれまであまりなされてきていない。日本人を対象とする研究に、アメリカ人向けに開発された質問紙を単に日本語に訳したものを使用したり、明らかに欧米の文化の価値観が反映された理論や概念を日本人にそのまま当てはめたりすることは厳に慎みたい。今後、「日本人研究者による、日本人を対象とした」対人コミュニケーション理論や概念構築の試みがなされることを期待したい。そして、逆にその成果を海外に向けて発信することで、対人コミュニケーション研究を真の意味で文化を超越した研究領域（transcultural interpersonal communication research）へと高めていくことができるだろう。

―――― 引用文献 ――――

Baxter, L. A., & Babbie, E. R. (2004). *The basics of communication research.* Belmont, CA: Wadsworth.

Baxter, L. A., & Braithwaite, D. O. (Eds.) (2008). *Engaging theories in interpersonal communication: Multiple perspectives.* Thousand Oaks, CA: Sage

Publications.
Berger, C. R. (2005). Interpersonal communication: Perspectives, future prospects. *Journal of Communication, 55*(3), 415-447.
Deetz, S. (2001). Conceptual foundations. In E. M. Jablin & L. L. Putnam (Eds.), *The new handbook of organizational communication: Advances in theory, research, and methods* (pp. 3-46). Thousand Oaks, CA: Sage Publications.
Kim, Min-Sun (2002). *Non-western perspectives on human communication: Implications for theory and practice.* Thousand Oaks, CA: Sage Publications.
Knapp, M. L., Daly, J. A., Albada, K. F., & Miller, G. R. (2002). Background and current trends in the study of interpersonal communication. In M. L. Knapp & J. A. Daly (Eds.), *Handbook of interpersonal communication* (3rd ed., pp. 3-20). Thousand Oaks, CA: Sage Publications.
Miike, Y. (2007). An Asiacentric reflection on Eurocentric bias in communication theory. *Communication Monographs, 74*(2), 272-278.
中西雅之 (2008)『対話力 なぜ伝わらないのか、どうすれば伝わるのか』、PHP研究所.
Putnam, L. L., & Pacanowsky (Eds.). (1983). *Communication and organizations: An interpretive approach.* Beverly Hills, CA: Sage Publications.
Spitzberg, B. H., & Cupach, W. R. (Eds.). (2008). *The dark side of interpersonal communication* (2nd ed.). Mahwah, NJ: Lawrence Erlbaum Associates.
Wood, J. T., & Duck, S. (Eds.). (1995). *Understudied relationships: Off the beaten path.* Thousand Oaks, CA: Sage Publications.

第 2 章
対人関係の親密化

内藤 伊都子

1 対人関係の親密化に関する研究の歴史と概要

　私たちは、複数の出会いを通して特定の他者と親しくなったり疎遠になったりしながら対人関係を形成していく。私たちが他者とどのように対人関係を形成し親しくなっていくのかという対人関係の親密化に関する研究は、対人魅力研究から発展したとされる。

　対人魅力とは、他者に対する肯定的または否定的な態度（Berscheid & Walster, 1978:1）であり、多面的な概念の一部として親密さを含んでいる（Huston & Levinger, 1978）。対人魅力の研究は、1960年代にByrneを中心とした研究者らにより態度の類似性と好意の関係について組織的な研究が行われ、それ以降発展したとされる。当初は規定要因に関する研究が中心であり、他者に対する好悪のうち特に好意の形成要因に重点が置かれていた。

　日本では1970年代に入り、米国の研究を追従する形で研究が始められた。その結果、米国での調査結果を支持する結果が得られている。1970年代当時は、初対面や未知の他者に対して好意度を測定する研究が主流であった。その後、好意は量的に増減するだけでなく、肯定的な態度の中に愛情や愛着、親密など質的に異なる要素が含まれるという多面性が指摘されるようになると、1980年代には要素別の研究が活発化していく。

　友人やカップルという関係は以前から研究対象であったが、1980年

代以降は対人魅力の知見を基に現実の同性や異性の友人、恋人、夫婦など個人にとって身近な他者を対象とする研究が増加した。この傾向は日本で顕著であり、特に大学生の同性同輩の友人を対象とした研究が目立つようになる。1990年代には、恋愛関係ではない異性の友人についても扱われるようになり、現在では同性の友人や恋愛関係にある二者の親密化と比較検討されるようになってきている。

2 対人関係の発生から崩壊まで

　対人関係の発生は乳児の母親への結びつきが最初であり、幼少期は家族との関係が中心である。就学と同時に同輩を中心とした友人関係が形成され、青年期には同性の友人との親密な関係形成と共に、異性との交友関係も活発となる。成人期では社会的に職場を中心とした関係に拡大する一方、結婚や子供の誕生により家族との関係が密接となり、新しい関係の希求は減退する。老年期に入ると、社会接触の減少や健康上の理由などにより、新たな対人関係形成が困難となるため、既存の関係を維持することが重要になる。

　このように、発達段階に応じて形成される対人関係は多様であるが、関係が発展するに従い、二者で交わされるコミュニケーションは変化する。その特徴について、ナップ（Knapp, 1984）は5段階に分けて捉えている。

　まず、初対面の他者との出会いとなる「開始（initiating）」の段階では、周囲の状況にも影響されながら挨拶などの簡単なコミュニケーションが行われ、「実験（experimenting）」の段階では、表面的な自己開示やあいまいで間接的な非言語などを通してその後の関係進展が決定されていく。「強化（intensifying）」の段階に入ると、コミュニケーションは表面的なものから内面的なものに変化し、「統合（integrating）」の段階ではハイ・コンテクストなコミュニケーションであっても意思の疎通が可能となる。「結束（bonding）」の段階を経て責任や約束に関する行動が活発となっていく。

しかし、一度形成された関係は永遠に存続するとは限らず、何らかの原因によって崩壊に至る場合もある。ナップ（Knapp, 1984）は対人関係の崩壊についても5つの段階に応じたコミュニケーションの変化について言及している。

「相違（differentiating）」の段階で二者間に葛藤や衝突が生じるようになると、「制限（circumscribing）」の段階では関係改善を図ろうとする行動もみられるが、二者間のコミュニケーション量は減少する。「停滞（stagnating）」の段階になると、社交辞令的で必要最小限のコミュニケーションのみが交わされるようになり、「回避（avoiding）」の段階では物理的に相手との距離をとり、言語接触が減少する一方、非言語による否定的な感情表現が増加する。最終的に「終結（terminating）」の段階に至ると関係は崩壊する。

3 親密な対人関係と親密化

私たちにとって親密な対人関係とはどのような関係であるのか。遠矢(1996) によると、大学生にとっての親密な対人関係とは、家族、ゼミの仲間、アルバイト先の同僚、恋人、サークルの先輩あるいは後輩などが含まれる。これらは、家族を除けば広く友人と呼べる関係であり、身近で親密な対人関係の1つに友人関係があげられる。友人関係は、親子や職場の同僚または隣人など環境によって決定される関係とは異なり、環境の影響を受けながらも複数の出会いの中から個人自らが自由意思によって選択し形成していくという特徴がある。

友人には単なる知人から親友と呼ばれる関係まで親密さの幅が広いため、その概念や関係性は個人差が大きいが、親密度が異なる「知人」「友人」「親友」を対象に、それぞれどのような人物を指すか記述を求めた内藤（2007）の調査によると、「友人」と「親友」はいずれも理解や援助に関する内容が上位を占めていた。しかし、一般の友人が「相談できる」「理解してくれる」「助けてくれる」など依存的表現の存在であるのに対し、より親密な親友の場合「相談し合える」「理解し合える」「助

け合う」などお互いに影響しあう他者として表現されていた。

　それでは、どのようにして関係が親密化していくのだろうか。前述のとおり、関係段階によってコミュニケーション行動は変化するが、親密な対人関係の形成過程は、先行研究によって2つに大別される（山中, 1998）。1つは、時間の経過と共に関係が徐々に変化し、親密か親密でない関係に分化していくとする段階的分化説である。もう1つは、二者が親密化する可能性は関係形成の初期に決定されるとする初期分化説である。これまで、Altman & Taylor（1973）や山中（1994, 1998）などによって、いずれの説をも支持する結果が見出されている。

4　親密な対人関係形成に影響を与える要因

　親密な対人関係形成に影響を与える要因は複数存在するが、親密化の研究の基礎となっている対人魅力もその1つである。その対人魅力を規定する要因については、内藤（2004）が総括している。

　魅力的な人物についての知見を与える「身体的特徴」、「社会的望ましさ」、「他者からの評価」、「他者からの開示」などの他者要因、「生理的喚起状態」、「自己評価の状態」など自己の性格特性や現在の心理状況などが影響する自己要因、「類似性」、「相補性」、「協同性」など二者の相互作用により、お互いの態度や性格、好みが一致または似ていることで影響を受ける相互要因、さらに「物理的近接性」、「単純接触効果」、「不快な環境下」などの環境要因がある。

　中でも「類似性」に関する研究は多く、いずれも類似した他者ほど好まれる傾向であることから、強い規定性が指摘されている。実際には「身体的特徴」や「生理的喚起状態」が関係初期や異性間で有効であるなど、他者との関係や親密度によって要因の規定性は異なり変化する。

　親密さを表出する具体的な行動としては、自己開示や一部の非言語も親密な対人関係形成に影響を与える。自己開示には対人関係の発展や親密性の調整機能があり（Derlega & Grzelak, 1979）、一般に自分に関する情報をより多く、より深く開示することにより、開示者と被開示者の関

係は親密化していく（Altman & Taylor, 1973）。また、他者が行う開示は前述のとおり対人魅力の規定要因でもあり、開示量は多いほうが好まれる傾向にある。

　自己開示と好意の関係については、Collins & Miller（1994）や中村（2003）などが詳述しているが、開示行動には自己の否定的側面や正直で率直な意見の開示による信頼の喪失や不快感または情報漏洩などのリスクが伴うため、親密化との関連にはいくつかの開示傾向が確認されている（内藤, 2004）。

　また、非言語にも親密さの表出機能があり（パターソン, 1995）、一般に相互作用をしている二者間の親密さが増すと対人距離は接近し、視線、微笑、発話量、相槌、うなずき、身体接触などの非言語行動は増大する傾向にある（大坊, 1986；内藤, 2004；和田, 1987, 1996 など）。

　親密化と関連する非言語の特徴は、視線活動や発話量などが親密な関係で活発化すると同時に、これらの非言語が表出されることで他者の好意を誘発し親密化が促進されることや、親密な非言語が他の非言語を活発化させ、複数の非言語や自己開示などと合わせ、調整しながら表出されるということがある。

5 親密化研究の近年の研究動向と今後

　近年、国内では現実に交友関係にある他者とのコミュニケーション行動や他者への期待などについて、親密度別に検討した研究（守﨑・内藤, 2007；下斗米, 2000；高井, 2003 など）が多数行われている。一方で、近年は時代の変化に伴いコミュニケーション形態が多様化してきたため、一定の社会的接触や対人関係を有し、社会的には孤立していないものの、関係の希薄化や親密化の困難さが指摘されている。

　表面的には親しく見えるが、内面的な自己開示は行わず、お互いに親密化を避け、浅い形だけの関係を求める傾向や（田中・川崎, 2001）、関係の深化を避け、心理的に一定の距離を保ちながら親密な関係を築こうとする傾向などが認められている（中園・野島, 2003）。また、性格特性が

シャイな人物は親密な関係が築きにくいことや（石田, 1998）、異文化間の関係は文化を共有する者同士に比べ親密化が促進されにくいことも報告されている（内藤, 2009）。

このように希薄化した関係や親密化が困難な関係においては、ソーシャル・スキルを身につける必要性も指摘されている（廣實, 2002）。今後は、さまざまな対人関係についてその関係の発展や関係維持のために、個人的要因や親密化を阻む要因などと共に、コミュニケーション能力などとの関連についても一層の検討を重ねていくことが必要である。

―――― 引用文献 ――――

Altman, I., & Taylor, D. A. (1973). *Social penetration: The development of interpersonal relationships*. New York: Holt, Rinehart and Winston.

Berscheid, E., & Walster, E. H. (1978). *Interpersonal attraction. 2nd ed*. Reading, MA: Addison-Wesley.

Collins, N. L., & Miller, L. C. (1994). Self-disclosure and liking: A meta-analytic review. *Psychological Bulletin, 116*, 457-475.

大坊郁夫 (1986)「対人行動としてのコミュニケーション」対人行動学研究会編『対人行動の心理学』(193-224頁) 誠信書房.

Derlega, V. J., & Grzelak, J. (1979). Appropriateness of self-disclosure. In G. J. Chelune & Associates (Eds.), *Self-disclosure: Origins, patterns, and implications of openness in interpersonal relationships* (pp.151-176). San Francisco, CA: Jossey-Bass Inc., Publishers.

廣實優子 (2002)「現代青年の交友関係に関連する心理学的要因の展望」『広島大学大学院教育学研究科紀要』51号、257-264.

Huston, T. L., & Levinger, G. (1978). Interpersonal attraction and relationships. *Annual Review of Psychology, 29*, 115-156.

石田靖彦 (1998)「友人関係の親密化に及ぼすシャイネスの影響と孤独感」『社会心理学研究』14号、43-52.

Knapp, M. L. (1984). *Interpersonal communication and human relationships*. Boston, MA: Allyn and Bacon, Inc.

守﨑誠一・内藤伊都子 (2007)「同性二者間にみられる自己開示の返報性と総量―親密度と文化の影響」『異文化間教育』25号、74-89.

内藤伊都子（2004）「日本人大学生の対人関係の親密化に関する研究―異文化間と同文化内における対人魅力とコミュニケーション行動の関係」日本大学大学院国際関係研究科提出 博士論文.

内藤伊都子（2007）「大学生の友人関係―親密度による検討」『国際関係研究』28号、89-106.

内藤伊都子（2009）「対人関係の初期における同性二者間の対人魅力とコミュニケーション行動―日本人同士と異文化間の関係の比較―」『国際行動学研究』4号、37-52.

中村雅彦（2003）『対人魅力の形成』西日本法規出版.

中園尚武・野島一彦（2003）「現代大学生における友人関係への態度に関する研究―友人関係に関する「無関心」に注目して」『九州大学心理学研究』4号、325-334.

パターソン、M. L.（1995）『非言語コミュニケーションの基礎理論』（工藤力訳）誠信書房.

下斗米淳（2000）「友人関係の親密化過程における満足・不満足感及び葛藤の顕在化に関する研究―役割期待と遂行とのズレからの検討」『実験社会心理学研究』40号、1-15.

高井次郎（2003）「親密性による直接的・間接的対人コミュニケーション方略の選好」『日本社会心理学会第44回大会論文集』、366-367.

田中敏・川崎恵梨子（2001）「青年期の友人関係と今日的コミュニケーション行動との関連」『上越教育大学研究紀要』21号、107-116.

遠矢幸子（1996）「友人関係の特性と展開」大坊郁夫・奥田秀宇編『親密な対人関係の科学―対人行動学研究シリーズ3』（90-116頁）誠信書房.

和田実（1987）「Argyle & Dean の親和葛藤理論に関する再検討」『実験社会心理学研究』26号、181-191.

和田実（1996）「非言語的コミュニケーション―直接性からの検討」『心理学評論』39号、137-167.

山中一英（1994）「対人関係の親密化過程における関係性の初期分化現象に関する検討」『実験社会心理学研究』34号、105-115.

山中一英（1998）「大学生の友人関係の親密化過程に関する事例分析的研究」『社会心理学研究』13号、93-102.

第 3 章
自 己 開 示

中川 典子

1 自己開示の概念

1.1 自己開示の定義

　われわれは、日常のコミュニケーション場面において、さまざまな情報を伝達しあいながら生活を営んでおり、自分自身に関する情報を伝える行動はその一例と言える。「自己開示」という用語を初めて心理学用語として紹介したのは、臨床心理学者のシドニー・ジュラードである(1971)。一般に、自己開示は「自分自身に関する事柄を、言語を媒介にして他者に語る行為」とされるが、自己呈示などの他の類似概念と完全に一線を画して定義することは、極めて困難であるとされている（深田, 2001）。

　自己開示における最も基本的、かつ重要な次元は、「深さ」と「広がり」の概念である。「深さ(depth)」は、個人がどの程度親密な事柄を相手に話すかという開示の深さ（内面性）を示し、「広がり(breadth)」は、自分のことをどの程度相手に話すかという開示の範囲（量も含む）を示している。社会的浸透理論（Social Penetration Theory）（Altman & Taylor, 1973）では、二者間の相互作用により交換される情報は当事者個人に関する情報であり、2人の関係性が深まるにつれて、コミュニケーションは関係性の浅い内容から、より深い私的な内容のものに移行するとされている。

1.2　自己開示の機能

自己開示が持つ機能は、主に次の5つに集約される（Derlega & Grzelak, 1979）。

①自己表出・情動解放機能：胸の奥にしまっていた自分の悩みや葛藤を誰かに話すことによって感情が浄化される。

②自己明確化機能：他者に対して、曖昧であった自分の意見などを表すことにより、自らの考えが明確になる。

③社会的妥当化機能：意見や能力など、自分に関わる事柄に不安を抱いている際に、自分の自己開示に対する他者からのフィードバックによって、自己の社会的妥当性を確認できる。

④対人関係発展・維持機能：自分を語ることによって、自己開示の受け手にも、開示の返報性が生じ、二者間の親密な対人関係を発展、維持させる。

⑤社会的コントロール機能：特定の相手にだけ自己開示をしているという印象を相手に与えることによって、自分に対する相手からの印象の方向性や行動をコントロールする。

ここで、上記の①②③は、自己開示における個人的機能を、④⑤は自己開示における対人的機能を示している。

2　自己開示と状況的要因との関係

2.1　自己開示研究における問題の所在

1960年代に始まった初期の研究の基本的視点は、自己開示を性格特性として捉え、他の性格特性や行動指標との関連性を検討することであった。しかし、1970年代以降は、さまざまな社会的・物理的状況が自己開示行動やその意図に影響を及ぼす過程を、主として実験的に追及する研究が行われるようになった（安藤・小口, 1989）。

状況的要因に着目することが重要である理由の1つとして、個人の性

格特性のみを扱った研究では、自己開示の個人内部の機能は強調されるが、他方、対人的な機能が研究対象となりにくく、その結果、自己開示を含む対人関係をプロセスとして捉えることが困難になることがあげられる（安藤,1995）。高井（1999）は、性格特性のみに着目した対人行動研究の危険性に言及し、日本人はコミュニケーションの内容よりもコミュニケーションが生起する状況を重視する傾向が強いことから、特に、日本人を対象とした研究におけるコンテキストの重要性を指摘している。

　そこで、対人関係をプロセスとして捉えるためには、コミュニケーションの当事者や彼らの行動を取り巻く状況に着目することが重要となる。これに関連して、マリノフスキーは、状況のコンテキスト（context of situation）と文化のコンテキスト（context of culture）という2種類のコンテキストの存在を指摘している。前者はある特定のコミュニケーション行動を取り巻くその場の状況のことであり、後者はその場を取り巻く社会的、政治的、歴史的背景を示している（末田・福田,2003）。

2.2　文化的要因と自己開示

　文化的要因は、自己開示の状況的要因に関する代表的な例である。榎本（1997）は、1960年代から1990年代半ばに至る自己開示の国民差を扱った一連の比較文化研究を概観し、全ての文化圏で、自己開示の質的側面に差は見られなかったものの、自己開示度に現れた量的側面については、アメリカ人の開示度が調査対象となった各国の開示度を上回ったと述べ、自己開示性には量的な文化差が存在すると述べている。

　対人行動において状況に着目することは、すなわち、コミュニケーション行動に関わる当事者たちの関係性に着目することを意味している。村本（2003）は、過去に実施された比較文化調査の成果を認めながらも、文化差を論じる上では、「アメリカ人」、「日本人」といったカテゴリーの違いよりも、むしろ、それらの差を生じさせている要因としての人々の「関係性（relationship）」の違いに着目することが重要であるとし、「同じ日本人、アメリカ人であっても、関係性が異なれば、それに応じて異なる心理プロセスが現れる可能性がある（村本,2003:57-58）」

と指摘している。

状況が自己開示に及ぼす影響を探索した研究例として、自己開示における開示相手との関係性に着目した比較文化研究がある。キトウ（2005）は、日本人大学生とアメリカ人大学生を対象に、恋愛関係と友人関係という異なった関係性に着目し、開示者と開示相手との関係性が自己開示に与える影響を調査した結果、日本人もアメリカ人も、友人関係よりも恋愛関係における自己開示度が高かったと報告している。また、中川（2010）は、階層的対人関係と酒席という共通の社会文化的特徴が見られる日本と韓国のビジネスパーソンを対象に、自己開示の相手の職場における地位の違いと自己開示の場としての酒席が、開示者の自己開示傾向に少なからぬ影響を及ぼすことを明らかにしている。

3 自己開示と心身の健康

3.1 自己開示としての「笑い」の効用

元来、ジュラードは精神的健康という概念の中心に自己開示性というものを据えていた。「笑い」は自分の感情を表出し、口に出して笑うことによって個人の感情が浄化される点で、自己開示の機能を果たしていると言える。ここで言う「笑い」とはユーモアに関連する快の感情表現としての笑いである。深田（2001）は、健康心理学においてコミュニケーション的側面をもつ研究領域の1つとして、ストレスを緩和するコミュニケーションを取りあげているが、怒り、悲しみ、不満などの感情に加えて、ユーモアといった情動を表出することもこの中に含んでいる。

笑いがわれわれの健康的な生活に与える影響は、ストレスの緩和などに代表されるカタルシス効果にとどまってはいない。著名なジャーナリストであったノーマン・カズンズは、医師から見放された難病を、自ら考案した笑い療法により克服したことで知られている（Cousins, 1979 = 2001）。また、伊丹（1999）は、被験者に漫才や喜劇などを3時間にわた

り観劇させた前後で血液検査を実施したところ、約8割の人が、ガン細胞の増殖を抑えるNK細胞の働きが活発になったことを報告している。このように近年の研究により、免疫系、アレルギー、血管系など、さまざまな側面における笑いの医学的効果が明らかにされている。

3.2　自己開示としてのアサーション

　アサーションとは、「自分の考え、欲求、気持ちなどを率直に、正直に、その場の状況に合った適切な方法で述べること（平木, 2008:7）」である。言い換えれば、アサーションとは、自分を開き示すという自己開示の1つの側面であり、自他ともに大切にする自己表現のことである。人間関係の持ち方には大別して3種類あり、第1は自分のことだけを考え、他者を踏みにじるやり方（攻撃的）、第2は他者を常に優先し、自分のことを後回しにするやり方（非主張的）、そして、最後に、自分のことも考えるが、相手のことも十分に配慮するやり方（主張的）である（平木, 2008:9-13）。

　第3の主張的方法が、最も理想的な対人関係を表していると考えられるが、特に、他者と異なる自分の意見や、怒りなどのネガティブな感情を主張的方法によって適切に表現する際には、しばしば困難を伴う。しかし、怒りの表出抑制は精神的ストレスとなるばかりでなく、血圧の上昇と心臓疾患による死亡のリスクを高めるという報告もある（野口・藤生, 2007）。

　アサーション・トレーニングは、1950年代に行動療法の一技法として生まれ、社会心理学や人間性心理学の影響を受け発展してきた。例えば、怒りの気持ちのアサーション・トレーニングでは、自分の感情は、怒りも含めて自分のものであることを認めること、また、怒りを出す際には攻撃ではなく表現していくことが強調される。アサーションとは自分の思いを相手に率直に伝え、相手の思いも真摯に受けとめようとする双方向のコミュニケーションであり、相互尊重の人間関係づくりの基本原則、ひいては心身の健康の要であると言える。

4 自己開示と社会

4.1 電子ネットワークと自己開示

　近年のインターネットの普及と共に、CMC（Computer Mediated Communication）と呼ばれるインターネットを手段としたコミュニケーション・ツールが広まっている。具体的には、Eメールやインターネットの掲示板、ウェブ日記、日記ウェブログやSNS（Social Networking Service）などを使って、友人や職場の同僚などと、日常の出来事を話したり、悩みを相談したり、あるいは自分の感情や気持ちを伝えたりしている。

　CMCと対面によるコミュニケーションとの最大の違いは、CMCにおける視覚的匿名性にある。そのために、対面状況に比べて、コミュニケーションの際の自己開示が促進されることが報告がされている（Joinson, 2001）他方、ネット上での自由な思考や感情の筆記、および、閲覧が、社会的不適応や攻撃性の増大をもたらす危険性をもつ可能性も指摘されている（藤・吉田, 2006）。

4.2 治療場面における自己開示

　治療場面も私たちが自己を表現するための日常における状況の1つであると考えられる。ローターとホール（Roter & Hall, 2006）は、診療について語ること自体が患者の不安や身体的苦痛に意味と正当性を与えるものであるとし、治療場面での医師と患者の良好なコミュニケーションを8つの原則に集約している。その中で最も重要なものとして掲げられているのが、「コミュニケーションを通して、患者は自分の病について語るという欲求が満たされるべきであると同時に、それを聴くという医師のニーズも満たされるべきである（Roter & Hall, 2006:15）」という第1の原則である。すなわち、患者は自分のストーリーを語ることで、カタルシス効果が得られると同時に、新たな視点や解釈を得ることができ

る。一方、医師は、患者の語りを通じて、患者の伝える症状や手がかりを理解・解釈するための臨床的視点を得ることができる。

　また、岩堀と近藤（2008）は、医療従事者が患者と信頼関係を構築するには、①「いっしょにいる」（Be with）空間をつくること、②相手の話を「言葉をそのままに、聴く」こと、③何でも言える関係性を築く、の3つを重要な点として指摘している。医療現場でのコミュニケーション上の課題がクローズアップされる現在、患者の語りの聞き手としての医療従事者の役割は、ますます重要性を帯びている。

　自己開示の対人的機能に関する研究は、開示者側の条件について検討したものが多く、受け手の特性に着目した研究はまだ少ない。医療現場の例にも見られるように、自己開示の聞き手の役割が重要視されるなか、被開示者の応答性や共感性に焦点をあてた研究が今後望まれる。

―――― **引用文献** ――――

Altman, I., & Taylor, D. A. (1973). *Social Penetration*. New York; Holt, Einehart & Winston.

安藤清志（1995）「自己の姿の表出の段階」中村陽吉編『「自己過程の」の心理学』東京大学出版会.

安藤清志・小口孝司（1989）「第7章自己の表現第2節自己開示」大坊郁夫・安藤清志・池田謙一編『社会心理学パースペクティブ1』誠信書房、163-172頁.

Cousins, N. (1979). *Anatomy of an illness as perceived by the patient*, New York: Norton & Company（＝2001、松田銑訳『笑いと治癒力』岩波書店）

Derlega, V. J., & Grzelak, J. (1979). Appropriateness of self-disclosure, In G. J. Chelune et al. (Eds.), *Self-disclosure*. San Francisco, CA: Jossey-Bass. 151-176.

榎本博明（1997）『自己開示の心理学的研究』北大路書房.

藤桂・吉田富士雄（2006）「ウェブ日記利用が社会性および攻撃性に及ぼす影響―Open DiaryとClosed Diaryの比較を通して―」『日本社会心理学会第47回大会発表論文集』150-151頁.

深田博己（2001）『コミュニケーション心理学』北大路書房.

平木典子（2008）「アサーション・トレーニングの考え方とその広がり」平木典

子編『アサーション・トレーニング―自分も相手も大切にする自己表現』至文堂、7-15 頁.

伊丹仁朗（1999）『笑いの健康学―笑いが免疫力を高める』三省堂.

岩堀禎廣・近藤直樹（2008）『医療コミュニケーション』薬事日報社.

Joinson, A. N. (2001). Self-disclosure in computer-mediated communication: The role of self-awareness and visual anonymity. *European Journal of Social Psychology. 31*, 177-192.

Jourard, S. (1971). *The transparent self*. New York: D. Van Nostrand（＝1987、岡堂哲雄訳『透明なる自己』誠信書房）

Kito, M. (2005). Self-disclosure in romantic relationships and friendships among American and Japanese college students. *Journal of Social Psychology, 145*(2), 127-140.

村本由紀子（2003）「5. 文化と関係性」山口勧編『社会心理学　アジアからのアプローチ』東京大学出版会、51-65 頁.

中川典子（2010）『日本人ビジネスパーソンと韓国人ビジネスパーソンの自己開示に関する異文化心理学的研究』関西学院大学社会学研究科博士提出論文.

野口理英子・藤生英行（2007）「抑うつと怒り表出抑制が感情と心臓血管反応に与える影響」『健康心理学研究』20、1、64-72 頁.

Roter, D. L., & Hall, A. J. (2006). *Doctors talking with patients/patients talking with doctors-Improving communications in medical visits*. 2nd ed. Westport, CT: Greenwood Publishing Group, Inc.（＝2007、石川ひろの・武田裕子監訳『患者と医師のコミュニケーション―より良い関係作りの科学的根拠』篠原出版新社）

末田清子・福田浩子（2003）『コミュニケーション学』松柏社.

高井次郎（1999）「第 4 章「日本人らしさ」を確認できない比較文化研究」島根國士・寺田元一編『国際文化学への招待　衝突する文化、共生する文化』101-122 頁.

第 4 章
自 己 呈 示

守﨑 誠一

1 自己呈示の定義

　私たちは、日常的な他者との相互作用において、自分自身の欲求や感情のおもむくままに発言したり、行動したりしているわけではない。私たちは常に他者の目を意識して自分自身の表出行動を観察し、その社会的適切性を判断してコントロールしている。具体的には、自分のある側面については相手に対して積極的に呈示する反面、ある側面についてはできるだけ隠そうとしたり、実際とは異なるかたちで相手に呈示したりしている。このような私たちの姿を社会学者のゴフマン（Goffman, 1959）は、『日常生活における自己呈示（*The presentation of self in everyday life*）』の中で、舞台の上で演技をする役者のメタファーを用いて最初に論じた。その後、このような一連の行為は、社会心理学やコミュニケーション学において自己呈示（self-presentation）として研究されるようになった。

　しかし、自己呈示に対する定義には必ずしも明確なものがあるわけではなく、その理由は以下の4つにまとめることが出来る（安藤, 1994；Schlenker & Weigold, 1992）。第1に、われわれは他者との相互作用の中でさまざまな行動を取るが、その中のどこまでを自己呈示と呼ぶべきなのか必ずしも明確でない。第2に、私たちは自己に関する印象を操作するだけでなく、所属している集団や組織といったものの印象も操作しているが、何に対する印象操作を自己呈示と定義するのかがあいまいであ

る。第3に、自己呈示を行う対象を自己以外の「他者」に限定するのか、それとも内在化された「他者としての自己」も含むのかについて研究者間で異なる考え方がある。第4に、自己呈示を意識的に行ったものに限定するのか、それとも無意識に行ったものも含むのかについて研究者によって異なる考え方がある。

このように自己呈示の定義には必ずしも明確なものがあるわけではないが、本章ではリアリーとコワルスキ (Leary & Kowalski, 1990:34) の定義にしたがって、自己呈示を「他者が持つ自己の印象を統制しようとする行為」として以下論じる。

2 自己呈示の生起

既に述べたように、私たちは日常的な他者との相互作用において、しばしば自分自身の表出行動に注意を向けるが、リアリー (Leary, 1995) によると、そのような自己に対する意識が他者に対する印象操作への動機づけとなることが分かっている。その際、動機づけの程度に影響を与える要因として、(1)達成したいことと印象操作との関連性の強さ、(2)達成したいことの価値・重要性、(3)相手に持ってほしいと思う自己のイメージと現実に相手が持っているイメージとのギャップ、の3つがあるとされている。

つまり、達成したいこと(例:昇進)と印象操作(例:上司に自分のことを有能だと思わせたい)の間に関連性が強ければ、われわれは印象操作に強く動機づけられることになるし、その際に達成したいことへの欲求が強ければ強いほど動機づけの程度も高くなる。同様に、相手に持ってほしいと思う自己のイメージと現実に相手が持っているイメージの間の乖離が大きければ、印象操作への動機づけは高まることになる。

そのようにして印象操作への動機づけが高まると、次にわれわれは相手に与えたい具体的な印象と操作のための方法を考える「印象構築 (impression construction)」の段階へと入っていく。その際に影響を与える要因には、(1)自己概念、(2)望ましい/望ましくないアイデンティティ、

(3)役割、(4)自己呈示の相手となる人間の価値判断、(5)公的自己イメージの現状と望ましい姿、の5つがあると考えられている（Leary, 1995；Leary & Kowalski, 1990）。

つまり、印象操作によって相手に与える自己の印象の基本は、自分自身が自己をどのようなものとして捉えているかにあるが、それだけではなく、どのような存在でありたいか（または、ありたくないか）といったことからも影響を受ける。また、自己に与えられた社会的役割や、印象操作の対象となる相手がどのようなことを重要と考え、その人物から今現在の自分がどう見られており、将来どう見られる可能性があるのか、といったことからも影響を受ける。

3 自己呈示の機能と方略

そのようにして行われる自己呈示の機能には、大きく分けて、(1)社会的相互作用における報酬の最大化、(2)自尊心の高揚、(3)望ましいアイデンティティの確立、の3つがあることが分かっている（Leary & Kowalski, 1990）。つまり、私たちは自身が望む報酬（金銭のような物質的なものだけでなく、他者からの称賛といった非物質的なものも含めた報酬）の獲得や、逆に望まない結果を回避したりするために自己呈示を行う。それとともに自尊心の高揚・維持や、より望ましいアイデンティティの確立をはかるために自己呈示を行う。

それら自己呈示の機能を実現するための具体的な方略には、さまざまなものが存在することが分かっている。例えば栗林（1995）は、先行研究から明らかとなったさまざまな自己呈示方略を以下の4つの側面から整理している。(1)自己高揚的呈示と自己卑下的呈示：自己呈示には、自己の能力や遂行水準の高さを積極的に示す自己高揚的呈示と、謙遜などに見られる自己卑下的呈示がある。(2)直接的自己呈示と間接的自己呈示：自己呈示には、自分自身の印象を直接的に操作するタイプの自己呈示と、「栄光欲」などに見られる自分とは直接的に関わり合いのない情報を使っての間接的な印象操作による自己呈示がある。(3)獲得的自己呈

示と防衛的自己呈示：自己呈示には、社会的承認や称賛を得るための獲得的自己呈示と、社会的な損失を避けようとしたり、他者からの非難や否認を避けようとする防衛的な自己呈示がある。(4)テダスキとノーマン（Tedeschi & Norman, 1985）による分類：自己呈示は、主張的/防衛的と戦術的/戦略的という2つの次元によって4つに分類できる。つまり、特定の印象をその場で他者に与えようとする主張的で戦術的な自己呈示。その場の否定的な印象の回復をはかる防衛的で戦術的な自己呈示。長期的に肯定的な印象を相手に与えようとする主張的で戦略的な自己呈示。そして、長期間にわたって否定的な自己印象から逃れようとする防衛的で戦略的な自己呈示がある。

4　自己呈示に対する個人差と文化差

　私たちは他者との相互作用のなかで、自己呈示方略を必要に応じて使い分けているが、自己呈示行動をどの程度行うかには個人差があることが分かっている。例えば、自己意識が他者に対する印象操作への動機づけとなることを述べたが、そもそも自己に対して意識を向ける傾向の高い人と低い人という、個人のパーソナリティ特性としての自己意識傾向の違いが存在する（Feningstein, Scheier, & Buss, 1975）。また、スナイダー（Snyder, 1974）によると、その場の状況や他者の行動を積極的に観察し、その場の状況に合った適切な表出行動や自己呈示を行うように自らの行動を統制できる人（高セルフ・モニター）がいる反面、その場の状況や他者の行動に対してあまり関心を示さず、自己の欲求、特性、態度、過去の経験などの内的要因に基づいた行動を選択する人（低セルフ・モニター）がいることも分かっている。

　そのような個人差に加えて、自己呈示行動には文化差の存在も指摘されている。例えば守﨑（2002）は、日本人とアメリカ人の大学生を対象とする調査の結果、アメリカ人は日本人よりも「自己主張型自己呈示」を有意に多用することを明らかにしている。これに対して、「他者配慮型自己呈示」については、文化と相互作用の相手（外集団、内集団）の

間に交互作用が認められ、外集団の他者に対して日本人はアメリカ人よりも「他者配慮型自己呈示」を有意に多用するが、内集団の他者に対してはそのような文化的な差が認められないことを明らかにしている。その上で守﨑（2002）は、文化心理学の研究結果を援用することで、北米文化に典型的に見られる自己を他者から切り離された独立した存在として捉える相互独立的自己観（Markus & Kitayama, 1991）が優勢なアメリカ人は、自分自身に関する肯定的な情報に対してより注目することになるので、結果として自己高揚傾向に基づく自己主張型の自己呈示方略を選好するであると結論づけている。これに対して、東アジア文化に典型的に見られる自己をその内集団の他者と結びついたものとして捉える相互協調的自己観（Markus & Kitayama, 1991）が優勢な日本人は、自分の劣っている点により注意を向けることで、結果として自己卑下傾向に基づく他者配慮型の自己呈示方略を外集団の他者に対してより顕著に選好するのであると結論づけている。

5 │ 自己呈示研究の今後

　文化心理学に基づく研究が、自己呈示方略の選択という行動レベルの文化差を自己観の違い、つまりは心の違いの反映として説明するのに対して、それらを各文化に存在する生態的・社会的環境に対する道具的な適応方略（＝社会的適応方略）の違いとして説明する考え方に近年注目が集まっている（亀田・村田, 2000；佐藤・結城, 2008；鈴木・山岸, 2004；山岸, 2010）。そのような考え方によると、人はゲームに参加するプレーヤーのように、その社会において望ましい結果が得られる自己呈示方略を戦略的に選んでいるのであって、そのことは結果として個体の生き残りに役立つと説明される。

　自己呈示方略の選択に影響を与えている生態的・社会的環境にはいくつもの可能性が考えられるが、有力なものとして「関係流動性(relational mobility)」が指摘されている（佐藤・結城, 2008）。関係流動性とは、ある社会や社会状況に存在する、必要に応じて新しい対人関係を形成で

きる機会の多さのことを指すが、社会流動性の低い社会では、新たな人間関係を築きにくいため、他者から悪く思われることを避ける戦略（＝自己卑下的な他者配慮型の自己呈示行動）がより適応度の高い方略となることが考えられる。これに対して、社会流動性の高い社会では、見知らぬ他者と出会って新たな人間関係を築く機会が多いため、自己の望ましい属性を積極的に主張する戦略（＝自己高揚的な自己主張型の自己呈示行動）がより適応度の高い方略となることが考えられる。

　適応論的なアプローチに基づいて、自己呈示方略の文化差を生態的・社会的変数としての関係流動性を用いて説明することについては、必ずしも十分に検証されているわけではなく、今後の研究の蓄積が必要とされる。しかし、なぜある文化環境のもとでは自己高揚的な自己呈示行動が選択され、なぜ別の文化環境のもとでは自己卑下的な自己呈示行動が選択されるのかについて、進化ゲーム理論をその背景に、より一般化可能な道具的説明の可能性を探っている点で、今後の研究の動向に注目する必要がある。

引用文献

安藤清志（1994）『セレクション心理－1　見せる自分/見せない自分：自己呈示の社会心理学』サイエンス社.

Feningstein, A., Scheier, M. F., & Buss, A. H. (1975). Public and private self-consciousness: Assessment and theory. *Journal of Consulting and Clinical Psychology, 43,* 522-527.

Goffman, E. (1959). *The presentation of self in everyday life.* Garden City, NY: Doubleday.（1974、石黒毅訳『行為と演技：日常生活における自己呈示』誠信書房）

亀田達也・村田光二（2000）『複雑さに挑む社会心理学：適応エージェントとしての人間』有斐閣.

栗林克匡（1995）「自己呈示：用語の区別と分類」『名古屋大学教育学部紀要』第42号、107-114頁.

Leary, M. R. (1995). *Self-presentation: Impression management and interpersonal behavior.* Boulder, CO: Westview Press.

Leary, M. R., & Kowalski, R. M. (1990). Impression management: A literature review and two-component model. *Psychological Bulletin, 107*(1), 34-47.

Markus, H. R., & Kitayama, S. (1991). Culture and the self: Implications for cognition, emotion, and motivation. *Psychological Review, 98*, 224-253.

守﨑誠一 (2002)「日本人とアメリカ人の自己呈示行動：文化的自己観と個人主義/集団主義の影響」『Human Communication Studies』第30号、46-67頁.

佐藤剛介・結城雅樹 (2008)「社会生態学的アプローチによる自尊心の関係拡張機能の検証」『日本社会心理学会第49回大会発表論文集』、50-51頁.

Schlenker, B. R., & Weigold, M. F. (1992). Interpersonal process involving impression regulation and management. *Annual Review of Psychology, 43*, 133-168.

Snyder, M. (1974). Self-monitoring of expressive behavior. *Journal of Personality and Social Psychology, 30*, 526-537.

鈴木直人・山岸俊男 (2004)「日本人の自己卑下と自己高揚に関する実験研究」『社会心理学研究』第20巻第1号、17-25頁.

Tedeschi, J. T., & Norman, N. (1985). Social power, self-presentation, and the self. In B. R. Schenker (Ed.), *The self and social life* (*pp.293-322*). New York, NY: McGraw-Hill.

山岸俊男 (2010)「文化への制度アプローチ」石黒広昭・亀田達也編『文化と実践：心の本質的社会性を問う』新曜社、15-62頁.

第 5 章
対人コミュニケーション能力

高井 次郎

1 対人コミュニケーション能力とは何か

　対人コミュニケーション能力は、さまざまな学問領域の関心を寄せている。例えば、Spitzberg & Cupach（1989）によると、コミュニケーション学では「対人コンピテンス」（interpersonal competence）やレトリカル感受性（rhetorical sensitivity）、心理学では「社会的スキル」（social skills）、「社会的知能」（social intelligence）や「社会的コンピテンス」（social competence）、言語学では「社会言語的コンピテンス」（sociolinguistic competence）や「語用論的コンピテンス」（pragmatic competence）などとして追究されている。学問によっては呼称が異なるが、いずれも類似概念を意味しているため、ここでは総じて「対人コミュニケーション能力」と表現することにしよう。

　本章の対人コミュニケーション能力の定義は、「対人関係を円滑に運用するために必要な、効果的（effective）かつ適切な（appropriate）コミュニケーションを実践する能力」とする（Bochner & Kelley, 1974 を参照）。

　対人コミュニケーション能力は、単なるコミュニケーション・スキルを意味するだけではない。Spitzberg & Cupach（1989）は、彼らが言う「対人コンピテンス」は知識、動機づけおよびスキルの3次元からなると指摘している。また、Trenholm & Jensen（2003）はより詳しくその構成概念を説明しており、非言語コンピテンス、言語コンピテンス、関

係性コンピテンス、解釈的コンピテンス、役割コンピテンス、自己コンピテンス、および目標コンピテンスからなると指摘している。本章では上述の研究者の見解を踏まえて、「認知的コンピテンス」、「情動的コンピテンス」および「行動的コンピテンス」の3次元に大別することにする。

表1に、それぞれの次元に含まれる能力やパーソナリティの構成要因

表1 対人コミュニケーション能力の分類

コンピテンス	対自己	対他者
認　知	自己のアイデンティティの認知 社会的通念・規範の知識 自己知識 私的自意識 自己モニタリング 相互独立的自己観 記号化能力	相手のアイデンティティの認知 相手の社会的通念・規範の知識 相手に対する知識 公的自意識 他者への気づき 相互協調的自己観 記号解読能力 他者視点取得力
	状況認知能力 対人認知能力	
情　動	自己制御能力 自分のニーズの達成欲求 自己面子維持欲求	対他者忍耐力 他者のニーズの達成欲求 他者面子維持欲求
	関係性ニーズの達成欲求 関係志向性 不確実性・不安管理能力 情報収集動機づけ マインドフルネス・認知欲求	
行　動	自己主張能力 フランクネス 非言語抑制能力 適応力	話を聞く能力 ポライトネス 非言語表現能力 対人影響・説得力
	自己開示能力 印象操作能力 情報収集能力 葛藤管理能力 コミュニケーション調整能力	

をあげた。これらの能力は自己に向けての「対自己」能力と、相互作用相手に向けての「対他者」能力に分類した。対自己能力とは、自分のコミュニケーション・パフォーマンスに関する自覚、意識、態度、感情や行動の調整など、個人内（intrapersonal）のプロセスを意味する。一方、対他者能力は、相手に向けて同様な個人間（interpersonal）のプロセスを指す。

1.1　認知的コンピテンス

コミュニケーションにおける情報処理に関連するさまざまな知識、気づき、自覚、意識、情報収集能力、解釈力などを認知的コンピテンスという。表1に沿って、それぞれの項目について説明する。

まず、コミュニケーションを行う際の、自他のアイデンティティを的確に認知する必要性がある。アイデンティティには個人的アイデンティティと社会的アイデンティティがあり、前者はある個人が負うさまざまな社会的役割から発生し、後者は所属する社会的集団によって決まる。自他のアイデンティティ認知は注意深く行わなければならない（Imahori & Cupach, 2005 のアイデンティティ管理理論 identity management theory を参照）。

自他のアイデンティティが確立されれば、それぞれにふさわしいコミュニケーション行動に関する社会的通念、規範、習慣、常識、ルールなどの知識が必要である。

自他に対する知識は、自分および相手の個性、つまり性格、態度、信念、価値観などに対する知識であり、それぞれのニーズをどの程度把握しているかを問う。自己のニーズに注意を払いがちな私的自意識の強い人は相互独立的自己観を有し、自己主張が強く、ありのままの自分をさらけ出し、取り入れなどによる自己呈示などを好まない。一方、他者のニーズを重視する公的自意識の強い人は相互協調的自己観によって特徴づけられ、相手の様子をうかがいながら、ふさわしい自己呈示を行うため、コミュニケーション行動を相手に合わせて調整する。このことは自己モニタリングとも大きく関連している。低自己モニターは、自分の内

面的な特徴に沿う行動をとりがちで、高自己モニターは状況や相手によって応じて行動する。後者は当然、より高度な他者への気づきを有している。

　コミュニケーション行動に直接影響を与えるのは記号化および記号解釈能力である。これは言語能力とでもいえるが、メッセージを構築する記号化能力と、メッセージを理解する記号解釈能力に分けるほうがより妥当である。さらに、相手の立場で物事を理解できるための他者視点取得力もこうした解釈力の手助けとなる。

　最後に、相互作用状況を的確に判断する状況認知能力、他者に関する情報を収集するための対人認知能力が必要である。

1.2　情動的コンピテンス

　情動的コンピテンスは、感情および動機づけのレベルの諸能力を含む。まずは自己抑制能力と対他者忍耐力であるが、自己制御能力とは、社会的相互作用においての感情や衝動の抑制を意味し、感情をあまり露わにしないことや、自己主張の欲求を抑えるのがその例である。これに関連して、対他者では相手に対する忍耐力が必要である。

　自分の目標の達成と、相手の目標の達成をどのようにバランスするかが、自己主張性のレベルを左右する。また、自他の面子維持の欲求も目標達成に関連する。Ting-Toomey（2005）の面子交渉理論（face negotiation theory）によると、自己面子維持は自分のアイデンティティを守るために働き、他者面子維持は相手に対する配慮として機能する。もちろん、相手に対する態度によってどちらの面子を優先するかが影響される。

　そのほかに、関係性ニーズの達成欲求がある。これは自己と相手の個別のニーズとは別に、両者間の関係性に必要な目標を意味する。次に、対人志向性または関係志向性が、自己が相手に対してどのような関係を求めるのかを影響する。例えば、Clark & Mills（1993）は、ギブアンドテイクをベースとした交換的関係志向性（exchange）と、相手のウェルビーイングを優先する共同体的志向性（communal）を区別してい

る。前者を好む人は関係性の損得勘定や衡平性に関心を寄せるが、後者はそうした経済的志向は好まないため、両者間では意見の衝突が起こる可能性がある。

　最後に、正確に相手をわかろうとするために、物事を深く考えるように動機づける認知欲求と、コミュニケーション状況と相手に注意を集中させるためのマインドフルネスも必要である。

1.3　行動的コンピテンス

　行動的コンピテンスは社会的スキルを含む、外顕的行動により観察できる能力であるため、最も理解しやすい対人コミュニケーション能力であろう。その中には、自己主張を適切にかつ効果的に行える能力、相手の話を聞く能力、非言語行動を抑制・表出する能力、オープン（フランクな）で礼儀正しい（ポライトな）コミュニケーションを行う能力、対人説得力、葛藤管理能力などが含まれる。

　行動的コンピテンスは、相手との関係性に依存することが多い。初期の関係性では、過度な自己開示を控え、印象操作をより積極的に行う必要性がある。関係が深まるにつれ、自己開示の幅と深さを拡大し、それによってお互いをもっと理解できるようになるため、不安や緊張がなくなる。また、二者間特有の関係のあり方を暗黙のまま築きあげて、コンピテントな関係の運用法を模索する。

　関係性の維持には、相手に合わせることによって、二者間のコミュニケーションのシンクロをはかる能力も重要であり、Burgoon, Stern, & Dillman（1995）はこれを対人適応（interpersonal adaptation）と呼んでいる。状況に応じて、自分のコミュニケーション・スタイルを、相手に合わせる、コミュニケーション調整行動が対人適応に直接関係するが、「同化」（convergence）、「異化」（divergence）、「模倣」（mirroring）、「補足」（compensation）、「返報」（reciprocity）の各方略を、適切に効果的に用いることが必要である。

2 対人コミュニケーション能力の研究

対人コミュニケーション能力は、研究の焦点によって、「特性論的アプローチ」、「状況論的アプローチ」または「関係性的アプローチ」に分類することができる。

特性論的アプローチは、個人に焦点をおき、コンピテンスに関連するパーソナリティ、認知能力や行動スキルをどの程度個人が有するのかを問う。このアプローチは、コンピテンスを性格特性のように、通状況的で万人に対しての特徴であるとみている。

状況論的アプローチは、特定の状況においてどのようなコミュニケーションがコンピテントであるのかを探る。例えば、最近医療教育の分野では医師が患者とコミュニケーションするために必要なスキルの育成が注目を浴びており、模擬患者技法などによるトレーニングを医学生は受けることがある。

関係性的アプローチは、関係性コンピテンス（relational competence）と呼ばれるが、同一用語であっても心理学とコミュニケーション学ではその概念が異なる。心理学の場合、人間関係を営むために必要なコンピテンスで、特性論的な概念であり、例えば Carpenter（1993）の定義によると、関係開始能力と関係維持能力が関係性コンピテンスの構成要素である。しかし、コミュニケーション学の場合、関係性コンピテンスとは、特定の二者の間で交渉され、培われる二者特有の規範やルールであり、それぞれの関係において特有のコンピテンスが生まれる（Wiemann, Takai, Ota, & Wiemann, 1997 参照）。

2.1 研究方法

最も多くの研究は、特性論にもとづき、個人の能力を自己評定式の測定尺度を用いて検討している。当初、国内の研究は海外で開発された尺度を翻訳しただけであったが、コンピテンスの概念が文化によって異なるため、日本人の対人コミュニケーション能力を正確に捉えていなかっ

たことが明らかになった（Takai & Ota, 1994）。その後、日本で多数の測定尺度が誕生しているが、菊池（1988）の社会的スキル尺度（KiSS-18）が最も人気がある。

状況論的アプローチは、特性論と同様、測定尺度で追究されることが多いが、特殊な状況に限定することにより、実際の行動を観察して検討することが可能であり、実験観察法やフィールド観察法が用いられる。また、質問紙法では場面想定法も使用できるが、それにはある対人相互作用のエピソードを記述した場面について、回答者に登場人物の能力の評定を求める。

関係性的アプローチは、システム論的な特徴があるため、実証的な研究方法は向いておらず、質的な方法が適している。面接法、談話分析、エスノグラフィー、事例研究などが可能である。また、量的な研究方法として、Kenny & LaVoie（1984）が提案した社会的関係モデル（Social Relations Model = SRM）が有力な方法である。SRMの研究例には、自己開示をテーマに使ったもの（Dindia, Fitzpatrick, & Kenny, 1997）がある。

2.2 対人コミュニケーション能力研究の問題点と今後の展望

これまでの大半の研究は特性論的アプローチを用いており、個人がコンピテントかそうではないのかを評定している一方、どのような状況や相手に対してコンピテントなのかには追究できていない。

一つの研究方法だけでは対人コミュニケーション能力は正確に理解できないのは明らかであるため、量的・質的の方法を含む多方法的な（トライアンギュレーションやマルチ・メソッド）検討が必要である。今後の研究は、複数の学問分野（言語学、心理学、社会学など）の研究者が共同研究として、それぞれの得意な方法を用いて対人コミュニケーション能力を多角的に捉えることが望ましい。

―――― **引用文献** ――――

Bochner, A.P., & Kelley, C. (1974). Interpersonal competence: Rationale, philosophy, and implementation of a conceptual framework. *Speech Teacher, 23*, 279-301.

Burgoon, J. K., Stern, L. A., & Dillman, L. (1995). *Interpersonal adaptation: Dyadic interaction patterns.* New York: Cambridge University Press.

Carpenter, B. (1993). Relational competence, In Perlman, D. & Jones, W.H. (Eds.) *Advances in personal relationships,* Vol 4 (pp. 1-28). London: Jessica Kingsley.

Clark, M. S., & Mills, J. (1993) . The difference between communal and exchange relationships: What it is and is not. *Personality and Social Psychology Bulletin, 19,* 684-691.

Dindia, K., Fitzpatrick, M.A., & Kenny, D.A. (1997). Self-disclosure in spouse and stranger interaction: A social relations analysis. *Human Communication Research, 23,* 388-412.

Hansson, R.O., Carpenter, B.N. (1994). *Relationships in old age: Coping with the challenge of transition.* New York: Guilford Press.

Kenny, D.A., & LaVoie, L. (1984). The social relations model. In L. Berkowitz (Ed.), *Advances in experimental psychology* (V.18, pp. 44-85). Orlando, FL: Academic.

Imahori, T. T., & Cupach, W. R. (2005). Identity management theory: Facework in intercultural relationships. In W. B. Gudykunst (Ed.), *Theorizing about intercultural communication* (pp. 195-210). Thousand Oaks, CA: Sage.

菊池章夫 (1988)『思いやりを科学する』川島書店.

Spitzberg, B. H., & Cupach, W. R. (1989). *Handbook of interpersonal competence research.* New York: Springer-Verlag.

Takai, J., & Ota, H. (1994) . Assessing Japanese interpersonal communication competence. *Japanese Journal of Experimental Social Psychology, 34,* 224-236.

Ting-Toomey, S. (2005) The matrix of face: An updated Face-Negotiation Theory. In W. B. Gudykunst (Ed.), *Theorizing about intercultural communication* (pp. 71-92). Thousand Oaks, CA: Sage.

Trenholm, S., & Jensen, A. (2004). *Interpersonal communication.* New York: Oxford University Press.

Wiemann, J., Takai, J., Ota, H., & Wiemann, M. (1997). A relational model of communication competence. In B. Kovacic (Ed.), *Emerging theories of human communication* (pp. 25-44). Buffalo, NY: SUNY Press.

第 6 章
対人コミュニケーション・トレーニング

大坊 郁夫・宮原 哲

1 コミュニケーション・トレーニングの必要性

　日々、われわれは許容度を超える膨大な情報にさらされつつ、情報の種類、伝達のツール、そして、対人的なネットワークも直接・間接のメディアを介して拡大しつつある。このような時代にあって、環境としての利便性は増しているものの、能力を超えたツールの機能を使いこなすことができずに、皮肉にも自他のメッセージを適切に示し、受け取ることは、容易ではなくなってきている。コミュニケーション不全と言える現代、適応的な関係を築き、維持していくには、以前にも増して、意図的な努力が必要である。

1.1　コミュニケーション・トレーニングの歴史的変遷

　Argyle (1967) は、1960年代後半に示した運動スキルモデルによって社会的な相互作用の要因を概念的に整理できるとし、対人行動に必要とされる社会的スキル (social skills) は何らかの運動を行う際のスキルと同様に考えることができるとしている (大坊, 1998 参照)。

　この考え方では、相手との関係で何を問題にして行動するのか、目標の明確化から始まる。それに応じて具体的な行動をとる。そのためには、相手の行動から必要な情報を探り (知覚)、その情報から自分なりの見方、ルールなどを踏まえて相手の特徴を推論する (解読)。そして、目標に合わせて相手に働きかける計画を立て、行動に移す。このよう

に、基本はコミュニケーションの記号化と解読にあり、加えて相手との関係の目標や種類が重要とされている。

　社会的スキルは、対人コミュニケーション、対人認知、社会的サポート、パーソナリティの研究成果を総合的に扱い、まとめる概念である。他者との関係を円滑にするためには他人の特徴をできるだけ正確に捉えたい。それから他者に対して自分がどう働きかけ（対処行動）、自分の思い、メッセージをどれだけ正確に相手に伝え（記号化）、相手のメッセージを正確に解読できるか、などがある。したがって、社会的スキルは、部分的なパッチを当てて済むような安直な処世術ではない。まして、固定的なマニュアルを用意すれば解決できるものではなく、学習可能で生き方全体にも関わる総合的な概念なのである。

　積極的に望ましいスキルを身につけることは、行動変容による改善を目的とする行動療法の考え方と結びつき、訓練のプログラム化が試みられている。この視点では、対人場面において必要とされるスキルを獲得し、その一般化、持続性を促進するよう、行動学的学習法を計画的に系統的に用いながら組織的にスキルが獲得される。さらに、対人認知の役割が重要視され、認知そのものも修正や変容の対象とされ、社会的ルールの認知、状況の把握、対人行動過程全体のモニターの仕方などをトレーニングの課題としている。Argyleの見解がスキル・トレーニングの背景となっていると言える。

　同種の目的を持つ行動改善の方法として、ラボラトリ・メソッドによる体験学習がある。体験型の実習と非構造的な課題解決志向のグループ・アプローチ（Tグループ）を中心としている。そもそもトレーニングとは、インストラクター、あるいはファシリテーターが仕掛けた経験・体験学習を通して参加者が得たことを、参加者同士で言語化（話し合い）、意味づけし、その結果得た教訓を自らの行動に活用する過程である。従来一般的だった一方的な講義とは対照的（津村・山口, 1992）に、経験を「言語化」し、ディスカッションを通して他の経験者と共有することが、トレーニング効果の重要な鍵である。ロールプレイやシミュレーション、ケーススタディを通して、例えば異文化での自分を疑似体

験し、不足することが予想されるスキルの修練に努める、カルチャー・アシミレーターを使った社会的スキル・トレーニング法が最近では進められている（近藤, 1997）。

2　現代の青年をとりまくコミュニケーション状況

　革新的な指向性を持ち得る若者は多様化するツールへの習得に向かいやすいものの、マニュアル化できない現実の人間関係が苦手になってきている（大坊, 2003 など）。内面的な交流を好まず、広いけれども浅い関係を好む人々にはコミュニケーションの階層性やルールについての苦手意識があるとも考えられる。

　なお、直接性が低く、コミュニケーションの開始・終結の容易なモバイル・コミュニケーションが急増している原因として、「若者は人との深いつきあいが苦手であり、かつ、対面コミュニケーションが不得手である、しかし、誰かとつながっていたい」との議論がある（大坊, 2002：香山, 2002 など）。しかし、橋元（1998）は、携帯電話所有者は深いつきあいを好み、外向的で自己開示的で明るい性格であることを示し、必ずしも携帯電話が表層的なつきあいを助長するとは考えられないとしている。また、若者はつきあう相手を選別し、特定の好きな人とだけつきあう傾向があるのであって、全体的に希薄化しているのではないとの考えもある。

　しかし、ここで留意しなければならないのは、間接的なメディアを頻繁に利用することは、「日常的に接触可能な人数」を増していると言える点であろう。また、大都市ほど多様な人づきあいの選択肢は多いかもしれないが、それは関係展開の可能性を示しているにすぎない。改めて、「親しさ」の意味を吟味する必要がある。

2.1　青年のためのコミュニケーション・トレーニング

　基本的なプログラムは、①コミュニケーション（記号化、解読）、③対人認知・状況理解、④自己表現、⑤対人関係の調整、⑥社会そして組

織にある文化規範・規則の理解、⑦個人属性の自覚である（②察知・推測はプログラム化し難い）。上記以外に、各人の価値観や文化の違いを汲み取るコミュニケーション経験、集団内における地位や役割の理解についてのシミュレーションも必要である。トレーニング方法は、反復による訓練・役割演技、モデルの模倣、Ｔグループの訓練、別種の感受性訓練（映画の活用、文章の朗読など）、講義、討論、事例研究、読書など多様で、状況に応じて選択の幅がある（Argyle, 1967）。

大学生を対象とした社会的スキル実習については、大坊・中野・栗林（2000）や栗林・中野（2007）、後藤・大坊（2009）などがある。例えば後藤・大坊（2009）は、放送大学の学生を対象に、連続2日間のトレーニング（実習）を行っている（表1）。自分の意思を的確に伝え（記号化）、相手の意思を正確に読みとること（解読）を中心とした基礎的なコミュニケーション・スキルの充実・向上を目標としている。2日間のうち1日目（約4時間）は、ペア単位での実習を中心に、自らのコミュニケーション・スタイルを把握し、非言語コミュニケーションの意義や機能を再確認させる課題を用いている。2日目（約6時間）は小グループによる実習を中心に、多様なチャネルを駆使し、記号化と解読、自己主張と傾聴のバランスの重要性に気づかせる課題である。

主な結果、ACT、PA、SR、HRM、IS について測定時期の主効果が有意であった（$ps < .001$）。これらの尺度ではいずれも、実習開始時よりも実習後で得点が上昇しており、参加者は自分のスキルが向上したと認知していた。

スキル得点の変化を詳しく検討すると、個々の尺度により異なるが、トレーニングによって、一様に上昇するわけではなく、下降する者もいる。これは、体験を通して、自分の社会的スキルの不十分さを認識するといった社会的スキルに対する感受性の高まりと理解することができる（大坊ら, 2000；栗林・中野, 2007）。また、参加者自身の自覚は基本的な効果を示すが、さらにはより客観的な指標を通じても確認されることが求められる。今後は自記式の指標と共に、客観的な指標を併用して（相川, 2000）、参加者相互、第三者による評価を工夫する必要はある。

表1　参加者の社会的スキル得点の変化　　　　　　　　　（後藤・大坊, 2009）

測定尺度		測定回数	1回目 (開始時)		2回目 (1日目終了時)		3回目 (2日目終了時)	
			M	SD	M	SD	M	SD
ACT	（非言語的表出性）		60.67	(15.25) a	65.59	(16.36) b	67.91	(16.21) b
JICS	PA	（察知能力）	20.38	(3.94) a	20.93	(4.21) b	21.24	(4.44) b
	SR	（自己抑制）	23.21	(4.40) a	23.60	(4.36) a	24.26	(4.70) b
	HRM	（階層的関係調整）	11.98	(1.98) a	12.18	(1.94) a	12.47	(1.88) a
	IS	（対人感受性）	8.43	(2.31) a	8.75	(2.28) b	9.03	(2.24) c
	TA	（あいまいさ耐性）	10.16	(2.32)	10.19	(2.16)	10.02	(2.45)

ACT：対人場面における非言語的表出性　　　HRM：上下関係への対処
PA：察知能力　　　　　　　　　　　　　　IS：対人感受性
SR：自己抑制　　　　　　　　　　　　　　TA：あいまいさへの耐性（の低さ）

※ a、b、c：異なるアルファベットを付した箇所は有意差があったことを示す。
N = 181

3　現代の社会人をとりまくコミュニケーション状況

「異文化」（外国のみならず、地域、性、年齢、などを含む）の人との接触が日常的となり、また、就労体系が多様化し、コミュニケーション能力の大切さが再確認されている。生涯教育としての対人コミュニケーション・トレーニングを通して、必要な知識、考え方、スキルを体得することが急務である。しかし、Beebe, Mottet, & Roach（2004）が主張するように、大人の学習は、教師誘導型の子どもの学習に対して、自己誘導型であり、効果的な社会人のトレーニングには、それなりの工夫が必要である。

3.1　社会人のためのコミュニケーション・トレーニング

さまざまな状況で多様な人間関係を展開し、仕事上、また個人的なゴール達成が求められる社会人にとって、教育や訓練を通して得た知識や能力を実践で生かし、さらに成長を続けることは人間として満足に生きられるかどうかの分岐点である。日々変化する社会の状況を考慮し、

第6章　対人コミュニケーション・トレーニング

相手や状況を特定したトレーニングを継続的に受ける必要がある。

具体的な対人状況として、職場の人間関係（福井, 2007；津村・山口, 1992）、夫婦間（野末, 2008）、心理臨床（土沼, 2008）、看護実践（野末, 2008）などがある。配偶者、子、上司、部下、同僚、また営業職の場合は顧客、教師の場合は生徒やその親、医療従事者の場合は患者やその家族など、特定の状況での対人コミュニケーション能力が求められる。「体験学習」を通して、自らの対人コミュニケーションの特徴や問題点を、適切な概念や理論を使って客観的に認識、評価し、効果的で適切なスキルを修得することがトレーニングの目的である。

社会人に求められるコミュニケーション能力には、表現力・アサーション、信頼関係を構築し表現する能力、プレゼンテーション能力、傾聴力、リスク管理能力、批評（問題指摘）能力、情報（内容・人間関係）開示能力、説明力、などが含まれる。

対人コミュニケーション・トレーニングで扱われる領域は、医療（Hannawa, 2009；町田・保坂, 2001）、看護（川野, 1997；Marerovitz, Mollott, & Ruder, 2009）、介護（Davis, Foley, Crigger, & Brannigan, 2008）、接客（Taylor & Finley, 2008）、ビジネス（足立・富岡, 2007）、リーダーシップ（Svennevig, 2008）、インタビュー（Joyce, 2008）、親子関係（三森, 2002）、異文化（Brislin & Yoshida, 1994；近藤, 1997；八代・町・小池・吉田, 2009）などで、特定の状況、関係に特化する傾向が強い。

また、同じ状況でも、参加者たちが日常経験すると予想される幅広い人間関係を取り上げてトレーニングを行う傾向も見られる。例えば、足立・富岡（2007）はビジネスの状況を、「異文化との接触」、「新入社員との関わり」、「プレゼンテーション」、「マナー」などの切り口から見たトレーニングを考察している。

実践的な知識や経験が豊富ではあるが、コミュニケーションの専門的な研究の経験を持たない（例：医師）が、コミュニケーション・トレーニングの展開に努めているような場合もある（例：町田・保坂, 2001；三森, 2002）が、「コミュニケーション」が技術、スキルとしてのみ捉えられる傾向は否定できない。

4 日本の対人コミュニケーション・トレーニングの特徴と問題点

　自分を知り、信頼し、人に影響を与えつつ人間関係を高められるよう、「自己」を育てるトレーニング（例：外島・岸本, 2004）が多く見られるのが日本の特徴である。自分、自我、自己、個などの概念を十分探究することなく、「自分探し」ということばが独り歩きし、表面的、即効性をねらった訓練が行われている。自己探究とコミュニケーションとの関連を自覚しつつ、どのように日々の努力に結びつけるのか、理解が不十分だったことも特徴である。そのような背景の下、継続的教育、生涯教育の大切さが認識され始めている。

　米国のコミュニケーション学では「是」と認められ、最近日本でも強調される自己主張＝わがまま（平木, 2009）、という捉え方も日本の偏った考え方に根差したものである。人と良好な関係を築き、保ち、発展させると同時に、自分の考え方を明確にし主張するのが communication competence（effectiveness + appropriateness）である。「ウィン・ウィン」、つまり自分も相手も大切にするという意味での「アサーション」という言葉がそのまま使われていることからも、従来の「和を尊び」、何事も「丸く収める」ことを重要視してきた日本文化では、にわかには受け入れがたい考え方なのかもしれない。

　個人主義とプラグマティズムに支えられた米国で生まれ育った人間関係トレーニングが、日本に導入され、トレーニング（研修）の目的が、日本的な「同じ釜の飯を喰った仲間としての友情」や、「共に困難を乗り越えた戦友としての一体感」にすり替わり、強烈な高揚感と親密感を体験することがトレーニングの目標となった、過去の苦い歴史があることを指摘する研究者もいる（津村・山口, 1992）。

4.1　トレーナー（インストラクター、ファシリテーター）の不足

　対人コミュニケーション能力の継続的なトレーニングの必要性は、教

育界、産業界、医療・看護・介護の世界、また親子・家族の関係を発展させたり維持することが急務と考えられる地域、「婚活」や「再婚活」への関心の高まりから推し量ることができる男女の関係、ひいては少子化など、さまざまな領域で痛感される。それに対して、体系的で基礎的、さらには十分な知識と経験を擁する専門トレーナー、教員、ボランティアの不足は深刻な問題である。

医療現場での「接遇研修」やビジネス界でのマナー研修などでは、表面的な行動、スキルの習得を目的とする研修が多く見られる。実際に、高額な費用を払って研修をする以上、即座に目に見える効果を求めるのは企業として当然である。しかし、専門教育や訓練を受けていない「講師」による研修が求められる反面、コミュニケーション学研究者の貢献が求められていないのは、実践の世界と学界、双方の認識、努力不足と言える。

4.2　評価方法の確立

コミュニケーション研究者による科学的根拠に基づいた、トレーニングの成果や問題点を明確にできる評価方法の確立が急務である。厳しい対価評価が求められる企業界では特に、対人コミュニケーション・トレーニングに支払う対価と、そこで得られる結果との関係を正確に示す必要がある。

そのためにも、対人コミュニケーションに関するさまざまな問題点を、実例を基に提供できる、例えば産業界と学界とが連携関係を結び、理論―実践―研修―評価の繋がりを客観的、批判的に観察、評価する体制を作ることは双方にとって有益である。

―――――― **引用文献** ――――――

相川 充（2000）『人づきあいの技術 − 社会的スキルの心理学 − 』サイエンス社.
足立行子・富岡次郎（2007）『ビジネス・コミュニケーションのしくみ：ウィン・ウィンのための理論と実践』文眞堂.
Argyle, M. (1967) *The psychology of interpersonal behavior*. Penguin Books.（辻

正三・中村陽吉訳（1972）『対人行動の心理』誠信書房）
大坊郁夫（1998）『しぐさのコミュニケーション－人は親しみをどう伝えあうか－』サイエンス社.
大坊郁夫（2002）「ネットワーク・コミュニケーションにおける対人関係の影響」『対人社会心理学研究』2, 1-14.
大坊郁夫（2003）「社会的スキル・トレーニング方法序説：適応的な対人関係の構築」『対人社会心理学研究』3, 1-8.
大坊郁夫編（2005）『社会的スキル向上のための対人コミュニケーション』 ナカニシヤ出版.
大坊郁夫・栗林克匡・中野 星（2000）社会的スキル実習の試み（北海道心理学会第 47 回大会発表）『北海道心理学研究』23, 22.
Beebe, S. A., Mottet, T. P., & Roach, K. D. (2004). *Training and development.* Boston, MA: Pearson.
Brislin, R., & Yoshida, T. (Eds.). (1994). *Improving intercultural interactions: Modules for cross-cultural training programs.* Thousand Oaks, CA: Sage.
Burby, R. J. (1970). *Communicating with people: The supervisor's introduction to verbal communication and decision-making.* Reading, MA: Addison-Wesley.
Carrell, L. (2009). Communication training for clergy: Exploring impact on the transformative quality of sermon communication. *Communication Education, 58,* 15-34.
Davis, J., Foley, A., Crigger, N., & Brannigan, M. C. (2008). Healthcare and listening: A relationship for caring. *International Journal of Listening, 22,* 168.
福井康之（2007）『対人スキルズ・トレーニング：対人関係の技能促進修練ガイドブック』ナカニシヤ出版.
後藤 学・大坊郁夫（2009）「短期的な社会的スキル・トレーニングの実践 社会人への適用を目指して」『応用心理学研究』34, 193-200.
Hannawa, A. F. (2009). Negotiating medical virtues: Toward the development of a physician mistake disclosure model. *Health Communication, 24,* 391-399.
橋元良明（1998）「パーソナル・メディアとコミュニケーション」 竹内郁郎・児島和人・橋元良明編『メディア・コミュニケーション論』6 章、117-140 頁、北樹出版.

第6章 対人コミュニケーション・トレーニング

平木典子 (2009) 『アサーション・トレーニング：さわやかな「自己表現」のために』金子書房.
Joyce, M. P. (2008). Interviewing techniques used in selected organizations today. *Business Communication Quarterly, 71*, 376-380.
川野雅資 (1997) 『患者―看護婦関係とロールプレイング』日本看護協会出版会.
香山リカ (2002) 『若者の法則』岩波書店.
近藤祐一 (1997) 「異文化コミュニケーション研修」石井敏・久米昭元・遠山淳・平井一弘・松本茂・御堂岡潔編『異文化コミュニケーション・ハンドブック』180-186頁, 有斐閣.
栗林克匡・中野星 (2007) 「大学生における社会的スキル・トレーニングの成果と評価」『北星学園大学社会福祉学部北星論集』44, 15-25.
町田いづみ・保坂隆 (2001) 『医療コミュニケーション入門：コミュニケーション・スキル・トレーニング』星和書店.
Marerovitz, S. D., Mollott, R. J., & Ruder, C. (2009). We're on the same side: Improving communication between nursing home and family. *Health Communication, 24*, 12-20.
三森ゆりか (2002) 『親子でできるコミュニケーション・スキルのトレーニング：論理的に考える力を引き出す』一声社.
野末盛香 (2008) 「看護実践とアサーション・トレーニング」平木典子編『アサーション・トレーニング』至文堂.
野末武義 (2008) 「夫婦関係におけるアサーションの意味」平木典子編『アサーション・トレーニング』至文堂.
Svennevig, J. (2008). Exploring leadership conversations management. *Communication Quarterly, 21*, 529-536.
Taylor, M., & Finley, D. (2008). Communication training for foreign guest workers in seasonal resorts. *Business Communication Quarterly, 71*, 246-250.
外島裕・岸本智美 (2004) 『コミュニケーションの力をつけるEQトレーニング』あき出版.
土沼雅子 (2008) 「心理臨床におけるアサーションの意味と機能」平木典子編『アサーション・トレーニング』至文堂.
津村俊充 (1994) 「社会的スキルの訓練」菊池章夫・堀毛一也編『社会的スキルの心理学』220-241頁. 川島書店.
津村俊充・山口真人編 (1992) 『人間関係トレーニング：私を育てる教育への人

間学的アプローチ』ナカニシヤ出版.
Whiteman, G. L. (1983). *Management skills workshop: Effective communication.* Madison, CT: Business & Legal Reports.
八代京子・町惠理子・小池浩子・吉田友子 (2009)『異文化トレーニング:ボーダレス社会を生きる』三修社.
横山定雄 (1965)『センシティビティ・トレーニング』同文館.

第 II 部

組織コミュニケーション

第 1 章
組織コミュニケーション研究発展の経緯と動向

山口 生史

　本章では、まず米国での組織コミュニケーション学発展の歴史と動向を紹介し、その後日本における当該分野の状況を、出版・発表されている学術書や研究論文の内容・テーマを紹介することで概観しようと思う。組織コミュニケーション学が米国で発展し、日本においては、まだ学問的歴史が浅い分野であることから、米国での研究の発展と動向に大きく依拠しながら記すことになるが、米国での状況との関係から、日本の組織コミュニケーション研究の現在の動向を明らかにする。

1 │ 組織コミュニケーション研究の発展経緯

　組織コミュニケーション学は、米国においてスピーチコミュニケーションが社会科学研究の中に入ってくる1920年代に、スピーチコミュニケーションの1つの専門分野として生まれたといわれている（Putnam & Cheney, 1985）。その歴史はそれほど古くなく、関連の深い「組織論」や「経営学」の学問的体系が確立してくる時期と一致する。初期の組織コミュニケーション学発展の経緯は以下のように整理されている（Redding, 1985）：

(1) ビジネス英語（business English）やビジネススピーチ（business speech）などの修辞学理論、産業心理学、科学的管理法などの伝統的管理理論、産業ジャーナリズム、組織論における初期の人間関係学派などの研究で見られ始めた、おおよそ1900年～1940年頃までの組織コミュニケーション研究のルーツ時代。

(2)「ビジネス・産業」コミュニケーション("business and industrial" communication) というラベルが定着するなど、1942年～1947年の組織コミュニケーション研究にとって重要な時代。
(3) 人間関係学派の理論が「産業」コミュニケーションの主要なパラダイムとなった1948～1958年の結晶化の10年。
(4) 組織コミュニケーション (organizational communication) という用語がよく使われるようになる、結晶化時代後の1960年代後半。

また、1900年頃～1940年頃までを準備時代、1940年頃～1970年頃までを学問的位置づけの確認と統合の時代、1938年～1942年をこの2つの時代の過渡期、1970年頃から1980年代までを成熟と変革の時代とする報告 (Redding & Tompkins, 1988) もある。

1980年代に関しては、情報処理、レトリック、文化、そして、政治的視点という4つの研究視点が当時としては新しいものとして分類されている (Putnam & Cheney, 1985)。また、1960年代に比べ1980年代には、スピーチコミュニケーション学部以外でもコースが設置されるなど、そのアイデンティティが明確でなくなっていた状況も指摘されている (Redding, 1985)。

1990年代中盤には、組織コミュニケーション研究の視点が7つのメタファー (Putnam, Phillips, & Chapman, 1996) で表現・説明されるほど多岐にわたり、非常に学際的になってきた。7つのメタファーは、この時代の組織コミュニケーション研究におけるコミュニケーションそのものの解釈・理解の多様性を示している (Taylor, Flanagin, Cheney, & Seibold, 2001)。したがって、組織コミュニケーション研究は、近年にいたってもディシプリンとして発展し続けていると同時に、その研究分野における明確なアイデンティティの確立にはなお苦慮している状況にある (Tompkins & Wanca-thibault, 2001)。

このように、組織コミュニケーション学は、社会科学の分野において比較的若い学問で、現在もなお、そのディシプリンの位置づけ、研究パラダイム、研究法などが発展（あるいは変遷）している途上にある。ただ、1つ共通して言えることは、組織コミュニケーション研究における

「組織」と「コミュニケーション」の関係は、1940年代から1960年代にかけて支配的な見方であった「組織はコミュニケーションの容れ物」という考え方から、コミュニケーションは、組織化を伴う「組織研究に根本的なもの」(Taylor, et al, 2001:100) という捉え方になってきたことは間違いない。

2 組織コミュニケーションの研究アプローチ

組織コミュニケーションの研究アプローチは、モダニスト、自然主義的、クリティカルの3つに分類されうる (Redding & Tompkins, 1988：彼らは、アプローチでなく、理論と研究のオリエンテーション[orientation]と呼んだ)。組織コミュニケーション研究の分野では、1980年代までは、モダニストアプローチによる研究が中心であった。1979年〜1989年に15のコミュニケーション学の学術雑誌に掲載された289本の学術論文を対象に行った調査結果 (Wert-Gray, Center, Brashers, & Meyers, 1991) では、モダニストアプローチに基づく研究論文が57.8％、自然主義的アプローチが25.9％、クリティカル・スタディが2.1％であった。各年を見ると、モダニストアプローチは、1981年の78.6％を筆頭に、1980年、1982年、1983年を除いては、安定して約54.4％〜68.8％の間で一定の割合を占めていた。自然主義的アプローチは、1982年と1983年に、それぞれ42.9％と55.6％まで伸びたが、それ以外は12.5％〜33.3％で推移していた。クリティカル・スタディは、1986年に10.0％を示した以外は4.8％〜0％であった。自然主義的アプローチやクリティカル・スタディが、近年、その重要性を強めてきたが、モダニストアプローチによる研究は依然多いと思われる。

また、近年の研究では、解釈学的研究、規範的研究、クリティカル・スタディ、対話的 (Dialogic) 研究の4分類とする報告 (Deetz, 2001) がある。規範的研究は機能主義的で、モダニストアプローチに近い。また、対話的研究は、ポストモダニズムのアプローチに近い。

さらに、文化的、解釈学的視点；クリティカル、ポストモダニズム視

点；ネットワーク視点；生態学・進化論的視点；組織ディスコース視点に整理し、このうち、生態学・進化論的と組織ディスコースの視点が、最近台頭してきたという報告（Monge & Poole, 2008）もある。ネットワーク視点は、新しくはないが、近年、その視点からの研究の意義が示されている（Monge & Contractor, 2001, 2003）。ネットワーク研究は、組織・企業ソーシャル・キャピタル（organizational/corporate social capital）理論（例えば、Baker, 2000＝2001；Nahapiet & Ghoshal, 1998）や構造の穴（structural hole）理論（Burt, 1992）と連関し、再注目されていると言えるだろう。

　これらの内容や方法論に関しては、第2章と第3章で、組織コミュニケーションの量的および質的研究として、それぞれ詳細に解説されるので、本章では、簡単に、これらの研究アプローチについて紹介しておく。

2.1　モダニスト/規範的あるいは機能主義的研究

　モダニストアプローチは、マネジメントからの視点で組織を目的的で目標獲得的と捉え、実証主義的で、客観性に基づく観察を重視し、予測とコントロールを目的とする（Redding & Tompkins, 1988）。また、規範的あるいは機能主義的アプローチは、組織を描写・説明、予測、コントロール可能な存在として捉え、特に、企業などの商業的組織は、合理的な経済的目標と関連させて論じられ、北米で中心的なアプローチで、多くは自然科学のモデルのレトリックにならい、一般化と検証の原則を利用するのが特徴である（Deetz, 2001）。

　このように、これらのアプローチは、組織の中のコミュニケーション現象を「要因」と「結果」の関係で捉えようとするものである。

2.2　自然主義的研究

　自然主義的アプローチは、組織という文化的・言語的コミュニティにおける真実を、全て社会的に構築されたものと捉え、マネジメントと従業員相互の視点から、人間のコミュニケーション活動の理解・解釈をす

ることが目的で、文化人類学的な研究などに見られる「(分)厚い記述 (thick description)」の手法 (Geertz, 1973) で研究を行う (Redding & Tompkins, 1988)。

したがって、このアプローチでは、組織コミュニケーション現象に影響を与える何かを特定しようとするのではなく、その現象がメンバー間の相互作用によってつくられていくプロセスを克明に記述しようとする。

2.3 クリティカル・スタディ

このアプローチは、従業員（組織メンバー）の視点から、組織を抑圧の手段・道具と見る。意識の覚醒や高揚、および、抑圧からの解放が研究の目的である (Redding & Tompkins, 1988)。組織を闘争と権力関係という状況の中で到達された社会的、歴史的創造物で、政治的な場であるとみなし、組織コミュニケーション研究の中心的なゴールは、独占から解放された社会や職場を創ることであり、人間の欲求を満たし、発展を促すシステムを生み出すのにメンバーが貢献することのできる社会や職場を創造することにあるといわれている (Deetz, 2001)。

したがって、このアプローチでは、組織あるいはそれを管理・運営する側を対立するものと捉え、組織メンバーが巧みに搾取され、利用されるに至るメカニズムを解明しようとする研究が多くなる。

2.4 解釈学的研究

このアプローチは以下の特徴を持つ（以下、Deetz, 2001 の解説を要約）：1980年代に急速に発展し、組織を社会的コミュニティの1つとみなし、組織活動の経済的側面よりも社会的側面を強調する；通常の談話、物語、儀式などを通じて、特定の現実が、いかに社会的に生産、維持されるかを示すことを目的としている：コミュニティ (i.e., 組織) への関心は、組織内の人との価値共有、共有されている慣習、調和のとれた生活 (i.e., ワークライフ) という伝統的感覚の維持に連結するものである。

このように、このアプローチは、例えば、組織メンバーのコミュニケーションにおける意味づけが各組織で共有され、組織コミュニケーション現象がその組織特有の理解として解釈されるプロセスなどを研究するものである。

2.5　ネットワーク視点と生態学・進化論的視点

　コミュニケーション・ネットワークの理論に関しては、以下のように分類されている（Monge & Contractor, 2003）：(1)自己利益的理論；(2)相互自己利益的および集団行動的理論；(3)認知理論；(4)伝染（contagion）理論；(5)交換・依存理論；(6)同質・近接性の理論；(7)ネットワーク進化論。

　進化論の視点は、組織間のネットワークに注目する理論であり、組織「コミュニティの生き残りと成功が、組織が関係を持つ他の組織に依存していると同様に、彼らの他組織とのコミュニケーションの連結に依存している様態を理解することを可能にする」（Monge, Heiss, & Margolin, 2008：449）のである。このアプローチは、組織（企業）を１つの群と捉える組織論の個体群生態学（population ecology）モデル（Hannan & Freeman, 1977）から発展してきたものだろう。

3　組織コミュニケーション学の研究トピック

　組織コミュニケーション学における近年の研究トピックを見ることは、当該分野が、現在、何を探求し明らかにしようとしているのかを可視化してくれるだろう。

　ここでは、２つの調査（Wert-Gray, et al.［1991］と Allen, Gotcher, & Seibert［1993］）を紹介する。前者は、289本の学術論文を調べ、組織コミュニケーション研究で取り上げられているトピックとその割合（％）を示した：クライメットと文化（19.0％）；上司-部下間関係とコミュニケーション（12.8％）；パワー、コンフリクト、政治（12.5％）；情報の流れ（10.4％）；パブリック組織コミュニケーション（10.0％）、組織コミュ

ニケーション理論と定義（6.2%）；方法論（4.5%）；組織コミュニケーショントレーニングと開発（4.5%）；小集団コミュニケーション（3.8%）；社会化—同化-適応（3.5%）；交渉行動（2.4%）；組織成果（0.7%）；その他（9.7%）である。

　また、後者も1980年〜1991年までの組織コミュニケーション学関係の専門誌61冊に掲載された889の研究論文のトピックに関する調査を行い、その数を以下のように提示した（カッコ内の数字は、彼らがそのトピックが含まれていること確認した論文の数で、一本の論文に複数のトピックが含まれる場合もある）。山口（2006）は、彼らの抽出したトピックを以下の2つのカテゴリーに分類した：

〈構造としての組織コミュニケーション〉
組織文化とシンボリズム（99）／情報の流れとチャネル（74）／コミュニケーション・ネットワーク（57）／組織-環境コミュニケーション・インターフェイス（53）／テクノロジー［コンピューター媒介のコミュニケーションなど］（45）／組織構造とコミュニケーション（42）／不確実性と情報の妥当性（40）／クライメット［コミュニケーション風土］（18）

〈対人関係中心の組織コミュニケーション〉
人間関係［上司―部下間など］（233）／コミュニケーション・スキルと戦略（120）／パワーと影響（67）／コミュニケーションに関係する肯定的結果［生産性（業績）、組織コミットメント、職務満足、離職、バーンアウト、など］（67）／意思決定と問題解決（67）／認知スタイル、コミュニケーション・スタイル、マネジメント・スタイル（57）／言語とメッセージの内容（41）／グループ・組織効果［グループ相互作用の組織行動や生産性に対する影響など］（41）／コミュニケーションの戦略的利用に関する倫理（28）／異文化間（24）

4 ｜ 日本における組織コミュニケーション研究

　日本国内での組織コミュニケーション研究は、米国でのような、理論

第 1 章　組織コミュニケーション研究発展の経緯と動向

の発展や変遷を振り返ることができるほどの歴史をまだ経ていないし、その学問的位置づけも非常にマイナーと言えるだろう。日本コミュニケーション学会においても、組織コミュニケーションを専門とする研究者は少ない。また、日本人著者による「組織コミュニケーション」というタイトルの教科書・専門書・学術書は、狩俣（1992）や原岡・若林（1993）など数えるほどしかない。したがって、研究アプローチ（方法論）もその発展を体系的に整理できる段階にない。本節では、上記2つの書籍で取りあげられているテーマの紹介と数人の日本人組織コミュニケーション研究者の研究テーマを紹介することで、研究のトピックに焦点を絞り、現在の日本における組織コミュニケーション研究の動向を探ってみる。

　狩俣（1992）の『組織のコミュニケーション論』は、従来の組織コミュニケーション研究が、モダニスト/規範的あるいは機能主義的研究に偏重してきたことを問題視し、解釈学的アプローチの必要性を強調し、その視点から記されている。このアプローチからの研究は、前述したとおり、米国では1980年代以降に発展してきた（Deetz, 2001）のであり、この著書が1990年代初期に出ていることは、米国での動向が日本にも影響を与えたことが分かる点で、注目に値する。原岡・若林（1993）の編著による『組織コミュニケーション：個と組織の対話』は、ミクロ・マクロ組織論、経営学、社会心理学の各テーマにコミュニケーションの概念が連結された内容となっている。組織コミュニケーションが組織論、経営学、社会心理学と密接な関係があり、組織コミュニケーションというテーマが特に企業をフィールドに研究されているのは米国と同様である。また、前述したとおり、1980年代に米国で、組織コミュニケーション学のアイデンティティに関して問題視し（Redding, 1985）、現代においてもそれに苦慮している（Tompkins & Wanca-thibault, 2001）状況は、日本でも同じことが言えるだろう。

　現在の組織コミュニケーション研究者の研究テーマも概観しておこう。山口はミクロ組織論（組織行動学）のテーマである組織公正理論（Yamaguchi, 2005）、影響戦術（Yamaguchi, 2009）、感情知能（山口, 2008）、

チームマネジメント（山口・山口, 2009）などのテーマと組織コミュニケーションとの関係の研究を進めている。鈴木は、国際企業を対象に異種グループ間のコミュニケーション・パターンが組織文化形成へ与える影響を調査した研究（1997）や国際企業の異種グループ環境で、内集団・外集団とのコミュニケーションにおける社会的距離の取り方の違いと社会的アイデンティティの強さの関係に関する実証研究（1998）を行った。清宮らは、近年、「ディスコース」のアプローチをもとに、組織の不祥事に関するテーマを多角的に考察している。例えば、某企業の食中毒事件（2000年発生）と牛肉偽装事件（2002年発生）について事例研究（Kiyomiya, Matake, & Matsunaga, 2006）を行い、虚偽というコミュニケーション行為に焦点をあてて分析している。また、記述式アンケート調査について内容分析を行った研究（清宮, 2009）では、ディスコース的な検討を加え、あいまいさの利用と不正の再生産を指摘している。山本は、日本の組織に外国人が参入するインターフェースに関する受け入れ側職員の認知を、その所属する組織の規模の大小により比較検討した研究（2007）や異文化間協働における相互作用を学習体験として最大限活用する対面的コミュニケーション方略に関する実証的研究と個人の異文化間協働の認知に対する影響要因としての個人的要因と組織的要因の研究（2011）を行った。

　これらの書籍や研究論文を見ると（全ての研究者や著書・研究論文を網羅しているわけではないが）、日本における組織コミュニケーション学は、コミュニケーション学の1つの研究分野としては、1990年に入った頃から認知され始めたと言えよう。その研究の歴史は、日本ではまだ20年くらいしか経過していないのである。前述したように、組織コミュニケーション学という学問は1920年代に米国で生まれてから約90年が経過し、その歴史はいくつかの発展の時代に区分できる。日本では、わずか20年の間に、米国での研究に依拠しながら研究が進められてきた。しかし、これまでの米国での研究の経緯を見ることができ、研究アプローチの相違や長所・短所を十分理解しながら、研究を進めることができることは、有利なことでもある。米国で積み重ねられてきた研

究成果を基礎に、その理論や研究結果を応用しながら、日本の組織や日本人を対象にした研究や国際比較研究が行われている。まだその研究者も少なく、マイナーな分野ではあるが、日本での組織コミュニケーション研究は着実に発展していると言えよう。

5 まとめ

本章では、組織コミュニケーション研究の学問的発展の経緯、研究アプローチ、研究トピックの3点に関して、米国の状況を概観することから始めた。それを踏まえて、現在の日本における研究状況を研究トピックに焦点をあてて整理した。

組織コミュニケーション研究発展の経緯は、方法論（研究アプローチ）の変遷や新しいアプローチの台頭を伴ってきたことがわかる。また、研究のトピックに関しては、さまざまな方法論で研究できるものと、そのトピックに適合した特定の方法論で研究されることが必要な場合もある。紙幅の制限もあり、それらの考察は別の機会に譲る。

―――― **引用文献** ――――

Allen, M. W., Gotcher, J. M., & Seibert, J. H. (1993). A decade of organizational communication research: Journal articles 1980-1991. In S. A. Deetz (Ed.)., *Communication yearbook 16* (pp. 252-330). Newbury Park, CA: Sage.

Baker, W. (2000). *Achieving success through social capital*. San Francisco, CA: Jossey-Bass.（＝2001、中島豊訳『ソーシャル・キャピタル：人と組織の間にある「見えざる」資産を活用する』ダイヤモンド社）

Burt, R. S. (1992). *Structural holes*. Cambridge, MA: Harvard University press.

Deetz, S. A. (2001). Conceptual foundations. In F. M. Jablin & L. L. Putnam (Eds.), *The new handbook of organizational communication: Advances in theory, research, and methods* (pp. 3-46). Thousand Oaks, CA: Sage.

Geertz, C. (1973). *The interpretation of cultures*. New York: Basic books.

Hannan, M. T., & Freeman, J. (1977). The population ecology of organizations. *American Sociological Review, 82*(5), 929-964.

原岡一馬・若林満編著（1993）『組織コミュニケーション：個と組織の対話』福村出版．
狩俣正雄（1992）『組織のコミュニケーション論』中央経済社．
清宮徹（2009）「言葉の中の倫理的まなざし―組織の語りと不祥事―」金井壽宏・森岡正芳・高井俊次・中西眞知子編『語りと騙りの間』ナカニシヤ出版、189-210頁．
Kiyomiya, T., Matake, K., & Matsunaga, M. (2006) Why companies tell lie in business: A Japanese case in food industry」In S. May (Ed.), *Case studies in organizational communication: Ethical perspective and practices*, 287-304. Sage.
Monge, P., & Contractor, N. S. (2001). Emergence of communication network. In F. M. Jablin & L. Putnam (Eds.), *The new handbook of organizational communication: Advances in theory, research, and methods* (pp. 440-502). Thousand Oaks, CA: Sage.
Monge, P., & Contractor, N. S. (2003). *Theories of communication networks*. New York: Oxford university press.
Monge, P., Heiss, B. M., & Margoin, D. B. (2008). Communication network evolution in organizational communities. *Communication Theory*, *18*, 449-477.
Monge, P., & Poole, M. S. (2008). The evolution of organizational communication. *Journal of Communication*, *58*(4), 679-692.
Nahapiet, J., & Ghoshal, S. (1998). Social capital, intellectual capital, and the organizational advantage. *Academy of Management Review*, *23*, 242-266
Putnam, L. L., Phillips, N., & Chapman, P. (1996). Metaphors of communication and organization. In S. R. Clegg, C. Hardy, & W. R. Nord (Eds.), *Handbook of organization studies* (pp. 375-408). Thousand Oaks, CA: Sage.
Putnam, L. L., & Cheney, G. (1985). Organizational communication: Historical development and future directions. In T. Benson (Ed.)., *Speech communication in the 20th century* (pp. 130-156). Carbondale, Ill.: Southern Illinois University press.
Redding, W. C. (1985). Stumbling toward identity: The emergence of organizational communication as a field of study. In R. D. McPhee & P. K. Tompkins (Eds.), *Organizational communication: Traditional themes and new directions* (pp. 15-54). Beverly Hills, CA: Sage.

Redding, W. C., & Tompkins, P. K. (1988). Organizational communication-past and present tenses. In G. M. Goldhaber & G. A. Barnett (Eds.), *Handbook of organizational communication* (pp. 5-33).

Suzuki, S. (1997). Cultural transmission in international organizations: Impact of interpersonal communication patterns in intergroup contexts. *Human Communication Research, 24*, 147-180.

Suzuki, S. (1998). In-group and out-group communication patterns in international organizations: Implications for social identity theory. *Communication Research, 25*, 154-182.

Taylor, J. R., Flanagin, A. J., Cheney, G., & Seibold, D. R. (2001). Organizational communication research: Key moments, central concerns, and future challenges. In W. B. Gudykunst (Ed.), *Communication yearbook 24* (pp. 99-137). Thousand Oaks, CA: Sage

Tompkins, P. K., & Wanca-thibault, M. (2001). Organizational communication: Prelude and prospects. In F. M. Jablin & L. L. Putnam (Eds.), *The new handbook of organizational communication: Advances in theory, research, and methods* (pp. xvii-xxxi). Thousand Oaks, CA: Sage.

Wert-Gray, S., Center, C., Brashers, D. E., & Meyers, R. A. (1991). Research topics and methodological orientations in organizational communication: A decade in review. *Communication Studies, 42*(2), 141-154.

Yamaguchi, I. (2009). Influences of organizational communication tactics on trust with procedural justice effects: A cross-cultural study between Japanese and American workers. *International Journal of Intercultural Relations 33*, 21-31

山口生史 (2008)「適正評価のための感情知能と相互作用的公正の統合モデル」『組織科学』Vol. 37, No. 3, 27-38頁.

山口生史 (2006)「組織コミュニケーション学と組織行動学および組織論との理論統合：メゾ・パラダイム研究の可能性」北出亮・近江誠・池田理知子・大崎正瑠・村井佳世子編『新たなコミュニケーション学の構築に向けて』(pp. 85-95) 日本コミュニケーション学会.

Yamaguchi, I. (2005). Interpersonal communication tactics and procedural justice for uncertainty management of Japanese workers. *Journal of Business Communication, 42*(2), 168-194.

山口生史・山口麻衣 (2009)「介護施設のチーム・コミュニケーション」報告書

（平成 19 年度～平成 20 年度科学研究費補助金基盤研究 C［研究課題番号 19530567］）
山本志都（2011）『異文化間協働におけるコミュニケーションの実証的研究：相互作用の学習体験化および組織と個人の影響』ナカニシヤ出版.
山本志都（2007）「大規模組織と小規模組織における外国人職員受け入れ担当者の外国人との協働に対する認知：JET プログラムによる地方自治体の外国人職員の受け入れを事例として」、『多文化関係学』第 4 号、69-82 頁.

第 2 章
組織コミュニケーションの量的研究

鈴木 志のぶ

1 組織コミュニケーション研究における量的研究の位置づけ

　組織コミュニケーション研究で扱われてきたテーマは、第1章に概観されているとおりである。それぞれの研究テーマには、ふさわしい研究方法が採用される。この章では主として、量的研究方法による組織コミュニケーション研究について解説する。量的研究とは科学的手法を用いた客観的研究のことで、コミュニケーションの過程を数量化により理解し説明しようとする手法である。組織コミュニケーションの量的研究は1940年代から始まり、特に1960年代以降盛んに用いられるようになった。

　その後、主に1980年代から、それまでの量的研究に対して、管理者的視点へ偏向している、組織の捉え方が機械的である、といった批判が向けられるようになった。加えて、新しい研究テーマへの取り組みにも対応するため、質的研究方法である解釈的手法が用いられ始める。解釈的手法を含む質的研究はその後、クリティカル・スタディ的手法、ポストモダン的手法なども取り入れ、発展しながら現在に至っている。一方で、第1章に紹介されたとおり、量的研究は組織コミュニケーション研究の中で依然としてかなりの割合を占め、その有用性は質的組織コミュニケーション研究の有用性に劣らず、現在なお多くの研究者に支持されている。

　ここで近年の日本の組織コミュニケーション研究（日本人研究者によ

る研究も含む)の例を挙げ、研究方法の動向を概観する。コミュニケーション学の分野では、山口による意思決定伝達結果についての組織コミュニケーション行動の異文化比較研究 (2006)、そして職場のコミュニケーション環境と組織公正感の男女認識比較研究 (2007) が挙げられる。またSuzukiは国際企業での異種グループ間コミュニケーション・パターンについて、それを説明する要因 (1997) とそれが組織文化形成へ与える影響 (1998) を、Masumoto (2000) は日米産業技術管理プログラムへの参加者を対象に、プログラムでのコミュニケーション経験の認識についての文化差を明らかにした。さらにKiyomiya (2000) は在米の日系企業を調査し、コミュニケーション・パターンやコミュニケーションの捉え方が内・外集団間で近似していることが組織の成功の要因であることを示した。これらの研究はいずれも、一部にコミュニケーション・ネットワーク分析を含む質問紙・面接による調査を方法として用いている。社会心理学の分野では、松本、塩見と中谷内 (2005) が行った、原子力広報でのリスクコミュニケーションを受け手がどう評価するかという点についての研究が、経済・経営学の分野では、若林、斎藤と中村 (1991) による、組織コミュニケーションとしてのCI活動が従業員に及ぼす意識変化の研究が、それぞれ質問紙調査を用いている。質問紙・面接調査以外方法による研究を挙げると、経済・経営学の分野で、安田と鳥山 (2007) が組織内電子メールのログを用いてコミュニケーション・ネットワーク分析を行いながら、メッセージの内容分析も併用している。山田 (1997) も電子メールの内容分析を行って、商品開発においてメールが果たす機能を検討した。このように、日本の量的組織コミュニケーション研究を研究方法から見ると、質問紙・面接調査を中心として、ある程度の多様性を示していることが理解できる。次に、日本の組織コミュニケーション研究が今後進み得る方向を、量的研究を中心とする研究方法から探る目的で、量的研究の考え方とさまざまな研究方法を概観する。

　量的研究の中心となる考え方は主に実証主義(初期は古典的実証主義または論理実証主義、そして1980年代後半からはポスト実証主義)と

いう考え方である。分類方法の違いによって、量的研究の基礎となる考え方を機能主義や規範理論とする研究者もあるが、これら理論の基本的共通点は多い（Miller, 2000a）。古典的実証主義からポスト実証主義への移行に伴い、実証主義の考え方は、より現実的に修正されて現在に至っている。基本的に実証主義では、社会の構成要素が持つ（観察可能な）関係の規則性や因果関係を探究し、論理と科学的方法を用いることによって知識は得られると考える。

このような考え方に基づいた量的研究に共通するのは、測定、変数を用いての分析、仮説─演繹法を用いた研究設計、統計的分析などである。良質の量的研究の長所は、対象となる現象を正確に、偏りを極力排して記述・説明し得る点である。量的研究の質は主として、内的妥当性（変数間の関係が正しく検証できるよう研究が設計されているか）、外的妥当性（研究結果を他の状況や対象者にどれだけ一般化できるか）、測定の信頼性（概念の測定が繰り返し可能で測定結果は一貫しているか）、そして、測定の妥当性（測定しようとする概念を正しく測定できているか）を基準に判断される。このように、信頼性と妥当性の明確な基準に従い、組織コミュニケーションの過程について体系的な説明を提供し得るという点は、量的研究の利点の1つに数えられる（Miller, 2000b）。以下に、量的研究を実験、調査、量的なテキスト分析と、大きく3つに分類し、各種の量的研究方法について研究事例を紹介しながら解説する。

2 量的研究のさまざまな研究方法

2.1 実験

実験は、実験室や現場（フィールド）で行われ、研究者が独立変数を操作する。研究者は実験への参加者を実験群と統制群、あるいは複数の異なる実験群に無作為に割りあて、従属変数の値について群間の違いの有無を検証する。無作為割りあてでは、研究参加者がどの群で実験を受ける可能性も等しい。実験研究のうち、実験参加者の無作為割りあての

条件が満たされていないものは、準実験（Campbell & Stanley, 1963）と呼ばれる。

　一例として、オライリーとロバーツ（O'Reilly & Roberts, 1974）が行った、組織内での対人による情報伝達に関する実験室実験が挙げられる。この研究では、情報伝達の方向（上司→部下、部下→上司等）と対人関係要因（相手への信頼度や、相手の影響力）という独立変数の値により、従属変数である、送り手からの情報量と選択的情報伝達の値が異なることが明らかになった。一方、フィールド実験の一例としては、ある精神科病院で行われた組織変革に際して、情報源である個人の信用度と状況の不確実性が、組織構成員の組織変革に関する態度変化にどう影響したかを検証した準実験のフィールド研究（Ellis, 1992）が挙げられる。

　実験研究の利点は、独立変数と従属変数の因果関係を比較的検証しやすいことや、剰余変数（独立変数以外で、従属変数の値に影響を与え得る変数）を統制しやすい点である。実験研究の欠点として、実験室実験では特に、実験から得られた結果を組織という現場の状況に一般化しにくい、という点が指摘されることがある。

2.2　調査

　調査（サーベイ）研究は、組織コミュニケーションの研究テーマに関し、対象者から質問紙あるいは面接により情報を得る方法で、多くの組織コミュニケーション研究で用いられる。量的研究で調査のためのデータを収集する場合は、構造化された質問や測定尺度を用いることが多い。

　質問紙調査を用いた研究の一例として、クレーマー（Kramer, 1995）による縦断的な質問紙調査が挙げられる。この研究は、上司─部下のコミュニケーションの性質が、組織内で異動する構成員の適応の質に影響を与えることを示した。この研究では、組織内で異動した構成員とその上司との関係など4つの概念をそれぞれ尺度化し、それらについて複数の異なる時点で質問紙による回答を集め、概念間の関係を分析するという方法を採った。

　質問紙調査の適用範囲は広く、例えば、構成員の持つ組織イメージと

コミュニケーション（Treadwell & Harrison, 1994）、組織管理職者が用いる説得コミュニケーション方略の文化差（Hirokawa & Miyahara, 1986）、コミュニケーションと組織文化形成（Suzuki, 1997）、組織内対立の解消方略（Putnam & Wilson, 1982）、組織コミュニケーション技術の普及（Fulk, 1993）など、さまざまなテーマの組織コミュニケーション研究に用いられている。

面接による調査の例としてはストール（Stohl, 1993）の研究が挙げられる。この研究では、ヨーロッパ五カ国で組織の管理職者に対し、経営における構成員の「参加」という概念をどう解釈するかについて、面接によって聞き取り調査を行った。そして回答内容を分類・分析した結果、管理職者らの解釈の傾向は、ホフステッド（Hofstede, 1984）が提案する文化の次元の理論に合致する結果を示したことが報告されている。

組織コミュニケーション研究でよく用いられる調査研究法の１つに、ネットワーク分析がある。ネットワーク分析によって、個人と個人（あるいは集団と集団）のコミュニケーションのつながりが作る、ネットワークの性質や構造を明らかにすることができる。ネットワーク分析のデータは、質問紙や面接による調査によって収集される。個人が分析単位の場合、その個人が誰と、どのくらいの頻度で、どのような内容について、どのような手段でコミュニケーションを行ったか、などの質問が設定される。また、電子メールのログを入手することでネットワーク分析を行う場合もある。

ネットワーク分析を用いた研究の一例としては、ジョンソンら（Johnson, Meyer, Berkowitz, Ethington, & Miller, 1997）の研究が挙げられる。この研究は、地理的に分散した１つの組織の中で、個人のコミュニケーション・ネットワーク構造、組織の構造的な特徴、組織のコミュニケーション環境が、組織の革新意欲にどう影響を与えるかを示した。ネットワーク分析の利点として、組織内の個々の構成員のコミュニケーション・ネットワークの性質や構造を分析するという個人レベルの問題から、組織内の集団や組織全体、あるいは組織間のコミュニケーション・ネットワーク構造まで、扱うことのできる分析単位の幅が広い点が挙げ

られる。

2.3 量的なテキスト分析

　組織に関するコミュニケーション行動の記録や、組織コミュニケーションに関する文書・テキストを分析対象として、それらを客観的にコード化したり、それらの特定の要素に注目し、分析を行う量的研究方法は、量的なテキスト分析と捉えられる。量的なテキスト分析では、データを収集し、それらにコードを割り振って分類するための規則を用いたり、データ中の特定の要素の出現頻度やパターンに注目する。コード化の作業を伴う場合、収集されたデータは分析単位へ分割され、コーディングされるが、いずれの段階の作業にも一定水準以上の信頼性が求められる。信頼性を保証するためには、少なくとも2人以上の独立したコーダーが行った分割・コーディングの作業結果が一定水準以上、合致することが必要となる。量的なテキスト分析としての、インターアクション分析と内容分析について以下に述べる。

　インターアクション分析は、コミュニケーションのやり取りを録音・録画などにより記録し、スクリプト化したその記録を体系的にコード化し、分析する方法である。フェアハーストら（Fairhurst, Green, & Courtright, 1995など）が行ったインターアクション分析は、上司と部下のコミュニケーションをコーディングし、その性質を分析して、どのような要因がインターアクションの性質に関係しているかを明らかにした。またプールら（Poole & Roth, 1989など）は、小集団の意思決定過程を記録し、コーディングと分析を行った。その結果、意思決定に至るまでの小集団のインターアクションは、従来考えていた単一の展開パターンをたどるのではなく、複数の異なる展開パターンをたどることを示し、組織での意思決定研究に新たな知見をもたらした。

　内容分析を用いた組織コミュニケーション研究では、例えば年次報告書や広報紙（Jang & Barnett, 1994；Kabanoff & Holt, 1996）、ビジネスレター（Kong, 1998）など、組織に関するさまざまな文書が分析対象となりうる。例えば、バーリーら（Barley, Meyer, & Gash, 1988）の研究は、

1975年～1984年に経営学関係の専門誌に掲載された、組織文化に関する論文のテキストを研究対象とした。それらの専門誌を実務家向けと研究者向けの二群に分け、二群間で当初異なっていた組織文化に対する考え方が、時間の経過と共にどのような過程で統一されていったかを、論文のテキストを詳細にコーディング後、内容分析する手法で明らかにした。このように分析対象となるテキストが入手可能で、理論とそれを検証するための分析方針が明確な場合、量的なテキスト分析は効果的な方法となりうる。

3 おわりに

以上、組織コミュニケーションの量的研究の変遷、量的方法による日本の組織コミュニケーション研究の近年の動向、そして量的研究方法の基本的な考え方と具体的な各種方法を概観した。多様な量的研究法を視野に入れ、量的研究と質的研究のそれぞれの長所を生かした研究により今後、日本の組織コミュニケーション研究が発展していくことが期待される。

―――― **引用文献** ――――

Barley, S. R., Meyer, G. W., & Gash, D. C. (1988). Cultures of culture: Academics, practitioners and the pragmatics of normative control. *Administrative Science Quarterly, 33*, 24-60.

Campbell, D. T., & Stanley, J. C. (1963). *Experimental and quasi-experimental designs for research*. Chicago: Rand-McNally.

Ellis, B. H. (1992). The effects of uncertainty and source credibility on attitudes about organizational change. *Management Communication Quarterly, 6*, 34-57.

Fairhurst, G. T., Green, S., & Courtright, J. (1995). Inertial forces and the implementation of socio-technical systems approach: A communication study. *Organization Science, 6*, 168-185.

Fulk, J. (1993). Social construction of communication technology. *Academy of*

Management Journal, 36, 921-950.

Hirokawa, R. Y., & Miyahara, A. (1986). A comparison of influence strategies utilized by managers in American and Japanese organizations. *Communication Quarterly, 34*, 250-265.

Hofstede, G. (1984). *Culture's consequences: International differences in work-related values.* Beverly Hills, CA: Sage.

Jang, H., & Barnett, G. (1994). Cultural differences in organizational communication: A semantic network analysis. *Bulletin de Methodologic Sociologique, 4*, 31-59.

Johnson, J. D., Meyer, M. E., Berkowitz, J. M., Ethington, C. T., & Miller, V. D. (1997). Testing two contrasting structural models of innovativeness in a contractual network. *Human Communication Research, 24*, 320-348.

Kabanoff, B., & Holt, J. (1996). Changes in espoused values of Australian organizations 1986-1990. *Journal of Organizational Behavior. 17*, 201-219.

Kiyomiya, T. (2000). *Communication in Japanese multinational organizations in the United States: Convergency of frames and outgroup communication.* Unpublished doctoral dissertation, Michigan State University.

Kong, K. C. C. (1998). Are simple business request letters really simple? A comparison of Chinese and English business request letters. *Text, 18*, 103-141.

Kramer, M. W. (1995). A longitudinal study of superior-subordinate communication during job transfers. *Human Communication Research, 22*, 39-64.

Masumoto, T. (2000). *American interns in Japanese organizations: Participant perceptions and interpretations of intercultural communication in the United States-Japan industry and technology management program.* Unpublished doctoral dissertation, University of New Mexico.

松本隆・塩見哲郎・中谷内一也 (2005)「リスクコミュニケーションに対する送り手側の評価:原子力広報担当者を対象として」『社会心理学研究』第20巻、201-207頁.

Miller, K. I. (2000a). Common ground from the post-positivist perspective: From "straw person" argument to collaborative coexistence. In S. R. Corman & M. S. Poole (Eds.), *Perspectives on organizational communication: Finding common ground* (pp. 46-67). New York: Guilford Press.

Miller, K. I. (2000b). Quantitative research methods. In F. M. Jablin & L. L.

Putnam (Eds.), *The new handbook of organizational communication: Advances in theory, research, and methods* (pp. 137-160). Thousand Oaks, CA: Sage.

O'Reilly, C. A., & Roberts, K. H. (1974). Information filtration in organizations: Three experiments. *Organizational Behavior and Human Performance, 11*, 253-265.

Poole, M. S., & Roth, J. (1989). Decision development in small groups V: Test of a contingency model. *Human Communication Research, 15*, 549-589.

Putnam, L. L., & Wilson, S. E. (1982). Communication strategies in organizational conflicts: Reliability and validity of a measurement scale. In M. Burgoon (Ed.), *Communication yearbook 6* (pp. 629-652). Newbury Park, CA: Sage.

Stohl, C. (1993). European managers' interpretations of participation: A semantic network analysis. *Human Communication Research, 20*, 97-117.

Suzuki, S. (1997). Cultural transmission in international organizations: Impact of interpersonal communication patterns in intergroup contexts. *Human Communication Research, 24*, 147-180.

Suzuki, S. (1998). In-group and out-group communication patterns in international organizations: Implications for social identity theory. *Communication Research, 25*, 154-182.

Treadwell, D. F., & Harrison, T. M. (1994). Conceptualizing and assessing organizational image: Model images, commitment, and communication. *Communication Monographs, 61*, 63-85.

山田仁二郎 (1997)「組織における知識編集のメカニズム―電子ネットワーク・コミュニケーションの事例研究」『経済学研究(北海道大学)』第47巻、562-586頁.

山口生史 (2006)「意思決定結果伝達の組織コミュニケーション因子構造の日米異文化間比較」『ヒューマン・コミュニケーション研究』第34号、35-52頁.

山口生史 (2007)「職場のコミュニケーション環境と組織公正感の男女認識比較」『ヒューマン・コミュニケーション研究』第35号、93-108頁.

安田雪・鳥山正博 (2007)「電子メールログからの企業内コミュニケーション構造の抽出」『組織科学』第40巻、18-32頁.

若林満・斎藤和志・中村雅彦 (1991)「組織コミュニケーションとしてのCI活動と従業員の意識変化」『経営行動科学』第6巻、81-91頁.

第 3 章
組織コミュニケーションの質的研究：
組織ディスコース

清宮 徹

1 組織コミュニケーションと組織ディスコース研究

1.1 組織ディスコース研究の系譜とパラダイム

　本章は、組織コミュニケーションの質的研究アプローチの1つとして大きな注目を集めている組織ディスコース研究（ODS：Organizational Discourse Studies）について、その多様な研究の概要を紹介することを目的とする。

　組織コミュニケーション研究の中では、科学的実証を重視した量的研究が主流であったが、他方で現象の解釈とその意味の理解を重視した質的研究が行われてきた。質的方法では民俗学的な観察による記述データを解釈することによって、組織におけるコミュニケーション現象とその問題構造などを理解し、明らかにすることを目的とした。したがって質的研究は、特定の組織現象に着目する事例研究のアプローチをとることが多い。例えば、ディズニーワールドを観察調査した事例分析がある。「ドラマ」というメタファを自らの組織に喩え、従業員を「家族」と呼ぶような組織にもかかわらず、従業員解雇や賃金カットなど、「家族」という喩えにふさわしくない組織コミュニケーションが実践されているという研究結果を示した（Smith & Eisenberg, 1987）。

　この研究ではメタフォアという言語的手法が使われていたが、近年、これをさらに組織レトリックとして、ディスコース的視点を発展させて

いる（Oswick, Putnam, & Keenoy, 2004）。このようにディスコースを重視した質的研究は、1980年代半ばから行われていた（Mumby, 1988）。これら組織研究にかかわる「ディスコース的な転換」にはいくつかの系譜があるが（Alvesson & Karreman, 2000a, 2000b）、第1章でも指摘するように、ポストモダン的パラダイムの台頭が大きい（Alvesson & Deetz, 1996；Alvesson & Skoldberg, 2009）。これは近代市民社会が歴史的に勝ち得た'自由で自立した諸個人'という前提そのものにメスを入れるものであり、この前提を無自覚に所与のものとしてきた近代合理性を批判するパラダイムである（藤巻・柿田・池田, 2006）。特にフーコーの影響が大きく、その主張の中心である「知＝権力」を明らかにしていくことが、組織ディスコース研究の1つの大きなアプローチとなった。

　組織ディスコースの研究者が共有する1つの重要なパラダイムは、社会構成主義（social constructionism）である。その基本的な観点は、組織を「言説的な構成 discursive constructions」として捉えることである（Fairhurst & Putnum, 2004）。つまり、「組織はそのメンバーがディスコース通じて構成することなしに存在しえない（Mumby & Clair, 1997：181）」と考えられる。ODSは、この社会的構築過程の特定の側面をデータとして取り出し、これを文脈との関連の中で分析する。したがってODSで行うディスコース分析は、社会言語学の談話分析（橋内, 1999；林, 2008）と重なるところもあるが、より幅広い多様なデータ（言語に限らず、文書や記録）を取り扱う。このようにODSのディスコース分析は、視点（perspective）であると同時に方法（methods）である（Phillips & Hardy, 2002）。

1.2　組織ディスコース研究の基本概念

　ディスコースとは、「社会的な対象を現実に至らす記述のまとまり」であり、「相互に関係するテクストのまとまり」とみなされている（Parker, 1992）。ODSはディスコースを分析することで、組織とこれに関わる諸現象・諸問題を解き明かしていく。ディスコースは多様なテクストの形で具象化されることを前提として（Phillip & Hardy, 2002）、これ

らのテクストを「言説の単位 discursive unit」とみなして分析することで (Chalaby, 1996)、社会的現実とディスコースの関係を探求する。したがって、テクストとは発話された言語に限らず、E メールやチャットなどオンライン上の社会的実践、また企業が発する広報紙や社内報、ホームページ、歴史的文書などが含まれる。伝統的な談話分析や会話分析のようなインタビュー、スピーチ、ナラティブ、会話などの発話された社会的相互作用の実践も重要なデータである。

　もう1つ大事な概念は、「相互言説性 interdiscursivity」である (Grant, et al. 2004)。人々の日常的な言説は、とりとめの無い発話の連関である。日常世界では、時間的に先行した言説が現在のコンテクストとなり（再コンテクスト化 recontextualization）、これと連関しながら次のディスコースを生み出す。つまりディスコースは組織現象の社会的構成の流れであり、研究者は自身が置かれた環境の中でその一部を切り取り、言説の単位として分析する。したがって、相互言説性を通じてコンテクストを考察しなくてはならない。ディスコース分析は単なるテクストの分析ではなく、コンテクストを極めて重視する。例えば、ローカルなコンテクストでは、ディスコースの間近にある背景的文脈を考慮する (Van Vijk, 1997)。他方で、文化や歴史という言葉で示唆されるマクロな社会的コンテクストは、フーコーのような系譜分析にとって極めて重要である。社会的文脈の中で形成された常識的知識、近代市民の誰もが当然として疑わない前提、これらの形成過程を考察することは意義深い。このように、フーコーの歴史分析のようなレベルでのディスコースを、フェアハースト (Fairhurst, 2007) は大文字のディスコース (*D*iscourse) と分類し、組織内外の相互作用を分析の中心とした小文字のディスコース (*d*iscourse) と分けている。

　大文字と小文字のディスコース双方のアプローチで重要な考え方の1つは、意味交渉（negotiation of meaning）の考察である。この概念の前提は、言語そのものに意味があるのではなく、意味の理解は、言説の実践の中で交渉されながら相対的に理解される点である。ここに伝統的な質的分析と組織ディスコースの方法論的違いが表れる。伝統的質的研

究は目の前にある社会現象を所与と前提し、そこにおける構造や意味を理解・解釈しようとする。ODSはこれを所与とせず、どのように世界が構築され再生産され、意味形成の交渉プロセスを解き明かすことに意義を認める。

研究領域としては、上司と部下などの組織内の人間関係（Fairhurst & Hamlett, 2003）や、リーダーシップ（Fairhurst, 2007）や、組織開発や組織変革（Grant & Hall, 2009）、組織アイデンティティ（Ainworth & Hardy, 2004；Hardy, et al, 2004）、交渉（Putnam, 2004）、労使関係（清宮・阪本・マルコム・橋本, 2009）、コーポレート・コミュニケーションなどが一般的である。また、ODSは多様な組織の問題に対して社会批判する。職場のジェンダー問題、組織の権力、イデオロギー、不正や不祥事（清宮, 2009）、経営主義への批判、グローバリゼーションなど、資本主義組織へ警鐘し続け、社会の変革という構築過程に直接・間接的に参加する。

2 組織ディスコース研究のさまざまな方法

ODSに関する2つの重要な文献、『組織ディスコース』（Grant, et al, 2004）と『ビジネスディスコース・ハンドブック』（Bargiela-Chiappini, 2009）が出版され、幅広いトピックと多様な研究方法を紹介している。このように組織ディスコースの研究は多岐にわたり、これらを単純に分類することは難しいが、ここでは、(1)ミクロなアプローチ、(2)マクロなアプローチ、(3)マルチレベルのアプローチの3つに分類して研究の特徴を紹介する（Schmisseur, et al, 2009）。

2.1 ミクロなアプローチ

行為者間の言説的相互行為（discursive interactions）と言語使用（language in use）を研究の焦点に置く、いわゆる「小文字のディスコース」の諸研究がある。特定のコンテクストにおいて、行為者がセンスメイキングする自然発生的なテクストを綿密に分析することが特徴である（鈴木, 2007）。代表的には、「会話分析」と「言語行為論」、「フレー

ミング理論」というアプローチがある。

　会話分析は、人々の日常知や無自覚的に行っている日々の方法に焦点をあてる。会話の順番取りシステムや隣接ペアの研究が多いが、メンバーシップのカテゴリー化の研究は、組織におけるアイデンティティーの研究にもつながる。フェアハースト（Fairhurst, 2007）は、カテゴリー化と順番取りシステムの点から、高信頼性組織におけるリーダーシップについて研究した。

　言語行為論は、遂行的発話に焦点をあて、行為の成立を分析する。特に対人関係の分析が多いが（McCornack, 1992）、地域のタウンミーティングの会議運営の研究（Robichaud, 2003）や、警察の緊急電話の研究（Fairhurst & Cooren, 2004）もある。日本においては竹野谷（2004）が、新聞の謝罪広告に着目し、言語行為の視点から分析した。

　これに対し清宮（2007）はフレーミング（framing）の手法を用いて、企業の謝罪を言語行為として解釈する限界を指摘し、謝罪広告がコンテクストに連関したレトリックである点、また企業の謝罪が社会的構成である点を指摘した。このようにフレーミングは１つの有効なアプローチであり（Tannen, 1993）、パットナムとフェアハースト（Putnum & Fairhurst, 2002）はこれを認知言語学の領域として分類し、言語行為論を語用論の１つとして位置づけた。フレーミングの概念は、組織コミュニケーションの中では交渉論の中で使われることが多かった（Putnam & Holmer, 1992）。フェアハーストとサル（Fairfurst & Sarr, 1996）は、ディスコースの視点を取り入れ、フレーミングの相互作用的側面を展開した。クレア（Clair, 1993）は、職場におけるセクシャルハラスメントについて、フレーミングを使って分析し、組織の政治的権力について批判的研究を行った。清宮ら（2009）は、中小企業の協調的な従業員関係を社長のナラティブから分析し、対立が解消される社会的構成過程を分析した。特に、社長の従業員への再フレーム化に注目し、これを労使関係が協調的に構築される言説的実践と捉え、「関係づけの言説 articulation」の重要性を示した。

2.2 マクロなアプローチ

　マクロなアプローチはフーコー派の研究に代表される「大文字のディスコース」のように、歴史的(文化的)文脈の中で形成された常識的知識を、歴史的な記録や文書といったアーカイバルなデータを綿密に分析する特徴がある。したがって会話やインタビューのトランスクリプトよりも、ドキュメンタリーなデータの分析が中心になる。アルベッソンとディーツ (Alvesson & Deetz, 1996) は、ディスコースを思考の体系として捉え、特に批判的な視点から知＝権力の体系化が形成される過程を分析する。ヨーロッパの組織論研究者の中では活発な研究領域であり、ポスト構造主義の強い影響を受け、経営組織に関わるイデオロギー的な常識を批判的に研究している。組織コミュニケーション研究では、企業の母性的ディスコースを分析し、女性労働への過小評価を批判した研究がある (Medved & Kirby, 2005)。

2.3 マルチレベルのアプローチ

　ここで言うマルチレベルとは、フーコー的なディスコースと相互作用を重視するディスコースの双方の視座を包含する諸研究であり、おもに批判的ディスコース研究 (CDA：Critical Discourse Analysis) と組織レトリックのアプローチに代表される。CDA では、単一のテクストを分析するだけでなく、複数のテクストの関係 (間テクスト性) を解釈することで、そのコンテクストを関連づける。CDA は社会言語学に由来するが、差別や権力という社会の構造的問題に挑戦する。ヨーロッパの CDA 研究者 (Fairclough, 1992；Van Dijk, 1993；Wodak, 1997) の影響を受け、マンビー (Mumby, 2004) をはじめとする組織コミュニケーション研究者は、ジェンダーの問題やアイデンティティ、組織のヘゲモニーに対して CDA を通じて社会批判を行う (Broadfoot, et al. 2004；Clair, 1993；Fairclough & Wodak, 1997；Mumby & Clair, 1997)。

　さらに ODS では、レトリックや比喩 (tropes) の理論を使って、組織におけるメッセージやシンボルの過程を、社会的な構成の視点で分析

する。これまでもレトリックやメタフォアの研究は多くあったが、ODSにおける特徴は、単にメッセージとその送り手を研究対象とするのではなく、レトリックや比喩の相互作用的側面に注目する点である。『組織ディスコース』の第3章（Cheney, et al, 2004）と第4章（Oswick, et al, 2004）に理論的概要があり、またテキスト的な文献も近年出版されている（Hoffmdn & Ford, 2010）。パットナム（Putnum, 2004）は、比喩の理論を使って労使間の交渉過程を分析する。清宮（Kiyomiya, 2010）は日本の企業理念の形成過程と機能を、仏教・儒教的背景を持つ東洋的組織レトリックとして考察する。近年、コーポレート・コミュニケーションに対する注目が増す中（猪狩・剣持・清水・上野, 2008）、組織レトリックは重要な分析視点であると同時に、企業のリピュテーション・マネジメント、コーポレート・イメージという実践手法として不可欠である（Cheney & Christensen, 2001；Christensen, et al, 2008）。

3 組織ディスコース研究の挑戦と可能性

　ODSの今後の課題や研究の方向性には、研究者たちがそれぞれの問題意識の中で展開するが（Putnam & Fairhurst, 2001；Schmisseur, et al, 2009）、最も大きな課題と挑戦は、ODSのパラダイムに関する議論であろう。1つの争点は、社会構成主義と批判的実在主義（critical realism）の論争である。フェアクロウ（Fairclough, 2005）は、極端な社会構成主義がもたらす過度な相対主義と認識論重視を批判し、適度な社会構成主義を保ちながら存在論的側面を強調し、社会構造などの実在を提示する。しかし批判的実在主義の展開は、実証主義的な傾向へ後戻りするという反批判がある。このようなパラダイム論争に加え、新制度学派的なアプローチ（Phillips, et al, 2004）の議論も活発である。

　もう1つの挑戦は、新しい批判的パラダイムである。ODSの研究者は、これまでフーコーに依拠することが多かった。これに加え、より政治的な立場から資本主義社会の権力の問題について、ラクラウをはじめとするネオマルクス主義的アプローチ（Laclau & Mouffe, 2001）とその言

語理論を発展させる（Torfing, 1999）。またジジェク（2006）はラカンの考えを大きく展開し、ラカン派組織論の議論がヨーロッパで起きている。資本主義経済の弊害がもたらした幾多の危機を、組織コミュニケーション研究者も無視できない。その意味で、組織と社会を考慮したコミュニケーション研究が不可欠であろう。

最後に、このようなODSに関する幅広い研究課題を議論する国際的な大学間連携が結ばれている（International Centre for Research in Organizational Discourse, Strategy & Change）。この連携は、組織コミュニケーション研究者だけでなく、ヨーロッパとオセアニアの組織論研究者が交流を推進し、お互い領域から学ぶ姿勢を強めている。このプロジェクトは研究だけでなく、大学院生の交換派遣やワークショップの開催など、教育にも力を入れている。このような学際的協力関係は、ODSの発展に大きく寄与することであろう。

日本においては、組織ディスコースの研究はまだ始まったばかりであり、研究者の数も限られている。しかしこのアプローチが学際的であるため、組織コミュニケーションに隣接する領域においていくつかの翻訳が紹介され、研究成果が示されている。例えば心理学においては、イアン・パーカー（2008）の先駆的研究が翻訳されており、また経営学ではストーリーテリングに関する研究（ジョン・S・ブラウンほか, 2007）が翻訳されている。また岩内ら（2005）はポストモダン的視座から組織論を考察している。社会言語学の領域では、フェアクロー（2008）の重要文献が翻訳出版され、批判的ディスコース分析の研究に貢献している。組織ディスコースに関する研究では近年、経営情報学会の研究部会の1つであるIMI研究会（言語派組織情報研究部会）のメンバーが中心になり、『組織ディスコース』の分担翻訳の活動が始まった。この研究活動を通じて組織ディスコースに関する理解と関心が高まり、いくつかの研究成果が発表されている。1つは『経営情報学界誌』における「知のコミュニケーション」の特集号である。グラントら（Grant & Hall, 2009）の招待論文に加え、日本人研究者による6つの論文が掲載され、実践的な知としてのコミュニケーションに焦点をあてながら、特にディスコース的

な視座が議論されている。2010年6月に開催された「経営情報学会年次大会」では、この研究会のメンバーが組織ディスコースの視座から研究発表を行った。さらに組織ディスコースの研究は現在も推進されており、2010年から先に言及した国際的な大学間連携に明治大学経営学部の研究所が加わり、国際的な研究者の招聘や情報交換を行っている。西南学院大学でも同様に組織ディスコースに関して、社会構成主義と批判的実在主義の視座から研究を始め、2011年にはプロフェッショナリズムのディスコースに着目して研究プロジェクトを進めるため、ODSEI研究所（Organizational Discourse for Socio-Economic Innovation）を設置した。このような活動はまさに端緒についたばかりであり、日本における組織コミュニケーション研究の質的アプローチは、さらに進化を続けることであろう。

―――― **引用文献** ――――

Ainworth, S., & Hardy, C. (2004). Discourse and identities. In D. Grant, C. Hardy, C. Oswick, & L.L. Putnam (Eds), *The Sage handbook of organizational discourse* (pp. 213-236). London: Sage Publications.

Alvesson, M., & Deetz, S. (1996) Critical theory and postmodernism approaches to organizational studies. In S. Clegg, C. Hardy, & W. Nord (Eds), *Handbook of organization studies* (pp. 78-99). London: Sage Publication.

Alvesson, M., & Karreman, D. (2000a). Taking the linguistic turn in organizational research. *Journal of Applied Behavioral Science*, *36*(2), 136-158.

Alvesson, M., & Karreman, D. (2000b). Varieties of discourse: On the study of organizations through discourse analysis. *Human Relations*, *53*(9), 1125-1149.

Alvesson, M., & Skoldberg, K. (2009). *Reflexive methodology : New vistas for qualitative research*. Thousand Oaks, CA: Sage Publications.

Bargiela-Chiappini (Ed) (2009). *Handbook of business discourse*. Edinburgh: Edinburgh University Press.

ブラウン, ジョン. S・グロー, カタリーナ・プルーザック, ロレンス・デニング, ステファン (2007)『ストーリーテリングが経営を変える―組織変革の新しい鍵―』(高橋正泰・高井俊次訳) 同文舘出版.

Broadfoot, K., Deetz, A. S., & Anderson, D. (2004). Multi-levelled, multi-method approaches to organizational discourse. In D. Grant, C. Hardy, C. Oswick, & L. L. Putnam (Eds.), *The Sage handbook of organizational discourse* (pp. 193-211). London: Sage Publications.

Chalaby, J.K. (1996). Beyond the prison-house of language: Discourse as a sociological concept. *British Journal of Sociology, 47*(4), 684-698.

Cheney, G., & Christensen, L.T. (2001). Organizational identity: Linkages between internal and external communication. In L.L. Putnam & F. M. Jablin (Eds), *The new handbook of organizational communication* (pp. 231-269). London: Sage Publications.

Cheney, G., Christensen, L.T., Conrad, C., & Lair, D.J. (2004). Corporate rhetoric as organizational discourse. In D. Grant, C. Hardy, C. Oswick, & L.L. Putnam (Eds), *The Sage handbook of organizational discourse* (pp. 80-103). London: Sage Publications.

Clair, R. P. (1993). The use of framing devices to sequester organizational narratives: hegemony and harassment. *Communication Monographs, 60,* 113-136.

Christensen, L.T., Morsing, M., & Cheney, G. (2008). *Corporate communications: Convention, complexity and critique.* Thousand Oaks, CA：Sage Publications

Chreim, S. (2006). Managerial frames and institutional discourses of change: Employee appropriation and resistance. *Organizational Studies, 27*(9), 1261-1287.

Drake, L. E., & Donohue, W. A. (1996). Communicative framing theory in conflict resolution. *Communication Research,* 23, 297-322.

Fairclough, N. (1992). *Discourse and social change.* Cambridge, MA: Polity Press.

Fairclough, N. (2005). Discourse analysis in organization studies: The case for critical realism. *Organization Studies, 25*(6), 915-939.

フェアクロー, ノーマン (2008)『言語とパワー』(貫井孝典他訳)大阪教育図書.

Fairclough, N., & Wodak, R. (1997). Critical discourse analysis. In T. A. Van Dijk (Ed), *Discourse as social interaction* (pp. 258-284). London: Sage Publications.

Fairhurst, G. T. (2007). *Discursive leadership: In conversation with leadership psychology.* Thousand Oaks, CA: Sage Publications.

Fairhurst, G.T., & Hamlett, S.R. (2003). The narrative basis of leader-member exchange. In G.B. Graen (Ed), *Dealing with diversity* (pp. 117-144). Greenwich, CT: Information Age Publishing.

Fairhurst, G.T., & Cooren, F. (2004). Organizational language in use: Interaction analysis, conversation analysis and speech act schematics. In D. Grant, C. Hardy, C. Oswick, & L.L. Putnam (Eds), *The Sage handbook of organizational discourse*, (pp. 131-152) London: Sage Publications.

Fairhurst, G. T., & Putnam, L.L. (2004). Organization as discursive construction. *Communication Theory, 14*, 5-26.

Fairhurst, G. T., & Sarr, R. A. (1996). *The art of framing: Managing the language of leadership*. San Francisco, CA: Jossey-Bass.

藤巻光浩・柿田秀樹・池田理知子（2006）「コミュニケーションと権力：現代コミュニケーション学が目指すもの」、池田理知子編『現代コミュニケーション学』、有斐閣、2-17頁。

Grant, D., & Hall, R. (2009). Making sense of enterprise resource planning implementations: A narrative analytic approach.『経営情報学会誌』第18巻第3号、203-210頁。

Grant, D., Hardy, C., Oswick, C., & Putnam, L.L., (Eds). (2004). *The Sage handbook of organizational discourse*. London: Sage Publications.

Goffman, E. (1974). *Framing analysis: An essay on the organization of experience*. New York: Harper & Row.

Hardy, C., Lawrence, T.B., & Grant, D. (2005). Discourse and collaboration: The role of conversation and collective identity. *Academy of Management Review, 30*(1), 58-77.

橋内武（1999）『ディスコース：談話の織り成す世界』くろしお出版。

林宅男（2008）『談話分析のアプローチ』研究社。

Hoffman, M. F., & Ford, D. J. (2009). *Organizational rhetoric: Situations and strategies*. Thousand Oaks, CA: Sage Publications.

猪狩誠也・剣持隆・清水正道・上野征洋（2008）『CC（コーポレート・コミュニケーション）戦略の理論と実践』同友館。

岩内亮一・高橋正泰・村田潔・青木克生（2005）『ポストモダン組織論』同文舘出版。

Kiyomiya, T. (2010). *Japanese organizational rhetoric in corporate missions*. A paper presented at the Annual Convention of the International Communication Association, Singapore.

清宮徹（2009）「言葉のなかの倫理的まなざし：組織の語りと不祥事」金井壽宏・森岡正芳・高井俊次・中西眞知子編『語りと騙りの間』ナカニシヤ出版、189-210頁.

Kiyomiya, T. (2007). *Japanese corporate apology: Critical perspectives to Japanese formality of apology.* A paper presented at the 23rd EGOS (European Groups for Organizational Studies) Colloquium, Vienna, Austria.

清宮徹・阪本縁・マルコム英子・橋本芽衣（2009）「協調的労使関係の社会的構成：中小企業における労使間コミュニケーションと知の実践」『経営情報学会誌』第18巻第3号、251-269頁.

Laclau, E., & Mouffe, C. (2001). *Hegemony and socialist strategy: Toward a radical democratic politics* (2nd ed.), Verso, 2001. (=1992、山崎カオル、石澤武訳『ポストマルクス主義と政治：根源的民主主義のために』大村書店)

McCornack, S. A. (1992). Information manipulation theory. *Communication Monographs, 59,* 1-16.

Medved, C.E., & Kirby, E. (2005). Family CEOs: A feminism analysis of corporate mothering discourse. *Management Communication Quarterly, 18*(4), 435-475.

Mumby, D.K. (1988). *Communication and power in organizations: Discourse, ideology and domination.* Norwood, NJ: Ablex.

Mumby, D. K. (2004). Discourse, power and ideology: Unpacking the critical approach. In D. Grant, C. Hardy & L. L. Putnam (Eds), *The Sage handbook of organizational discourse* (pp. 237-258). London: Sage Publications.

Mumby, D. K., & Clair, R. P. (1997). Organizational discourse. In T. A. Van Dijk (Ed), *Discourse as social interaction* (pp. 181-205). London: Sage Publications.

Oswick, C., Putnam, L.L., & Keenoy, T. (2004). Tropes, discourse and organizing. In D. Grant, C. Hardy, C. Oswick, & L.L. Putnam (Eds), *The Sage handbook of organizational discourse* (pp. 105-127). London: Sage Publications.

Parker, I. (1992). *Discourse dynamics.* London: Routledge.

パーカー, イアン（2008）『ラディカル質的心理学――アクションリサーチ入門――』（八ッ塚一郎訳）ナカニシヤ出版.

Phillips, N., & Hardy, C. (2002). *Discourse analysis: Investigating process of social construction.* Thousand Oaks, CA: Sage Publications.

Phillips, N., Lawrence, T.B., & Hardy, C. (2004). Discourse and institutions. *Academy of Management Review*, 29(4): 635-652.

Putnum, L.L. (2004). Dialectical tensions and rhetorical tropes in negotiations. *Organization Studies*, 25(1), 35-53.

Putnam, L. L., & Fairhurst, G. T. (2001). Discourse analysis in organizations: Issues and concerns. In L.L. Putnam & F. M. Jablin (Eds), *The new handbook of organizational communication* (pp. 78-136). London: Sage Publications.

Putnam, L. L., & Holmer, M. (1992). Framing, reframing, and issue development. In L. L. Putnam & M. E. Roloff (Eds), *Communication and negotiation* (pp. 109-127). Newbury Park, CA: SAGE Publications.

Robichaud, D. (2003). Narrative institutions we organise by: The case of a municipal administration. In B. Czarniawska & P. Gagliardi (Eds), *Narrative we organise by* (pp. 37-53). Amsterdam: John Benjamins.

Schmisseur, A.M., Jian, G., & Fairhurst, G.T. (2009). Organizational communication. In F. Bargiela-Chiappini (Ed), *Handbook of business discourse* (pp.256-258). Edinburgh: Edinburgh University Press

Smith, R.C., & Eisenberg, E.M. (1987). Conflict at Disneyland: A root-metaphor analysis. *Communication Monographs*, 54, 367-380.

鈴木聡志 (2007)『会話分析・ディスコース分析』新曜社.

竹野谷みゆき (2004)「言語行為としての謝罪広告：違法香料事件をめぐる新聞広告の分析」三宅和子・岡本能里子・佐藤彰編『メディアとことば Vol. 1.「マス」メディアのディスコース』ひつじ書房、94-129頁.

Tannen, D. (1993). *Framing in discourse*. Oxford University Press.

Torfing, J. (1999). *New theories of discourse: Laclau, Mouffe, and Zizek*. Blackwell Publishers.

ジジェク、スラヴォイ (2006)『ラカンはこう読め』(鈴木晶訳) 紀伊国屋書店.

Van Dijk, T.A. (1992). Principles of critical discourse analysis. *Discourse & Society*, 4, 249-283.

Van Dijk, T.A. (1997). Discourse as interaction in society. In T.A. Van Vijk (Ed), *Discourse as social interaction* (pp. 1-37). London: Sage Publications.

Wodak, R. (1997). Critical discourse analysis and the study of doctor-patient interaction. In B. Gunnarsson, P. Linell & Nordberg (Eds), *The Construction of professional discourse* (pp. 173-200). London: Longman.

第Ⅲ部

異文化コミュニケーション

第 1 章
異文化コミュニケーション研究の歴史

丸山 真純・吉武 正樹

　異文化コミュニケーション研究は、コミュニケーション研究の中では比較的新しい分野である。「異文化コミュニケーション（intercultural communication）」という言葉が初めて用いられたエドワード・T・ホールの『沈黙のことば』（1959年に出版）を起源とするのが一般的であろう（Martin & Nakayama, 2009）。本章では、吉武（師岡・臼井・吉武, 2008）の枠組みにならい、ホールを起点とする異文化コミュニケーション研究を3期に分け、その歴史を概観する。

1 │ 第1期：創成期（戦後—1970年代）

　この時期は、異文化コミュニケーションが研究領域として大学で制度化される時期にあたる。スピーチ学部から(スピーチ)コミュニケーション学部へと再編されるなか、コミュニケーション研究の一領域として、異文化コミュニケーションを研究する土壌ができてきた。

　この時期の異文化コミュニケーション研究には、主として3つの特徴がみられる。1つは、この分野が大学での学術研究というより、具体的な教育実践として誕生したことである（Hoopes, 1979）。戦後、米国が世界の主導的役割を担うなか、次のような必要性から当分野は発展していった。(1)米国人が海外で効果的に生活、仕事、勉強できるための訓練、(2)留学生の増加に伴う順応、(3)1960年代の公民権運動の高まりによる米国内の民族・人種間の相互理解、(4)平和部隊の志願者への訓練や教育、(5)文化的無知による外交や開発の失敗、(6)ビジネスやメディア・

ネットワークの急速な国際化、などである。

　2つ目の特徴は、それまで文化人類学で行われていたマクロな視点ではなく、ミクロな視点から文化を捉えたことである。声の調子やジェスチャー、時間や空間の意識、そして価値観などを文化単位で見ていくというより、具体的なコミュニケーション行動といったミクロの部分に焦点を当て、文化背景の異なる二者の間に起こる軋轢を、例えば非言語メッセージに対する解釈の違いから読み解こうと試みた（Leeds-Hurwitz, 1990）。ホールが米国務省の付属機関である Foreign Service Institute で、外交官や専門技術職員に異文化トレーニングを行うなかで編み出されたのが、こうしたアプローチであり、人類学的な抽象概念よりも、受講者にとって赴任地で直接役立つ具体的な情報が優先されたためだと考えられる。

　3つ目の特徴は、文化相対主義を基本的枠組みにしていることである。文化相対主義とは、文化に優劣はないとする価値判断である。自らの文化的基準によって他の文化を判断するような自民族中心主義（ethnocentrism）の対極にある考え方である。異文化コミュニケーションを促進させることで、世界をより住みよい場所にしたい、という人道主義に導かれた側面も、この枠組みの中にはあったといえよう。

　このように、第1期の異文化コミュニケーション研究は、コミュニケーション行動や認知に影響する「色メガネ」を文化ごとに明らかにしようとした。また、その特徴を理解すると共に、文化の違いを尊重するという啓蒙・教育的な意味もそこにはあったといえる。

2 ｜ 第2期：実証主義的研究の展開期（1980―1990年代）

　1980年代には、レーガノミクスやサッチャーリズムを背景として、国際化が進展し、異文化への関心がさらに高まった。こうした流れを反映し、この時期には国民国家を単位とした文化間の比較研究が盛んに行われた。さらに、日本経済の台頭を背景に、日米比較研究も多数行われた。なかでも、グディカンストを中心とした不確実性減少理論（Uncertainty Reduction Theory）の文化比較研究がよく知られている。また、文化相対主義といった第1期の基本的枠組みを継承しつつ、論理実証主義的研究（定量的—客観的—変数分析的研究）への流れが一気に加速したのもこの時期であった。

　その特徴として、第1に、第1期で示された個々の文化的特徴に関する知見を統合し、異文化コミュニケーション行動をより普遍的に説明するための理論化が推し進められた。例えば、グディカンストの不安・不確実性管理理論（Anxiety/Uncertainty Management Theory）や、ティン＝トゥーミーの面子交渉理論（Face Negotiation Theory）、キムの異文化適応理論（Cross-Cultural Adaptation Theory）など、代表的な理論の多くはこの時期に構築されている。

　論理実証主義的研究では、知識は「客観的」に実証されなければならない。そのためには、個々の文化の特徴やコミュニケーション行動を統計学でいう「変数」として扱い、文化がコミュニケーションにどのような影響を与えるのか、その法則を見出す必要がある。このように、独立変数Xとしての文化がどのように従属変数Yとしてのコミュニケーションに影響しているか（X→Y）という「問い方」が、第2の特徴である。

　第3の特徴は、主として質問用紙を通して個人からデータを集めるという研究方法である。文化のコミュニケーションに対する影響を統計処理によって検証するには、これらの変数はいったん数値化されなければならない。そのためには、「文化」的現象を「個人」の心理的現象へとレベルを落としてデータを集め、それをいま一度「文化」的現象へと回収するような過程を経ることになる。例えば、個人の集団主義文化度を集計し、そこから割り出された平均値をその文化における傾向として捉えるのである。

　このように、第2期の論理実証主義的な研究では、目に見える形で測ることができない文化やコミュニケーションの実体化を試み、方法としては、個人から得た心理的データを統計処理することで、文化レベルの検証を行うという、異文化コミュニケーション研究の心理学化が進ん

だ。この傾向は、それまで具体的、文脈的、文化特定的であった異文化コミュニケーション研究を、抽象的、脱文脈的、文化一般的なものへとシフトさせることになった。

　一方、第1期と第2期の間には連続性もある。第2期では、文化は「尊重すべきもの」というよりも「研究対象」として意識されているが、それは異文化コミュニケーションに普遍的な説明を加えたいという動機を前に、第1期の相対主義が背景に退いたためと考えられる。また、「異文化コミュニケーションでは誤解がより生じやすい」という前提は、例えば中国人とどのように「効果的」かつ「適切」にビジネスを展開するか、といったプラクティカルな意識に支えられており、第1期にみられたトレーニングとの親和性が高い。したがって、第2期の研究の枠組みから見ると、1期から2期への展開はより学術的な「発展」ということになり、その間に矛盾は感じられない。

3 第3期：批判的展開期（1990年代以降—現在）

　1990年代前後、第2期の論理実証主義的な異文化コミュニケーション研究を批判するアプローチが現れた。その手法があまりにも標準化され、かつ理論の検証に偏りすぎているという指摘と共に、より多様な記述の重要性が主張され始めたのである（Shuter, 1990）。ただし、この頃の批判は比較的緩やかで、むしろ第2期にみられた過度の形骸化を戒め、第1期にあった異文化コミュニケーション研究の原点としての「異文化」理解への回帰を訴える、といった趣がある。

　一方、1990年代後半以降は、よりラディカルかつ根源的な批判が展開され、新しい異文化コミュニケーション研究のあり方が模索・提示され始めた。例えば、不安・不確実性管理理論への批判（Yoshitake, 2002）、異文化適応理論への批判（Kramer, 2003）、"interculturalists"によるトレーニングや教育に潜む市場への関心に対する批判（Dahlen, 1997）、西洋中心主義的な異文化コミュニケーション研究に代わる理論構築への動き（Miike, 2007）などがある。

批判的アプローチでは、社会現象にはすべて権力が絡んでおり、暴力のように目に見える権力や、あえて見ようとしなければ見えないような権力の在り方がある、と考える。異文化との接触においても「権力」が介在し、その具体的な姿を明らかにしようという試みがなされるようになった。一方、何かを研究するという行為も 1 つの社会的な行為であるため、異文化コミュニケーション研究そのものが知らないうちに発動してしまっている権力も批判されることになった。このように、第 3 期の研究は、「研究対象」としての権力と「研究行為」が行使する権力に対する、2 つの意味における批判を可能にしたのである（詳細は第 4 章「権力」参照）。

　また、第 3 期に特徴的なのは、コミュニケーションの創造的な側面を強調した点である。第 1 期や第 2 期では、文化はそこに実体として存在するかのように想定され、その平均的な特徴や行動を傾向として記述するという仕方で文化を理解しようとしていた。しかし、このような異文化コミュニケーション観では、コミュニケーション本来の「意味の生成過程」が表現できない。そもそも、文化の境界線を引くこと自体がコミュニケーション行為なのであり、第 3 期ではこうした境界線のせめぎ合いというダイナミックなプロセスを描き出していった。

4　日本における異文化コミュニケーション研究の展開

　日本における異文化コミュニケーション研究の歴史は、常に米国での研究の動向を追う形で展開してきた。この分野が日本で広く知られるようになったのは、国際基督教大学で教鞭をとったジョン・コンドンの存在が大きい。1972 年に国際基督教大学で開催された異文化コミュニケーション研究会といった大規模な催し物や、同大学を中心とした研究や教育によって、同分野への関心が高まっていった（石井, 2001）。また、コンドンはユーセフと共に異文化コミュニケーションの最初の教科書（*Introduction to Intercultural Communication*, 1975）を執筆したことでも知られており、1980 年には日本でも『異文化間コミュニケーショ

第 1 章　異文化コミュニケーション研究の歴史

ン』を出版している。コンドンがホールに師事していたことからも伺えるように、この時期の日本の研究は第 1 期の流れをくんでいたといえよう。

また、石井、岡部、久米が 1987 年に出版した『異文化コミュニケーション——新・国際人のための条件』も、日本においてパイオニア的な役割を果たした。単独で米国にわたり、コミュニケーション学やレトリック学を修めた彼らの本をガイドとして、異文化コミュニケーション研究へと飛び込み、アメリカに留学した者も少なくはない。ちなみに、第 39 回日本コミュニケーション学会年次大会において著者の 1 人である岡部は、この本は当初「異文化」に特化した教科書として計画されたものではなく、当時の日本のマーケットを考慮した出版社の意向により、「異文化コミュニケーション」というタイトルになった、というエピソードを明かしている（岡部・板場, 2010）。今でこそ異文化コミュニケーション研究は多くの柱の 1 つにすぎないが、この例が示すように、日本におけるコミュニケーション研究は異文化コミュニケーション研究が牽引してきたといえる。

現在の異文化コミュニケーション研究は、論理実証主義的な社会科学的アプローチ、現象学や解釈学をベースにした解釈的アプローチ、権力に対する批判的アプローチによる三つ巴の様相を呈している（Martin & Nakayama, 2009）。さらに、さまざまな主義の対立と共に、研究者の目的に合った方法論を「道具」として利用する実用主義的な傾向もみられる。今後は、米国を中心とした研究に示唆を受けつつも、日本やアジアの歴史、思想、コミュニケーション観を考慮し、コミュニケーション学という大枠の中で、「文化」の概念、その「コミュニケーション」との関係をより緻密に研究していく必要があるだろう。

──── **引用文献** ────

Dahlen, T. (1997). *Among the interculturalists: An emergent profession and its packaging of knowledge.* Almqvist & Wiksell International.

Hoopes, D. S. (1997). Intercultural communication concepts and the psychology of international experience. In M. D. Pusch (Ed.), *Multicultural education: A cross-cultural training approach* (pp. 9-38). Intercultural Press.

石井敏 (2001)「研究の歴史的背景」石井敏・久米昭元・遠山淳編著『異文化コミュニケーションの理論――新しいパラダイムを求めて』有斐閣、10-18頁。

Kramer, E. M. (2003). *Gaiatsu* and cultural Judo. In E. M. Kramer (Ed.), *The emerging monoculture: Assilmilation and the "model minority"* (pp. 1-32). Praeger.

Leeds-Hurwitz, W. (1990). Notes in the history of intercultural communication: The Foreign Service Institute and the mandate for intercultural training. *Quarterly Journal of Speech, 76*, 262-281.

Martin, J. N., & Nakayama, T. K. (2009). *Intercultural communication in contexts, 5th ed.* McGraw-Hill.

Miike, Y. (2007). An Asiacentric reflection on Eurocentric bias in communication theory. *Communication Monographs, 74*, 272-278.

師岡淳也・臼井直人・吉武正樹 (2008)「レトリック研究とコミュニケーション教育の接点を探る」『スピーチ・コミュニケーション教育』第21号、5-40頁。

岡部朗一・板場良久 (2010)「岡部朗一先生を囲んで」『スピーチ・コミュニケーション教育』第23号、5-30頁。

Shuter, R. (1990). The centrality of culture. *The Southern Communication Journal, 55*, 237-249.

Yoshitake, M. (2002). Anxiety/Uncertainty Management (AUM) theory: A critical examination of an intercultural communication theory. *Intercultural Communication Studies, 11*(2), 177-193.

第 2 章
コミュニケーションと文化

板場 良久

　「コミュニケーション」も「文化」も、実証研究の対象であるのみならず、さまざまな社会関係の秩序管理にとって有用な言葉でもある。つまり、実態を表す客観的な言葉である以上に、実態を作り出そうとする際に用いられる標語でもある。それは、岡部（1993:55）が指摘したように、かつて「コミュニケーション」が神との「霊的な交わり」を意味していたことからも推察できる。目に見えぬ超越した精神との交信を通じ、神の御心が何であるかを知り、それに従って自己定義をした人間は、現在、自身が帰属する「文化」が何であるかを知り、それに従って自己を確立・確認し、あたかも自己制御しながら思考・行動しているかのようだ。しかし、同時にそれは文化的に管理されたコミュニケーション行動でもある。もし、現代社会に閉塞感があるとすれば、それは、こうしたことにも起因している可能性がある。われわれは豊かになって自由になったのではなく、別の形で、より巧みな方法で管理されるようになったのである。

1 「コミュニケーション」と「文化」の多義性について

　「コミュニケーション」と「文化」の共通点は、共に定義が多様で、確定していくことが難しいという点にある（板場, 2010 参照）。そもそも言葉の定義は、いくつかの理由で難しい。まず、「〜は〜である」という言い方に「〜は〜べきである」という意味が暗黙されていることによる（加藤, 1997）。「である」に暗に込められた「べきである」という意味

は、そうでないものを排除する働きも持っている。例えば、「清酒」が酒税法（2006年改正）で規定されることにより、それに類似した酒が「清酒」から排除される。そして、法が力を持つように、言葉の定義には力が働いており、それは包摂と排除の論理を常に含有している。

「コミュニケーション」や「文化」は法的に規定されていないが、「清酒」の定義と同様に、政治性を伴っている。あることを「コミュニケーション」や「文化」と規定することで、「それはコミュニケーションではない」とか「それは文化と呼べない」といった語りを可能にするのである。こうした事情が、まず、「コミュニケーション」と「文化」の関係を定義することを困難にしている。

「コミュニケーション」と「文化」の定義確定を難しくしているもう1つの要因は、学術的なものとしては後発的に俎上に載せられた言葉だという点である。すでに人口に膾炙していたこれらの言葉を学術的に定義しようとしてきたのである。これは、「コミュニケーション」や「文化」という言葉が、そもそも、それらを用いる人々が作る文脈に利用される用語であったことを意味する。つまり、行為遂行的に「コミュニケーション」や「文化」という言葉が用いられてきたのであり、「コミュニケーション」や「文化」という言葉がどのような意味で用いられているかは、人々がこれらの言葉を用いて何をしようとしているのかという動機に対応しているのだ。したがって、その言葉をある特定の意味で用いながら何をなそうとしているのかという問いと関連づけながら、「コミュニケーション」と「文化」の関係は把握されなければならない。以上の視点から、本稿では、「コミュニケーション」と「文化」の定義史について概観した上で、これらの関係について述べてみたい。

「コミュニケーション」の定義は、非常に多い（岡部, 1993）。1976年に出版されたダンスとラーソンの著書に126の定義が挙げられていることを岡部（1993:54-57）は紹介し、さらに、この多義性の理由を分析したウッドの主張も紹介している。それによると、「コミュニケーション」が多義的なのは、われわれがコミュニケーションを自明視し日頃よく考えないことと、それが指し示す範囲が広すぎること、人口に膾炙しすぎ

ていることが理由であるという。この人口に膾炙しすぎているという指摘は、特に重要である。つまり、「コミュニケーション」が人々の間で流通・流行している言葉であるということは、人々がさまざまな思惑を込めた文脈で用いやすい言葉であることを示唆している。したがって、その定義は当然、その語の使用者の思惑と連関するのである。

次に、「文化」という言葉も、「コミュニケーション」と同様に多様に定義されてきた。タイラーは、文化は、あらゆるものを包摂する言葉だと述べ（Tylor, 1871）、ベネディクトは粘土製のコップだと述べ（Benedict, 1959）、ギアーツは意味的パターンとして文化を捉えた（Geertz, 1973）。ウィリアムズによると、文化とは「理念・理想」であったり、「記述されたもの」であったり、生活様式のあり方であったりする（Williams, 1961）。また、マシュー（1965）のように、無教養なイギリス中産階級の台頭や労働者階級の拡大によって「文化」が脅かされることを危惧した「文化人」もおり、そのような語りの文脈では、「文化」は「自分たち教養人」を他者から差異化するキーワードであった。また、こうした文化を「高級文化」（ハイ・カルチャー）とすることにより、それ以外を「低俗文化」や「大衆文化」、あるいは「ポピュラー・カルチャー」や「サブ・カルチャー」といった言葉で呼ぶようになる。このような状況は、「文化」という言葉が、それが用いられる際の思惑や抵抗と切り離せないことを示している。

こうしたことを踏まえ、以下では、「コミュニケーションと文化」の関係の捉え方が、どのように広義の政治的企図と関わっているのかという問いを念頭に置きながら考察する。

2 コミュニケーションと文化の関係

「コミュニケーション」と「文化」という用語は異文化コミュニケーション研究の分野では最も基本的な概念であり、どのような関係にあると考えられてきたかを把握する必要がある。この関係を考察する視点には、コミュニケーションと文化は相互に影響を与え合う関係にあるとい

うものと、重複関係あるいは相即不離の関係にあるというものがある。これらの視点は厳密に分類できるものではないが、ここではこれらを便宜上、別個に概説する。

　コミュニケーションと文化は相互関係であると論じる場合、両者は互いに影響を与え合うと想定する。文化はコミュニケーションの方法や内容に影響を与え、コミュニケーションは文化の創造や維持、改変過程に影響を与えるという見方である。しかし、現在の異文化コミュニケーション論では、相互関係と謳いつつも、実際にはどちらか一方向の影響過程を強調することが多い。文化がコミュニケーションに影響を与える過程を強調する場合、コミュニケーターの「文化的背景」という概念が用いられる。これは、文化というメンバーシップの空間（自分の思考や行動を基礎づけるものとして参照する価値体系や意味体系）が予め存在しており、それがそのメンバーにコミュニケーションの適切な形式と内容を教え込むという考えである。したがって、この影響過程を重視する場合、子に適切な振る舞いを教え込む親が尊敬されるべき人格として立ち現れるように、文化は重んじられるべきであるという立場や自文化尊重という、政治的に保守的な立場と手を組みやすい。

　一方、コミュニケーションが文化に影響する過程を強調する場合は、文化をそのメンバーや先代がコミュニケーションを通じて生み出した産物とみなし、その結果、文化はその共同体にとっての象徴であり、メンバーの帰属意識や誇りの源泉として自分自身に還元されると考える。この場合も、自分が帰属する文化の存在を予め想定し、それを価値あるものとして存続させていこうとする保守的な立場と親和性がある。しかし、逆に自分の帰属文化に批判的な立場へ発展することもあり得る。つまり、文化がそのメンバー間のコミュニケーションの結果として生じ、また、維持されているものであれば、文化のあり方をメンバー間のコミュニケーションによって問題化したり、修正したり、作り直したりすることも可能となる。このような発想は、既存文化への反省から独創的な文化を新たに創出する動きを生み出せるという発想にもつながる。

　けれども、これまでの異文化コミュニケーション論では、文化をコ

ミュニケーションの結果として存在するものと捉えるよりも、予め存在すると思える文化がそのメンバー同士のコミュニケーションに影響を与えるという方向性を強調することが多かった。したがって、コミュニケーションと文化は相互関係であると言いつつも、「文化的背景」という言葉を頻繁に使用し、異なる者同士がコミュニケーションを行う場合には、お互いの「背景文化」を理解する必要があるという教義のみが反復される傾向があった。

　このような保守的な立場から発信される異文化コミュニケーション論は、見知らぬ土地で新たな人間関係を築こうとしている不安な人々にとっては、その対策や心構えを持つ手がかりを提供する。しかしその一方で、問題もある。例えば、「文化的背景」論は「適応」の思想と結びつきやすい。自分を育んでくれた文化とは、敬意をもって理解されるべき対象であるが、それゆえに、「新参者」（「子ども」や「異質な他者」など）はターゲット文化の価値観や行動規範を教わりながら、それらを身につけるべきであるという発想のもと、「新参者」に自他（内外）の区別が強く求められるのである。これは、「新参者」に「適応」を求める文化の働きの前提となる〈自他の区別〉を予めさせる線引きの政治に加担する思想である。したがって、こうした文化的要請に批判的な者は、排他・差別・罵倒・無視・嘲笑あるいは気づきにくいレベルの排除などの対象となる。よって、この発想が強調されすぎると、文化は内と外を強く分け、内に入ろうとする外からの者に適応を求める境界化の政治の磁場となる。

　また、コミュニケーションと文化が相互関係であると規定する場合、コミュニケーションの外部に文化を置くという問題もある。文化がコミュニケーションの外部から影響を与えていると語ることで文化の存在感やリアリティを醸し出すとき、その語り手と聞き手の間のコミュニケーションが文化に存在を与えているという事実を無視する問題である。つまり、コミュニケーション（言語的・記号的交換など）なしに文化が現存することを理解し合えないのであるから、文化はコミュニケーションなしには存在できないのである。よって、コミュニケーションの

外部に文化があるという考えとの整合性が問われる。単純な例で言えば、文化(財)に関するツアーガイドの説明と観光客の説明理解があって初めて、聞き手にとって、説明の対象が文化(財)として立ち現れるということである。そのような説明が不可能であれば、ガイドにとっても観光客にとっても、その対象は文化(財)ではないのである。要は、その都度なされるコミュニケーションの中でその都度「文化なるもの」に存在が与えられるのである。文化がコミュニケーションの外側にあると思っている人々が文化を対象化して語り続けるのは、文化を語っていないと文化の存在が危ぶまれるからである。

　このように、コミュニケーションと文化は相互に影響を与える関係にあると繰り返し語り、その関係式が広く了解されると、文化がそのメンバー（コミュニケーター）の背後にあるように思えてくるかもしれない。しかし、このようなレトリックの誘惑に負けることなく、コミュニケーションと文化は重複関係（あるいは相即不離の関係）にあると考えることもできる。

　この考えに基づくならば、文化なるものは、語られ了解されることで初めて存在や意味、リアリティを持つものとなる。文化はコミュニケーションとは別次元に存在し、次元間において相互依存する関係にあるのではなく、文化に関するコミュニケーションを通じて、すなわちコミュニケーションそのものの時空間の中で、共時的に、そのたびごとに命・存在が与えられる概念なのである。

　したがって、異文化コミュニケーション論における今後の課題は、コミュニケーターの「文化的背景」の理解を深め、それに導かれる形でコミュニケーションする技術と知識を身につけることだけではない。「コミュニケーション」と「文化」という言葉がどのような思惑の込められた文脈において用いられ、それによりどのようなことがなされようとしているのかを考察することも必要となる。

3 結語

　どのような行動を「(良い)コミュニケーション」と呼び、なぜそれが望まれているのか。こうした問いへの応答に向けた語りの中で、「文化」がその根拠としてしばしば用いられる。つまり、われわれに望まれている「コミュニケーション」とは、われわれの「文化」がそう望んでいるからであり、それは昔から伝統的にそうだったからである、という論法である。しかし、「文化」が何であるかを知れば知るほど、人間関係のあり方を含めた生き方もますます管理されていく。それは、かつて文化人類学者が現地の「未開」の人々の「文化」を記述したとき、現地人たちが、その記述から逆に自己を知り、その知識に縛られていった（管理されていった）ことが現在に向けて拡大してきたかのようでもある。こうした状況で、コミュニケーション研究に携わる者が、人々のコミュニケーションを方向づける文化が何である（べき）かを語ることは、そのような管理責任者の地位に着任する欲望の表れなのかもしれない。

　しかし、諸々のレベルでの秩序管理からは不可避である。そうであるならば、むしろ、「コミュニケーション」と「文化」という言葉の政治性を前向きに捉えるべきなのではないだろうか。そして同時に、こうした言葉を標語として人民の方向づけに用いるのであれば、その語りのレトリックが内包する倫理的諸問題を正面から捉える研究の重要度も高まる（べき）であろう。

―――― **引用文献** ――――

Benedict, R. (1959). *An anthropologist at work: Writings of Ruth Benedict.* In M. Mead (Ed.), London: Secker & Warburg.

Geertz, C. (1973). *The interpretation of cultures: Selected essays.* New York: Basic Books.

板場良久（2010）「文化を定義することの困難さ」『よくわかる異文化コミュニケーション』ミネルヴァ書房、12〜13頁.

加藤尚武 (1997)『現代倫理学入門』講談社.

マシュー、A. (1965)『教養と無秩序』岩波書店.

岡部朗一 (1993)「コミュニケーションの定義と概念」橋本満弘・石井敏編『コミュニケーション論入門』桐原書店、54〜74頁.

Tylor, E. B. (1871). *Primitive culture, 2 vols.* London: John Murray.

Williams, R. (1961). *The long revolution.* London: Chatto & Windus.

第 3 章
アイデンティティ

河合 優子

　自己概念、自己イメージ、自分が誰かという意味、などと定義されるアイデンティティにとって、コミュニケーションは必要不可欠な概念である。そして、アイデンティティは、「私」だけでなく「われわれ」そして「他者」が関わるため、集団性とは切り離せない文化という概念と非常に密接な関係にある。

　米国を中心に展開してきた異文化コミュニケーション研究では、80年代に機能主義的（functionalist/social scientific）アプローチが主流となり、80年代後半に解釈的（interpretive）アプローチ、90年代になると批判的（critical）アプローチによる研究も目立つようになる（Martin & Nakayama, 1999）。アイデンティティという概念の捉え方も、各アプローチによって異なる（Martin & Nakayama, 2010）。

　本章では、3つのアプローチを概観しつつ、各アプローチで仮定されているアイデンティティ、文化、コミュニケーションの関係について論じる。これらの関係の捉え方の違いを明らかにすることで、アイデンティティ研究の今後の課題を探っていく。

1 | 機能主義的アプローチ

　心理学や社会学における機能主義の影響が強い機能主義的アプローチでは、ネイションやエスニシティに関するアイデンティティを、対人関係や対人間のコンフリクトいうコンテクストにおいて研究することが多い。このアプローチでは、文化が自己（self）をつくり、その　自己＝

アイデンティティがコミュニケーションに影響を与えると仮定される。単純化すれば、「文化 → 自己 ＝ アイデンティティ → コミュニケーション」という関係が想定されている。したがって、アイデンティティではなく、自己観（self-construal）という概念が使われることもある。

例えば、Ting-Toomey（1989：354）は、フェイス交渉理論をアイデンティティ研究の1つとして位置づけた上で、「個人主義的文化に所属する人びとは、集団主義的文化の人びとに比べ、コンフリクトにおいて自己フェイスを維持する程度が高い」という法則を提唱している。つまり、人びとは個人主義的文化を学ぶことで、自己＝アイデンティティが個人主義的になり、それが、コミュニケーションにおいて自己フェイス維持というフェイス・ワークとして現れるというのである。

Mendozaら（2002）は、機能主義的アプローチはネイションもしくはエスニシティという1つのアイデンティティの境界とコミュニケーション行為の相関関係を説明することに貢献してきたとして評価しつつも、文化的アイデンティティの捉え方が画一的・静的であり、歴史的・政治的な影響についてあまり考慮されていないという批判を加えている。例えば、「日本人」というアイデンティティを語る際、その多様性・可変性・歴史性・政治性に十分な注意が払われていないということである。「日本人」の意味が人によって異なったり、相反する意味をもったり、状況によって変化すること、そしてそのような多様な意味や変化が、現在だけでなく歴史や政治的な影響を受けていることが考慮されていない、という批判である。

2 解釈的アプローチ

現象学、解釈学、シンボリック相互作用論などから影響を受けている解釈的アプローチでは、機能主義的アプローチに比べ、アイデンティティをより動的に捉える。アイデンティティは、あるコンテクストで文化を「行為」しつつ、他者とコミュニケーションをすることによって作られるとされる（Collier, 1998）。

機能主義的アプローチに比べ、コミュニケーションにより密接に結びついたものとして理解されるアイデンティティは、自己や自己観という概念で代用されることはあまりない。また、「自分(「自」集団)による自分の意味(avowal)」だけでなく、「他者による自分の意味(ascription)」の両方が、アイデンティティ構築に影響を及ぼす。

　このアプローチでは、アイデンティティはコミュニケーションであり、同時に文化でもある。つまり、「アイデンティティ ＝ コミュニケーション ＝ 文化」という関係が想定されている。例えば、文化的アイデンティティ理論を提唱したCollierは、文化を「歴史的に受け継がれたシンボル、意味、規範のシステム」(Collier & Thomas, 1988:102) とし、文化的アイデンティティを「日常的なディスコース、そして文化の構成員に引き継がれる社会的実践、儀式、規範、神話の中で立ち現れてくる」(Collier, 1998:131) ものと定義している。ここでは、文化とコミュニケーション、文化を作ることとアイデンティティを作ることが不可分の関係になっている。ある文化集団のアイデンティティは、その文化のシンボルやナラティヴなどを使いこなすことで作られ、そして表現されるのである。

　Mendozaら (2002) は、アイデンティティを「実践」として捉えることで、アイデンティティに対する見方が機能主義的アプローチよりも動的になっており、他者がアイデンティティに及ぼす影響についても考慮していると、解釈的アプローチを評価する。一方、権力関係が絡む歴史的・政治的なマクロレベルのコンテクストが十分に考慮されていないため、アイデンティティは一貫性のあるものと見なされ、静的で安定した空間としての文化集団コミュニティというコンテクストで「見える」ものだけに限定されてしまう、と解釈的アプローチを批判している。

3 批判的アプローチ

　批判的アプローチは、西欧マルクス主義、批判理論、ポスト構造主義、ポストモダニズム、ポストコロニアリズム、そして、これらの思想

や理論に依拠するカルチュラル・スタディーズなどからの影響を強く受けており、エスニシティやネイションだけでなく、人種やジェンダーに関するアイデンティティに注目する。アイデンティティは常につくり続けられ、矛盾し、断片的、複合的、多元的、異種混淆的であるとされ、権力関係が絡むマクロレベルの構造的要因（政治、経済、歴史、社会制度、メディア表象など）と共に、その構築プロセスを理解しようと試みる。

批判的アプローチは、コンテクストをマクロレベルにまで広げる。文化を権力関係と不可分の関係で捉え、「見える」ものだけではなく、イデオロギーなど「見えにくい」影響力についても考慮しつつアイデンティティを捉える。マクロなレベルで論じられるため、「白人性」「日本人性」など、人種、エスニシティ、ナショナリティの「ラベル」がそのまま使用されることも多い。このアプローチでは、「アイデンティティ ＝ コミュニケーション ＝ 文化」というミクロレベルの実践に、権力関係が絡むマクロレベルの構造的要素が影響を与える関係が想定されている。

例えば、Hegde（1998:38）は、スチュアート・ホールのアイデンティティ理論に依拠し、文化的アイデンティティを「われわれが何者で『ある』のかに関するだけでなく、何者に『なる』のかに関係」し、「歴史、文化、権力により不断に交わる」と主張している。ここでは、アイデンティティは自己同一化のプロセスにおける１つの「中継地点」であり、そこにとどまっているわけではない。

マクロレベルの構造的要因を重視する批判的アプローチに対し、ミクロレベル、つまり日常のコミュニケーション行為における具体的なアイデンティティ構築のプロセスに十分な注意が払われていない、という批判がある（Collier, 1998）。それに対し、解釈的アプローチと批判的アプローチを重ねることで、より包括的なアイデンティティ研究を目指す動きも出てきている（例えば、Collier, 2009）。

4 これまでのアイデンティティ研究と今後の課題

　異文化コミュニケーション分野においてアイデンティティへの関心が高まったのは、解釈的アプローチと、90年代以降の批判的アプローチに基づく研究が頭角を現してきた頃と一致する。それは、「グローバル化」という語が英語圏において一般的に使用され始める時期（Robertson, 1992）とも重なっている。

　人の移動が加速するグローバル化によって、アイデンティティはより重要な課題として認識されるようになり、西洋および男性中心的であった学術的世界にも、旧植民地出身者や女性など多様な人びとが入っていくようになる。このような状況のなかで、文化そしてアイデンティティの理論的理解も、明白でゆるぎない本質主義的な文化の境界を想定した見方から、より構築主義的なものへと変化していく。

　アイデンティティ研究への関心の高まりと批判的（および解釈的）アプローチの接点は、文化とアイデンティティの本質主義的な捉え方と、権力関係に対する批判的視点にある。上野（2005:35-6）は、「アイデンティティの理論の革新は、アイデンティティ強迫や統合仮説と対抗してきたが、それらの努力は、『宿命』としてこの強いられた同一性から逃れたい、または逃れる必要があると考える、（少数派の）人々によってこそ担われた、と。理論もまた、社会的な闘争の場なのである」と主張している。アイデンティティ研究への関心は、「『宿命』として強いられた同一性」、つまり、本質主義的に語られる「他者による自分の意味（ascription）」がより重くのしかかるマイノリティの人びとの声が推し進めてきたといえる。

　批判的（および解釈的）アプローチとアイデンティティ研究との密接な関係は、以下のような例からも推し量ることができる。アイデンティティが特集された1998年の *International and Intercultural Communication Annual* に掲載された論文は、批判的および解釈的アプローチによるものがほとんどである（Tanno & González, 1998）。日本コミュニ

ケーション学会誌『ヒューマン・コミュニケーション研究』や異文化コミュニケーション学会誌『異文化コミュニケーション』で近年出版され、アイデンティティを中心的な理論の枠組みとして使っている論文においても、批判的（および解釈的）アプローチを取り入れたものが多い（例えば、浅井, 2006；船山, 2003；花木, 2008）。

　異文化コミュニケーション研究は、多様な文化背景の人びととのコミュニケーションに関わる諸課題を対象としてきた。差異が本質化されることなく認められ、差異を理由に抑圧したり、されたりすることがない「多文化共生」社会を作るために何らかの貢献ができる可能性を、この分野は持っている。例えばこの分野では、マイノリティに焦点をあてることが多かった。これは、「多文化共生」にとって重要な研究課題であることはいうまでもないが、加えて、マジョリティにも注目し、その関係性の中でアイデンティティを捉えていく必要があるのではないだろうか。

　特に、日本という国民国家における「多文化共生」のためには、マジョリティとしての「日本人」アイデンティティを批判的に考察し、「日本人」の意味の再構築につなげていく必要がある。マイノリティは、マジョリティとの関係において「存在させられる」ものであり、両者のアイデンティティも相互関係において構築され、変化する。例えば、「在日コリアン」の意味は、「日本人」の意味との関係の中で作られ、「日本人」の意味が変化することで、「在日コリアン」の意味も変化する。同時に、ネイションやエスニシティに関するアイデンティティを、ジェンダーやセクシュアリティ、人種、階級、地域などのアイデンティティとの「交錯（intersectionality）」という視点から捉えていくことも重要である。そうすることで、「日本人」アイデンティティの複雑性や多様性が浮かび上がってくるに違いない。

―――――― **引用文献** ――――――

浅井亜紀子（2006）「『外国語指導助手』の日本の学校教育における位置取りのメカニズム」『異文化コミュニケーション』第9号、55-73頁.

Collier, M. J. (1998). Researching cultural identity: Reconciling interpretive and postcolonial perspectives. *International and Intercultural Communication Annual, 21*, 123-147.

Collier, M. J. (2009). Contextual negotiation of cultural identifications and relationships: Interview discourse with Palestinian, Israeli, and Palestinian/Israeli young women in a U.S. peace-building program. *Journal of International and Intercultural Communication, 2*(4), 344-368.

Collier, M. J., & Thomas, M. (1988). Cultural identity: An interpretive perspective. *International and Intercultural Communication Annual, 12*, 99-120.

船山和泉（2003）「異文化間経験の場で構築される『中国(人)的であること』と『日本(人)的であること』」の意味の多重性——日中合弁会社における事例」『ヒューマン・コミュニケーション研究』第31号、145-166頁.

花木亨（2008）「物語が織り成すアイデンティティと文化——アメリカ中西部の大学院における異文化体験についての民族誌的省察」『ヒューマン・コミュニケーション研究』第36号、51-72頁.

Hegde, R. S. (1998). Swinging the trapeze: The negotiation of identity among Asian Indian immigrant women in the United States. *International and Intercultural Communication Annual, 21*, 34-55.

Martin, J. N., & Nakayama, T. K. (1999). Thinking dialectically about culture and communication. *Communication Theory, 9*(1), 1-25.

Martin, J. N., & Nakayama, T. K. (2010). *Intercultural communication in contexts (5th ed.)*. New York: McGraw Hill.

Mendoza, S. L., Halualani, R. T., & Drzewiecka, J. A. (2002). Moving the discourse on identities in intercultural communication: Structure, culture, and resignifications. *Communication Quarterly, 50*, 312-327.

Robertson, R. (1992). *Globalization: Social theory and global culture*. London: Sage.（＝1997、阿部美哉訳『グローバリゼーション』東京大学出版会）

Tanno, D. V., & González, A. (Eds.). (1998). *Communication and identity across cultures: International and intercultural communication annual vol. 21*. Thousand Oaks, CA: Sage.

Ting-Toomey, S. (1989). Identity and interpersonal bonding. In M. K. Asante, W. B. Gudykunst & E. Newmark (Eds.), *Handbook of international and intercultural communication* (pp. 351-373). Thousand Oaks, CA: Sage.

上野千鶴子（2005）『脱アイデンティティ』勁草書房.

第 4 章
権　　　力

吉武　正樹

　権力はミクロからマクロのレベルまで、私たちの生活の隅々にまで浸透している。例えば、ウェーバーは相手の抵抗を排して自分の意思を貫く可能性とし、フーコーは外からではなく、規律を訓練することで内面から従わせるようなマクロの構造として権力を描いた。多様な価値観が交差し、集団間に不均衡が生じやすい異文化コミュニケーションでは特に、権力は表面化しやすい問題である。

　この分野で権力を論じる場合、「研究対象としての権力」と「研究行為が行使する権力」という2点を考慮しなければならない。

1 研究対象としての権力

　異文化コミュニケーション研究は当初から、わけがわからない「異文化」をどう理解し、どう向き合うかというプラクティカルな問題意識に支えられていたため、90年代に至るまで権力は必ずしも積極的に主題化されてこなかった。そのため、ここでは、「権力」と呼ばれてはいないが実際には関係する研究をいくつか拾いあげていく。

　この分野が登場する舞台となった60～70年代の米国では、キング牧師が主導した公民権運動に見られるように、それまで虐げられてきた人々が自らの存在を主張し、支配に抵抗する気運が高まっていた。異文化コミュニケーション研究の背景には、大なり小なりこうした権力への「感度」があったといえる。中でも偏見、ステレオタイプ、差別の問題は直接的に権力に関与している。偏見とは集団間の相違に対する感情

的・独断的な反応といった「態度」、ステレオタイプとは権威なき集団に対する偏見を補強し正当化する社会的に共有された「信念」、差別とは権威なき集団を排除・回避するために実際に取られる「行動」である (Hecht, 1998)。

　これらは人間の一般的性質でもあり、全てを権力の温床や行使だと揶揄することはできない。したがって、異文化コミュニケーション研究において現実問題として権力を捉えるには、差別する側とされる側という非対称な関係を想定し、その構造を理論的かつ具体的に検証する形を取ることになる。

　かつてフロムは『自由からの逃走』の中で、ユダヤ人に対してドイツ人が抱いていた不安感や危機感が「民主的」にナチズムを生み出した様を描いている。偏見やステレオタイプ、差別の根源を探っていくと、そこには集団間の緊張状態で人々が相手に抱く「心理的要素」が絡んでいることがみえてくる。

　直接権力を扱ってはいないが、こうした集団間の心理的側面を描き出す理論にコミュニケーション調整理論がある (Gallois, Giles, Jones, Cargile, & Ota, 1995)。この理論は、異なる集団への接近（converge）、集団からの逸脱（diverge）、また距離の維持（maintain）が、「他者から承認されたい」、「他者と異なったアイデンティティを持ちたい」という動機によって左右されることを示している。また、相手集団に対して抱く魅力、自文化や言葉への帰属の強さ、集団の境界の強さ、自分の話す言語や相手の言語の活力（ethnolinguistic vitality）の受け止め方も考慮している。また、先の偏見、ステレオタイプ、差別の問題を扱った研究では「差別する集団」「差別される集団」とあらかじめ固定化されていたが、本理論は権力をよりダイナミックに捉える視点を与えてくれる。例えば、下位集団の人が上位集団に抱く「上昇志向」や、上位集団の言語への「迎合」や「反発」の有無やその度合いといった心理面を取り込むことで、関係の流動性を捉えることができる。解釈・批判的アプローチと組み合わせて研究が進められれば、さらに明確に権力のメカニズムが顕在化されるであろう。

90年代あたりからカルチュラル・スタディーズやポスト植民地主義が流れ込み、言説（discourse）が権力を支える構造の解明やアイデンティティ構築との関連を重視した権力批判研究が増えた。Hegde (1998) は、アメリカに移民したインド人女性らが民族と性別という二重の意味で疎外されていることを、彼女たち自身の体験と他者から与えられる表象の間の矛盾を描き出すことによって明らかにしている。また、Fujimoto (2001) は、日本における国際化が白人化（whitenization）の言説や日本の均質性という神話によって意味づけられていることから、国際化の言説とナショナリズムとの重なりを指摘している。

　さらに、研究対象としての権力についてみていく場合に押さえておかなければならないのが、英語支配の問題である（吉武, 2002）。ほとんどの日本語話者が英語を学ぶ中、津田（2006）は「英語＝世界標準語」という言説が生み出す問題を取りあげている。例えば、英語による異文化コミュニケーションではコミュニケーションの不平等が生じやすくなり、特に英語非母語話者の母語による自己表現が抑制され、言語権（linguistic human right）が侵害される恐れがある。さらに、そのために沈黙が多くなり、その人の知性まで懐疑的にみられるという言語差別に繋がる恐れもある。

　英語の拡大は特に少数言語やそれらを育んだ文化の多様性を脅かし、言語の死を引き起こしながら、価値の一元化の推進力にもなる。私たちはつい英語にまつわる言説を無批判に受け入れがちだが、異文化コミュニケーションにおける権力に注目しながら、その否定的な側面にも目を向けなければならない。

2 ｜ 研究行為が行使する権力

　西ヨーロッパが植民地を拡大する中、ナポレオンはエジプト遠征に学者らを兵籍させた。彼らが作り出す歪曲した「東洋（オリエント）」は東洋そのものに取って替わり、すると東洋はそうした虚像を通してしか自らを表象できなくなる。支配者としての西洋と被支配者としての東洋の

非対称な関係を再生産する知の構造のことを、Said（1978=1993）は「オリエンタリズム」と呼んだ。知と権力の関係の概念化が異文化接触の文脈でなされたことは興味深い。このように、直接的に「異文化」を対象とする異文化コミュニケーション研究が、知らないうちに支配―被支配という非対称な関係の維持・強化に加担することがある。それが、偏った文化観の強要へと繋がるのである。

　例えば、境界線を「濃く」引きすぎることで働く権力がある。何かを「〜文化」と呼ぶとき、その境界線は誰かによってある視点から切り取られた1つの可能性でしかなく、決して「実体」として存在しているのではないのだ。

　日米の文化比較研究が中心だった80年代は、日米が「相思相愛」の時代であった。今でこそ日中や日韓の研究も珍しくないが、研究者が何に興味を持ち、何をテーマとして選定するかは「時代の流行り」に大きく影響される。すると、学問の普遍性とは裏腹に、彼らの眼中にない文化はあたかも無価値の文化であるかのように軽視されてしまうことになる。

　また、比較対象の固定化はその文化の特徴を一面的な理解に押し込めてしまう。「日本文化は集団主義で、アメリカ文化は個人主義である」という事実的陳述は、前者に位置づけられる中国と日本の質的な差異を無視する。実際に日中で比較すると、それまで見えてこなかった「中国の個人主義」的特徴という新たな一面も見えてくる（Nadamitsu, Chen, & Friedrich, 2000）。比較する文化の固定化は世にステレオタイプを垂れ流し、現存のステレオタイプにお墨付きを与えかねない。

　さらに、「〜文化」という括りが強すぎると、そこに存在するはずの文化の多様性が無視されてしまう。そもそも「アメリカ文化」は多民族で構成されているし、単一民族・単一言語と思われがちな「日本文化」の中にも地域性もあればマイノリティもいる。このように国民国家という政治システムに依拠した文化の括り自体が極めて「政治的」（political）であり、マジョリティに属さない人には単なる規範の強要でしかない。研究の過程で多用する「〜文化」という呼び方が文化の1つの

「現れ」にすぎないことを心に留めておかないと、研究と権力はいとも簡単に手を結んでしまうのである。

「郷に入れば郷に従え」的なイデオロギーにも注意する必要がある。「異文化適応」の研究者であるKim（1995）は、コミュニケーション過程に焦点を当て、滞在者がどのように受け入れ文化に適応するかを描写・予測するという緻密な理論構築を行っているが、同時にここから見えてくるのは、異文化適応の理論がイデオロギーから自由であることがいかに難しいかである。例えば、「受け入れ文化＝主人」と「滞在者＝客」という二分法には、「客」はいつまでたっても「ホスト」にはなり得ないという、越えられない断絶が前提にある。逆に、多文化主義が主要なイデオロギーである今日、過激主義は「不適応」とされる。つまり、確かにKimは適応過程を「客観的」に理論化したのだろうが、この理論は「客」に対し「敵対しないが浸透しすぎないほどのモデル・マイノリティであれ」と間接的に迫ってもいるのである（Kramer, 2003）。

このような異文化適応理論は、諺にもある「郷に入れば郷に従え」という経験則をイデオロギーとして含んでいる。つまり、「ホスト＝郷」のルールは絶対的に正しく、「郷に入」った「滞在者」はそのルールに黙って従わなくてはならない。極端な例だが、旧ナチスドイツ（ホスト）におけるホロコーストでユダヤ人（滞在者）の大量殺戮こそ、ルールの正しさを批判することができず、「郷に入れば郷に従え」的に異文化適応させられた結末でなかったか。「郷に入れば郷に従え」という日常感覚とナイーブに結びついた異文化適応理論は、「ホスト」のルールの強要という形で権力を発動しうるのである。

3 権力は「悪」か——異文化コミュニケーションという「旅」

異文化コミュニケーション研究が権力の問題に目を向け始めたことは、研究パラダイムの内省から生まれた進歩と言ってよい。しかし、単に権力を敵視し、批判しさえすればよいというわけでもない。例えば、批判の的となる国民国家がないと、むしろ権力闘争は激しくなる。それ

を避ける工夫として権力を中央に収斂させた社会システムが、国民国家なのである。また、多様性への抑圧の告発は個人の多様性も促進するため、個人主義的リベラリズムとの親和性が高く、個人を超越するような文化を尊重する保守主義と対立することもありうる。これからの異文化コミュニケーション研究は権力の問題に敏感であると同時に、単に権力を批判するのではなく、その背景にある社会思想から実存の問題までを幅広く射程に収め、より根源的な理解を目指す研究である必要があるだろう。

　ここに米国の異文化コミュニケーション研究の最前線で活躍し、後に日本で教鞭をとったImahoriによる一編の小論がある。「アメリカ人」の中に適応してきたはずの自分が実は「その他のアメリカ人(other American)」として扱われ続け、逆に日本ではいかに優遇されていたかを発見する過程を彼はその中で記している（Imahori, 2006）。異文化コミュニケーションとは文化や権力の狭間で自己を発見し、刷新していく不断のプロセスではないだろうか。権力を批判しつつ、それとどう生きるのか。今堀が小論の最後をSo the tale of my intercultural journey continues.（私の異文化の旅の物語は続く）という言葉で終えているように、異文化コミュニケーションとはそのような「旅」なのかもしれない。

引用文献

Fujimoto, E. (2001). Japanese-ness, whiteness, and the "Other" in Japan's internationalization. In M. J. Collier (Ed.), *Transforming communication about culture: Critical new directions* (pp. 1-24). Sage.

Gallois, C., Giles, H., Jones, E., Cargile, A. C., & Ota, H. (1995). Accommodating intercultural encounters: Elaborations and extensions. In R. L. Wiseman (Ed.), *Intercultural communication theory* (pp. 115-147). Sage.

Hecht, M. (1998). Introduction. In M. Hecht (Ed.), *Communication prejudice* (pp. 3-23). Sage.

Hegde, R. S. (1998). Swinging the trapeze: The negotiation of identity among Asian Indian immigrant women in the United States. In D. V. Tanno & A.

González (Eds.), *Communication and identity across cultures* (pp. 34-55). Sage.

Imahori, T. T. (2006). On becoming "American." In M. W. Lustig & J. Koester (Eds.), *Among us: Essays on identity, belonging, and intercultural competence, 2nd ed.* (pp. 258-269). Pearson Education.

Kim, Y. Y. (1995). Cross-cultural adaptation: An integrative theory. In R. L. Wiseman (Ed.), *Intercultural communication theory* (pp. 170-193). Sage.

Kramer, E. M. (2003). *Gaiatsu* and cultural judo. In E. M. Kramer (Ed.), *The emerging monoculture: Assimilation and the "model minority"* (pp. 1-32). Praeger.

Nadamitsu, Y., Chen, L., & Friedrich, G. (2000). Similar or different?: The Chinese experience of Japanese culture. In M. J. Collier (Ed.), *Constructing cultural difference through discourse* (pp. 158-188). Sage.

Said, E. W. (1978). *Orientalism*. Vintage Books. (＝1993、今沢紀子訳『オリエンタリズム　上・下』平凡社)

津田幸男（2006）『英語支配とことばの平等――英語が世界標準語でいいのか？』慶応義塾大学出版会.

吉武正樹（2002）「異文化コミュニケーションにおける英語と『力』の概念――理論的枠組みの構築と研究の方向性」『ヒューマン・コミュニケーション研究』第30号、91-111頁.

第 5 章
異文化コミュニケーション研究の課題と展望

池田 理知子

　日本におけるコミュニケーション分野の中では、異文化コミュニケーションを専門とする研究者の数は多い。「異文化」や「多文化」を冠した学会が多数あることからも、その傾向は伺える。しかし、そうした学会のジャーナルを概観する限り、吉武と丸山が第 1 章で指摘した第 2 期までの枠組みの中での研究がいまだに多いことがわかる。例えば、2009 年度に発行された『異文化コミュニケーション』や『多文化関係学』では、文化の差異がコミュニケーションに影響を与えることを前提とした研究が多く、文化そのものの政治性を問題とする研究は少ない。マーティンとナカヤマ（Martin & Nakayama, 2007）が指摘したように、異文化コミュニケーションを構成する重要な概念は、文化、コミュニケーション、コンテクスト、権力の 4 つである。この 4 つがどう絡み合っているのかを常に念頭においた研究が必要なことは言うまでもないのだが、これまでの研究では、特に「権力」を含めた研究・議論が十分になされてきたとは言い難い。米国ではすでに第 3 期に移行してから少なくとも 20 年は経っているのに、日本の研究は米国にいまだに追いついていないとさえ言える。米国の後追いをする必要はもちろんないのだが、では何か独自の展開を見せているかというと、そういった兆候も残念ながら今のところ見られない。

　そうしたことを踏まえた上で、この章では日本の異文化コミュニケーション研究が今後どのような視点を取り入れ、どういった研究を展開する必要があるのかを検討する。

1 「異文化」と名付ける行為

　まず、これまでの異文化コミュニケーション研究では、「文化」、あるいは「文化差」の描写を試みることが、どういった結果をもたらし得るのかまで十分に考慮されてこなかった、ということを指摘したい。つまり、実際に起こったことや現在起こっていることを描写した研究を、単なる描写を実践したものとして片づけてよいのか、といった問題である。例えば、フェミニズムに依拠した研究を行っている学者たちによるタネン（Tannen）の一連の研究（Tannen, 1986, 1990＝1992）に対する批判が（Troemel-Ploetz, 1991 など）、その問題を端的に示している。タネンは、男女の文化が異なることから生じるコミュニケーション・スタイルの違いを単に描いただけだとしているが、記述という行為が差別構造の温存につながる危険性を孕むという批判は的を射ている（詳しくは、中村, 1995 を参照）。「客観的」とか「価値中立的」な記述や言葉など存在しない。そのことを再確認し、例えば「女」や「男」、「女性文化」や「男性文化」と名付けられることの意味やそのプロセスを明らかにする研究が今後行われることが望まれる。

　さらに、第4章「権力」のところで吉武が述べているように、研究者自身が研究することによって持ち得る「権力」について自覚する必要がある。研究者がある現象に焦点を当てること／当てないこと自体が、何らかの社会的影響力を持ち得るのである。例えば、「(異文化)コミュニケーション能力」の研究が盛んに行われることによって、その能力が重要かつ有用であるというイメージを広めることにつながってしまう。なぜ、何のために、研究を行っているのか、立ち止まって振り返る必要があるだろう。ただし、この点に関しては『スピーチ・コミュニケーション研究』の第 21 号と第 22 号（青沼, 2008, 2009）で複数の研究者による議論がなされていることも付しておく。

　異文化コミュニケーションという分野の歴史を振り返ることも重要である。その点では、文化人類学者らが行っている過去の研究者の研究の

意味を問い直す作業から、われわれが学ぶべきことは多い。「文化人類学は植民地主義時代とほぼ同時代に隆盛し、植民地主義と癒着した学問——いわゆる『オリエンタリズム』と何ら変わらない」(太田, 2005:5)という反省の言は、当分野の進展が戦争とある意味で不可分な関係を持っていたことへの反省を促さざるを得ない。例えば、当分野のパイオニアと言われているホール (Edward T. Hall) は、朝鮮戦争が起こった1950年代前半に、米国国務省外交局で海外へ派遣される役人たちに「異文化トレーニング」を行っていた (Rogers, Hart, & Miike, 2002)。「敵」や支配しようとする相手のことを知るために、その文化や行動パターンを研究することで発展してきた分野であるにもかかわらず、そのことへの反省が十分になされているとは言い難い。日本という文脈の中で、異文化コミュニケーションという分野自体がどのように「他者」を作り出してきたのかを明らかにする作業が求められる。

　ギアーツ (Geertz, 1988=1996) が言うように、「異文化」とは支配的文化に属する者の視点から観察されたものがそれとして記述されたものである、という一面を持つ。したがって、「異文化」という名付け行為自体が問題にされなければならないということを自覚して、研究に臨む必要があるのではないだろうか。

2 ｜アイデンティティを語ること

　また、「異文化」という名付け行為に加担している可能性のある自分自身と向き合う、という反省的態度をもって研究に従事しない限り、アイデンティティの問題は語れない。異文化コミュニケーション分野における重要な研究の1つで、これまでに多くの研究がなされてきたのがアイデンティティである (第3章参照) にもかかわらず、そこには、研究者自らがどこに立脚し、どういう眼差しで「対象」となる人びとを描写しようとしているのかが語られることはあまりなかった。「対象」を客観的に見つめる自分などいない。相手が語る「自分」とは、研究者であるわれわれとの関係性の中で浮かび上がってくるものである。

これに関しては、「探求の目は、まず自らに向けられなければならない」とした上で、沖縄の〈今・ここ〉の成り立ちを解明しようとする田仲（2010）の姿勢から学べることは少なくない。「私という身体に刻印されている〈沖縄〉〈アメリカ〉〈日本〉に目を凝らすことから見えてくる〈風景〉がある」と言う田仲（2010:10）は、そうして見えてきた〈風景〉の裂け目から聞こえてくる他者の叫びを共有できるかどうかを重要視する。同様に、他者の叫びを共有できるかどうかは、研究者であるわれわれ自身が自らの身体と向き合っているかどうか、その身体に揺さぶりを掛けられるかどうかにかかっているはずである。

　さらに、自らの身体に揺さぶりを掛けるといった作業を経なければ、相手が語る言葉の中に潜む「強いられたもの」に気づくこともないのかもしれない。警察による自白の強要といったものでもない限り、言葉とは話者の自由意志によって紡ぎ出されるものだ、といった幻想は捨て去ったほうがよい。「私はアメリカに留学して初めて日本人としてのアイデンティティに目覚めた」という発話には、国家単位で考えることが当たり前という規範が現れている。「強いられたもの」とは、規範としてこっそりと身体に忍び込んでいったものなのである。研究者自身が語る言葉にも「強いられたもの」があるはずである。そのことに自覚的でない限り、アイデンティティ研究は行えないといっても過言ではない。

3　異文化コミュニケーションとグローバル化

　最後に、グローバル化の問題を取り上げる。まず、文化資源の不平等という「現実」を直視することなく、異文化コミュニケーション研究を進めることはできない、という点を押さえておきたい。支配的な言語、特に英語を使いこなせるかどうか（第4章参照）や、インターネットといったメディア環境が整っているかどうかによって、グローバルなコミュニケーションへの参加の度合いは変わってくる。よりそうした資源を多く持つ者は、さまざまな場における発言権をより得ることになり、持たない者をそうした場から排除する側に立つことになりかねない。研

究者自身が、そうした立場の1人になる可能性は捨てきれない。「複数の言語を操れて、さまざまな異質な体験を積んだ異文化コミュニケーターたちが、『言説の資源』を含めた文化資源に乏しい人びとといかに連帯できるかが鍵となる」とする板場（2010：185）の言葉は、われわれが研究を進める上で重要である。

　さらに、グローバルな問題は、日常の中にあるという視点を持つことも大切である。例えば、貧困や環境の問題は日々のわれわれの行為とつながっているにもかかわらず、そのつながりは見えにくい（池田, 2008, 2010）。そうした見えない関係性を可視化する試みを異文化コミュニケーション研究が率先して行っていかなければならないのではないか。

　以上、「異文化」と名付ける行為自体の問題と、アイデンティティ、グローバル化の問題に絞って、今後の異文化コミュニケーション研究の課題と展望を探ってみた。この章で指摘したもの以外にも、取り組むべき課題は少なくないが、その課題自体を見つけ出す作業にも研究者自身の立ち位置が表れることを忘れてはならない。

引用文献

青沼智編（2008）「特別企画Ⅱ」『スピーチ・コミュニケーション研究』第21号、41-95頁.

青沼智編（2009）「特別企画Ⅱ』『スピーチ・コミュニケーション研究』第22号、47-115頁.

Geertz, C. (1988). *Works and lives: The anthropologist as author.* Stanford University Press.（＝1996、森泉弘次訳『文化の読み方/書き方』岩波書店）

異文化コミュニケーション学会編（2009）『異文化コミュニケーション』第12号.

池田理知子（2008）「異文化コミュニケーション教育の課題と一試案——ドキュメンタリー・フィルム『六ヶ所村ラプソディー』に関する予備調査から見えてくるもの」『スピーチ・コミュニケーション研究』第21号、69-82頁.

池田理知子（2010）「ⅩⅠ　グローバリゼーションの行方」『よくわかる異文化コミュニケーション』池田理知子編、ミネルヴァ書房、176-181頁.

板場良久（2010）「社会的不平等と文化資源」池田理知子編『よくわかる異文化

コミュニケーション』ミネルヴァ書房、184-185頁.

Martin, J., & Nakayama, T. (2007). *Intercultural communication in contexts, 4th ed.* McGraw Hill.

中村桃子 (1995)『ことばとフェミニズム』勁草書房.

太田好信 (2005)「文化人類学への誘い、ふたたび」太田好信・橋本満編『メイキング文化人類学』世界思想社、1-13頁.

Rogers, E., Hart, W. B., & Miike, Y. (2002). Edward T. Hall and the history of intercultural communication: The United States and Japan. *Keio Communication Review, 24,* 3-26.

多文化関係学会編 (2009)『多文化関係学』第6号.

田仲康博 (2010)『風景の裂け目——沖縄、占領の今』せりか書房.

Tannen, D. (1986). *That's not what I meant!: How conversational style makes or breaks your relations with others.* Morrow.

Tannen, D. (1990). *You just don't understand: Women and men in conversation.* Morrow. (=1992、田丸美寿々訳『わかりあえない理由——男と女が傷つけあわないための口のきき方10章』講談社)

Troemel-Ploetz, S. (1991). Review essay: Selling the apolitical. *Discourse and Society, 2,* 489-502.

第 IV 部

コミュニケーション教育

第 1 章
コミュニケーション教育の源流

鈴木　健

　人間［人間中心主義］とは最近の発明にかかわるものであり、二世紀とたってはいない一形象、ぼくたちの知のたんなる折り目にすぎない。だから、知が新しい形態をみいだしさえすれば、早晩、消え去るものだ。
　　　　――ミシェル・フーコー『言葉と物』序文（古東, 1998, p. 33）

　あなたがある言葉を口にする時、もしその言葉がきちんと仕事をはたさないなら、人を混乱させうるような道具を手にしないと理解しなければならない。しかし、あなたは遠方から来た考えの方向へ固定されており、あなたを越える地点にまでいっぱいに伸びている。　　　――ハンス・ジョージ・ガダマー『真理と方法』
（Gadamer, 1982, p. 496）

　コミュニケーション教育を考える際、「コミュニケーションとは何か」という議論を欠かすことはできない。教科書に載っている典型的コミュニケーションの定義とは、「その状況における参加者によって共有されるような意味が創造されるプロセス」（communication as the process by which shared meaning is created by participants in the situation）である（鈴木・岡部, 2009）。つまり、コミュニケーションを、単なる「道具」としてではなく、「人々の意思形成、意志決定、意志対立が起こるダイナミックなプロセス」として捉えるべきなのである。

　図1に示されるように、▨▨の矢印で示された「言語」、▥▥の矢印で示された「文化」、▬の矢印で示された「コミュニケーション」の

図1

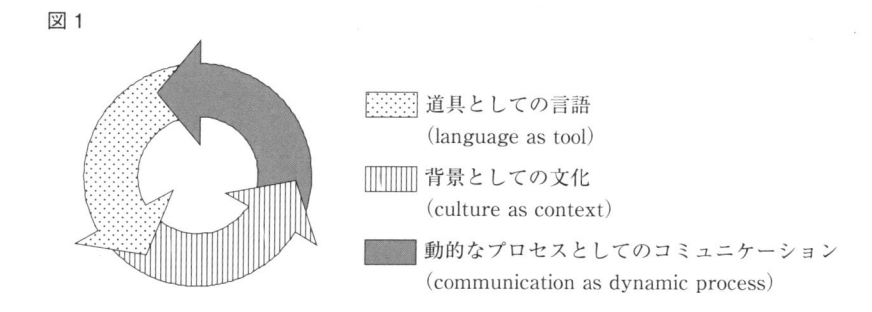

- 道具としての言語 (language as tool)
- 背景としての文化 (culture as context)
- 動的なプロセスとしてのコミュニケーション (communication as dynamic process)

一体不可分な関係に留意しつつ、われわれの生活世界（life-world）がいかに構築され、よりよく機能で可能であるかについて検証することが、コミュニケーション学の使命である。

かつてのスピーチ学部、演劇学部、レトリック学部が、1930年代に改組されて世界初の「コミュニケーション学部」がアメリカで誕生したことはよく知られている（鈴木・岡部, 2009）。中核となったのは、虚構の言説を扱う文芸批評（literary criticism）に不満を持ち、歴史演説のような現実の言説を扱うレトリック批評（rhetorical criticism）を目指した質的研究を専門とする英文学科所属の教員たちである。こうしたレトリック批評に、社会心理学から発展した数量的研究がプログラムに加わり、さらに戦後、世界に駐留する米軍が現地の人々と交流する必要から文化人類学を母体として誕生した異文化コミュニケーションが加わり、こうした3分野が伝統的なコミュニケーション教育の柱となってきた。近年では、以前までのマスコミ研究を経て、ニューメディア研究を含むようになったコミュニケーション学部も増えている。

本稿では、コミュニケーション学の源流として捉えられてきたレトリックに関しては第Ⅴ部に論考をゆずり、まず近代以降の文化研究に多大な影響を与えたヴィーコの発展的歴史観を見てみたい。次に、「個人」という概念を提唱して、20世紀の対人間コミュニケーション論の源流となったロックを考察する。最後に、「個人」を中心にすえた西洋、特にアメリカに対して、日本のコミュニケーション研究が新たな地平を開く可能性と必要性について触れる。

1 古典から近代への転換点としてのヴィーコ：人間化・歴史化のプロセス

　ヴィーコ（Vico, 1968; 1976）によれば、デカルトの「我思う、故に我あり」（*cogito, ergo sum* [I think; therefore, I am]）という個人中心の分析には、今日われわれが「観点」（standpoint）と呼ぶ社会共同体の一部としての思索者という文脈（context）や、歴史といった批判的な側面が抜け落ちている。さらに、デカルトが提唱した分析方法は、言語の問題も無視している。言語を通じてのみ、「自身」（the self）は、自ら作った世界におけるわれわれの性質にアクセスできる。ヴィーコは、形而上学や存在論は、まず存在が認識されるところから始まると信じており、神話においては、それが全ての共同体の始まりであると信じている。人の体験において、存在することは、想像力という人間の能力によって初めて理解される。

　コミュニケーション学の成立に対するヴィーコの貢献は、自然を「人間化・歴史化」のプロセスとした点である。ヴィーコによれば、歴史は、個人が感情的な衝動からの人間活動を、言語、神話、文化を通じた解釈を通じて理解する範疇である。ひとたび人間が、彼・彼女らには選択ができ、彼ら自身の運命を導くことができるという認識を持つに至れば、彼らは自然における調節を始める。

　人間化・歴史化までのプロセスは、次の3段階を経ている（See, e.g., Foss, Foss, & Trapp, 1985）。第1が「神話時代」（the cultural age）であり、人間は彼ら自身が自然界から切り離されていて、そうした世界の影響から活動を切り離せることが見えていない。かえって、すべての出来事は神々のような存在に帰する。例えば、古東（1998）は、「神話による、この極端なまでの人間化と昼光化。つまり、同一化やシナリオ化。宇宙の非同一性や非知性をすみずみまで侵略し排除するこの神話の基本構造。ギリシャ神話とは『世界は人間たちのためにある』（ラッセル）という反動の表現だと考えるしかない。つまりそれは、人間の理知や意欲が、デイノーンな自然や宇宙と折り合いをつける詭計。荒ぶる自然を

なだめすかす仕儀。もって蒙昧な知・情・意の闇夜から明るみへ飛び立つ啓蒙活動。そういうことになろう」(pp. 32-33) と説明している。

　第2が「英雄時代」(the age of heroes) であり、ヴィーコは、社会的な組織と法を紹介することで人間を手助けする超人的保護者によって性格づけられる、としている。英雄とは、人間と神の結合体であり、半神的な勇者である。こうした段階を経て、歴史観は最終的に第3の「人間性時代」(the age of humanity) に向かっていく。ここで人間は、人知を越えた力の助けを借りることなしに、自然を自分自身の裁量で支配できることに気づく。この段階こそ、大自然に立ち向かい自らの支配を押しつける自由意志と選択に人間が目覚めたことが提供されるのである。

　ヴィーコによれば、人間社会は「発想のひらめき」(ingenium) というプロセスに依存している。発想のひらめきは、物事を関連づけるような関係性を見つけ出す能力であり、社会的世界の特性に形を与えることができる。発想のひらめきこそが、目的や経験の間で何が共通項や類似であるかを把握する能力である。このように、ヴィーコは、人間が「歴史」を作るという視点を提供することで、不可知存在に支配された存在ではない人間の社会を前提とするコミュニケーション学の成立に大きく貢献した。

2　現代コミュニケーション学の源流としてのジョン・ロック：〈個人〉の誕生

　ピータース (Peters, 1989) は、ロックこそ「独立した個人」(the individual) という概念を提唱することで、現代コミュニケーション学の源流を形作った人物であると論じる。近代人にとって、コミュニケーションとは、自己の熱望と他人への誓約の要請の交差点を象徴しており、個人による意味の創造性と社会・公的な意味の中身にどのように折り合いをつけるかという問題なのである。

　それでは、個人という概念が指し示すものはいったい何であろうか。

モスコビッチ（Moscovici, 1981）によれば、「個人」こそ、近代における最も重要な発明の1つである。人格（individuality）とは、特定の社会状況の集団においてのみ可能な政治・法・宗教・科学的な創造行為である。個人は、地位と身分の固定が弱まる限りにおいてのみ、彼・彼女自身の生活の支配者になる。ほとんどの前近代社会（封建社会）においては、自身（selves）とは地位と立場の伝統的な秩序によって構成されていた。しかし、現代社会においては、いかなる社会的立場からも離れて、単に人々が人であるがゆえに彼・彼女らが権利を持っているとされる。

ロック（Lock, 1960）の書いた *An Essay Concerning Human Understanding* は、自由な個人という企てに対する社会的な秩序構築の手助けをしたのである（Peters, 1989）。彼・彼女にとって、社会でも言語でも伝統でもなく、火急で高度な提起された問題こそが個人間における共通理解を作る上での意味の支配者なのである。逆に言えば、誤解やいさかいはお互いがお互いを理解できないからではなく、われわれが同意できないために生じると考えることができる。

3 まとめ（日本のコミュニケーション学が提示すべきこと）

これまで日本では「コミュニケーション学」といった場合には、システム論や機械的モデルの延長としての対人コミュニケーションと捉えることが多かった。こうした考え方は、近代を「人間が科学技術の発展によって自然を支配下に治めるようになった時代」と捉えた場合、整合性がある。しかしながら、近代を「市民社会が形成され、個々の構成員に権利と義務が生じた時代」として捉えた場合には、日本に「コミュニケーション教育の思想」と呼ぶべきものが欠如していることが明らかである。戦前の愛国主義教育は論外としても、左翼インテリのニヒリズムを超えて、近代を「民主主義社会における一人ひとりの参加が問われる時代」と捉える認識があってもよい。つまり、「功利主義」や「効率」を第一義とする思考を脱却して、市民社会の構成員として「公的な徳」や「社会的な善」を指向するような態度が要求されるべきなのである

（例えば、佐伯（1997）を参照）。麻原（1998）は、日本における近代のゆがみを次のように指摘する。

> ……、西欧のルネッサンスを以て近代とする見方に従えば、日本の近代は明治維新からと考えるのが定石である。それは、近代の理念、すなわち、〈個人〉、〈自由〉、〈市民社会〉に価値を認め、その実現に向かうことが明治政府による新体制の目指すところであったからだ。だが、こうした西欧を規範とする近代化にとって、その前に横たわる徳川二百年余の鎖国はあまりにも大きな眠りのときだった。ために、西欧列強に追いつこうとする性急な近代化が行われ、それは結果として、そこにひずみを生じさせ、それに気づいた文学者の間には、個人主義への懐疑、反近代の姿勢を出現させた。(p. 232)

こうした日本のゆがんだ近代の形成過程は、国民全体の近代の本当の有効価値や使命に関する意識の希薄さに通じていると思われる。日本のコミュニケーション教育は、以下の3点に関するプロジェクトを早急に設置する必要がある。

第1に、日本人が公的コミュニケーションを行う「場」はどこであったのか。日本には、西洋的な「市民の議論の場」としてのアゴラ（agora）は存在しなかった（向坂, 1985）。古代ギリシャの都市国家群では、政庁・神殿・商店などに囲まれた公共の広場が存在しており、集会や裁判が行われた。西洋のコミュニケーション教育は、そうした伝統に基づいて発展してきた。しかしながら、日本では異文化コミュニケーション論とレトリックが切り離されて来た結果、「井戸端会議」や「小田原評定」といった日本的な議論はこれまで十分検証されてこなかった。そうした研究は、近年、注目を集める比較レトリック論の見地からも重要である（Kennedy, 1994）。

第2に、コミュニケーションの道具としての言葉が、日本人の間で〈コトバ〉と記号化されて、共通の「意味」が成立しにくくなっている。1980年代後半にすでに桜井（1985）が指摘しているように、一方通行で

あったり、言いっぱなしの落書きや投書、アニメやマンガに夢中な若者たちが急速に増えている。結果として、圧倒的な現実肯定と無力感が彼らをおおっている。21世紀に入り、目の前の政治や経済の現場で対話と討論の努力を積み重ねるより、ヴァーチャルな現実により重きを置く傾向は、ニューメディア時代においてさらに顕著になってきている。

　第3に、日本人の話し手と同様に聞き手に重点を置いたり、説得よりも共感を重要視したりするコミュニケーション・スタイルはもっと注目されてよい（例えば、Suzuki(2008)を参照）。同時に、主に個の集団としての市民社会（civil society）を前提としてきた西洋的コミュニケーション理論に対して、主に集団の中の個という共同体（community）を前提とする日本的コミュニケーション理論をそのまま当てはめることに問題があることは明らかである。例えば、岡部（Okabe, 1989）は、西洋と東洋のレトリックを、アメリカと日本のレトリックを中心に置き換えて、これまで論陣を張ってきた。今後は、こうした前提や理論を事例研究として理論検証を行い、さらなる理論構築をしていくべきであろう。

引用文献

麻原美子（1998）『日本の文学とことば―日本文学はいかに生まれいかに読まれたか』東京堂出版.
古東哲明（1998）『現代思想としてのギリシャ哲学』講談社.
佐伯啓思（1997）『「市民」とは誰か　戦後民主主義を問い直す』PHP研究所.
向坂寛（1985）『対話のレトリック―弁論術のすすめ』講談社.
桜井哲夫（1985）『ことばを失った若者たち』講談社.
鈴木健・岡部朗一（2010）『説得コミュニケーション論を学ぶ人のために』世界思想社.
Foss, S. K., Foss, K. A., & Trapp, R. (1985). *Contemporary perspectives on rhetoric. 2nd Ed*. Prospect Heights, IL: Waveland Press.
Gadamer, H. (1982). To what extent does language perform thought?" Supplement II to *Truth and Method*. Barden, G., & Cumming, J. (trans.) New York: Crossroad), p. 496.

Kennedy, G. A. (1994). *A new history of classical rhetoric*. Princeton, NJ: Princeton University Press.

Lock, J. (1960). *An essay concerning human understanding*. Niddithch, P. H. (Ed.) Oxford: Clarendon Press, 1975).

Moscovichi, S. (1981). *L'age des foules: un traite historique de psychologie des masses*. Paris: Fayard.

Okabe, R. (1989). Cultural assumptions of East and West: Japan and the United States. J. L. Golden & W. E. Coleman (Eds.) *The rhetoric of western thought. 4th ed*. Dubuque, IW: Kendall/Hunt Publishing Company.

Peters, J. D. (1989). John Locke, the individual, and the origin of communication. *The Quarterly Journal of Speech 75*, 387-399.

Suzuki, T. (2008). Japanese argumentation: Vocabulary and culture. *Argumentation & Advocacy 45*, 49-53.

Vico, G. (1968). *The new science*. T. Bergin & M. Fisch (trans.) Ithaca, NY: Cornell University Press.

Vico, G. (1976). *Science of humanity*. G. Tagliacozzo & D. P. Verene (Eds.) Baltimore, PA: The Johns Hopkins University Press.

第 2 章
日本におけるコミュニケーション教育の歴史
明治以降のスピーチ・ディベート教育を中心に

井上 奈良彦

1 はじめに

　本章では、「コミュニケーション教育」の中でも特に、口頭によるコミュニケーションをより効果的に行う技能を養成するための教育が、日本語および英語においてどのように行われてきたかを概観する。
　「コミュニケーション教育」の範囲を限定することは容易ではないが、「スピーチ・コミュニケーション教育」「言語コミュニケーション教育」「話し言葉教育」などの名称で呼ばれる効果的に話す方法を中心とし、「日常会話」やマス・コミュニケーションの向上を図る教育は原則対象外とする。歴史区分は、明治以前、明治、大正から昭和前期（第二次世界大戦まで）、昭和後期（第二次世界大戦以降）を扱う。

2 明治以前

　日本においてスピーチやディベートのようなコミュニケーション教育が明治時代になって西洋の伝統が移入される前に何も施されていなかったわけではない。
　江戸時代になると言葉の教育において、それまでの書簡など書き言葉によるコミュニケーション指導だけではなく、話し言葉を含めた社会生活（世渡り）における言葉の重要性が考えられるようになった。啓蒙学者・教育学者である貝原益軒の『大和俗訓』は、その言語生活の指導の

認識を評価できると共に、封建社会の限界として、個人が自由に意見を主張するような想定ではなかったという（杉本, 1972）。

　日本における伝統的な「雄弁術」の発達例として、寺院における「説教」話術の伝統がある。説教は仏教の直接的布教を目的とするだけではなく、庶民の娯楽や教養を満たす機能もあり、そのスタイルは近世から近代にかけて洗練され、例えば「五段法」の説教の型や表現技術は、厳しい修行を通して受け継がれてきた（関山, 1978）。

　外国語によるコミュニケーション教育が限定的であれ、庶民を対象としてなされたのは、キリスト教の伝来に伴い16世紀に開かれた「セミナリヨ」などの学校においてであると考えられ、ラテン語による暗誦、演説、討論が行われた（チースリク, 1965；周, 2009；杉本, 1972）。

　また、「論義」と呼ばれる形式を踏んだ討論の訓練が仏教寺院において行われてきた（智山勧学会, 2000）。キリスト教会におけるラテン語の討論に相当するものと考えられる。

　このようにコミュニケーション教育の歴史は日本独自の発達や西洋からの移入が明治以前にも見られるが、学校制度が整備され言論による民主主義的政治への関心が高まる明治以降とは一線を画すことができる。

3 明治時代

　明治時代のコミュニケーション教育は、4つの文脈で考えることができる。1つ目は、封建制度の崩壊に伴い言論によって政治を動かそうというような社会的機運（五箇条のご誓文、自由民権運動、国会開設、等）の中での、西欧、特にアメリカの弁論術（演説、討論、会議の方法）の移入である。福沢諭吉らが『会議弁』を著し、三田演説館においてスピーチやディベートの練習をしたことは広く知られている。政治的な装置としての演説や討論は、国会開設などと並行して普及すると共に、体制批判を恐れる明治政府の規制を受けることになる[1]。

　2つ目は、学校制度の整備に伴い「国語」教育において話し言葉教育に関心が向けられたことである。1872年（明治5年）の学制発布時に

「会話科」が設けられ、1900年(明治33年)成立の「国語科」には「話し方」の指導が含まれるが、少数の例外を除いて理論実践ともに十分な発達は見なかった(有働, 1999a)。

3つ目に、英語教育では、明治中期まで多くの学校で英語は教授言語としても用いられた。また、「正則」教授法(日本式発音による文法訳読授業を行う「変則」教授法に対して、英米人や留学帰りの日本人が教える方法)においては、英語についての授業と英語によるコミュニケーション教育は不可分のものであったと考えられる(高梨・大村, 1975)。

4つ目はESS(English Speaking Society:英語会)の前身のような課外活動におけるコミュニケーション教育である。現在の大学ESSの歴史は1890年代まで遡ると考えられる(三熊, 2003)。また、アメリカのリテラリー・ソサイアティを模した「文学社会」と呼ばれるような学習組織も明治初期から存在し、日本語と英語で演説の練習などをすることもあった。例えば、青森の旧制中学「東奥義塾」において講談(デクラメーション)や討論(スピーチとディベート両方を含むと考えられる[2])の練習が行われ、外国人教員によって「パリアメンタリー・ロオ」(Parliamentary Law)も教えられた(野地, 1980:1020-1028)。学内の弁論大会などにおいても、大正や昭和初期になっても日本語による演説だけではなく、英語の暗唱などの発表があり、「学芸会」(学習発表会)のような機能を担っていたと考えられる(野地, 1980:1052-53)。

4 大正から昭和前期

この時期の全体的な特徴としては、社会では「大正デモクラシー」と呼ばれるような自由主義的な風潮と共に雄弁演説のスタイルが確立していくものの、軍国主義の高まりと共に弁論冬の時代へと入っていく。国語教育においては話し方や音声言語指導の理論化が行われるが、国家主義的な「国語」の推進という政治性も指摘されている(有働, 1999b, 1999c)。

コミュニケーション教育において注目すべきものの1つは「生活綴り

方運動」(中澤, 1993) である。作文指導においては、文法や文章構成法の型を教え産物としての文章の適切さを重視するアプローチ (Product Approach) と書手のプロセス (アイデアの発見から書き直しを繰り返して仕上げていく過程) を重視するアプローチ (Process Approach) の間での揺れがある (佐藤, 2010)。生活綴り方は日本におけるプロセス重視の教育の先駆的実践と言える。それは表現方法を教えるだけではなく、生活を向上させるという運動に繋がっていた一方、左傾化した政治性を帯びることにもなり、時勢の変化による衰退を見ることになる (高森, 1979)。このような傾向は話し言葉教育における自己表現重視の教育にも通じるところがある (有働, 1999b)。

　昭和初期には英語弁論大会にアメリカ人学生がオレゴン大学やハワイ大学から交流目的で来日し参加するような催しも当時の新聞記事に見ることができる (『朝日新聞』, 1927；1928)。社会が戦時体制に向かい、民主主義的な政治手法が抑制されると共に、ディベートのようなコミュニケーション教育はその社会的基盤を失うことになる。ただ、演説が軍国主義的な思想のプロパガンダの手段となるように、ディベート (討論会) も形式を残したまま、論題や議論の流れは戦時体制を支持するようなものになった。

5 ｜昭和後期

　第二次世界大戦後、再び話し言葉によるコミュニケーションを念頭に置いた教育が重視される。その社会的背景には、アメリカの教育視察団の報告に見られるように、占領政策の一環としての民主主義教育において話し合いが重視され、意思決定方法 (政治プロセス) としてディベート (討論) や弁論 (スピーチ) の教育が注目されたことがある。一方、理論面からは、時枝誠記や西尾実の言語観に基づく言語をコミュニケーション全体の中で捉える姿勢が、1948 年に設立された国立国語研究所の「言語生活」研究の伝統などに見られる。(有働, 1999d；佐藤, 1972)

　その後このような話し言葉を重視した国語教育は昭和 30 年代頃まで

に下火になっていく。社会背景としての政治情勢の変化、学校教育においてはさらに指導や評価の困難さがあったようである。音声言語の指導は話し合いなどから音読・朗読などへ重点が移っていく。その中では「群読」(複数の読み手による朗読)のような実践は注目に値する(高橋, 1999)。英語教育でもオーラル・インタープリテーションの教育実践が行われ、グループで行うものはリーダーズ・シアターと称される(近江, 1984)。

　ディベートもまた、戦後すぐに「討論会」の名称で大いに注目を集めるが、急速に忘れられてしまう。代表的なものとして朝日討論会が挙げられる。和井田(2001)はその生みの親、冠地俊生の一次資料を整理し、朝日討論会の盛衰と英語ディベートへの繋がりなどをまとめている。討論会が政治的プロパガンダに利用されだしたことも衰退の一因と考えられている。1960年代に討論教育(言語論理教育)の実践を試みた「日本話し言葉教育研究会(話教研)」のメンバーに討論教育の経験者はなく処女地の開拓といった状態であったという(林, 1974)。

　この時期、コミュニケーション教育は、「言語技術教育」(宇野, 1980；波多野, 1992)や「言語論理教育」(小林・荒木, 1974；井上, 1977)という名称で論じられることも多い。名称からは技術論に偏った印象を受けるが、中心となって理論的位置づけを行っているものは、内容と伝達技術の両面(古典レトリックから続く探求と弁論という二つの側面)を取り扱っている。ただ、このような教育は学習指導要領などに盛り込まれても実際の教育現場で十分に行われてこなかったという反省が周期的に登場する。

　戦後の国語教育における言語技術指導の問題点を、指導すべき技術項目を体系化できていなかった時期、伝達すべき内容が十分に吟味されていなかった時期、話し言葉教育の場や機会が失われていた時期、という3区分に分けると、上記「話教研」によるディベート教育は、論じる対象への関心が薄くディベートの方法を教える傾向にあったという(甲斐, 1990)。これは、「ディベートを」教えるのか「ディベートで」教えるのかという論争や作文やスピーチ教育における文章構成などの形式重

視か内容重視かという問題にも通ずる。

　戦後はアメリカの大学でコミュニケーション学を修めた研究者・教育者を通じてその影響が直接入ってくる時期でもある。1971年に「日本太平洋コミュニケーション学会」が創立され、1985年に「日本コミュニケーション学会」と名称を変更し現在に至っている。ただし、大学においてコミュニケーション学部や学科が誕生するのはさらに遅く、限られている。アメリカの大学で学位を取得した研究者の多くは、日本の大学において英語教育を担当すると共にコミュニケーション関連の指導や研究を行うという立場にあった。

　課外活動においては、一部の大学において英語クラブ（ESS）が非公式の英語スピーチ学科として機能してきたと言えるだろう。ESSは単なる英会話クラブではなく、種々のスピーチ・コミュニケーション活動を展開し、学生を主体とした活動としては相当の成果を上げた。また大学生の知的欲求を満たす授業を欠いた時代において、ESSは一種の教養課程として機能していたと言ってもいい。ESS部員の多くは、大学の授業以外の活動を通して教養を身につけコミュニケーション技能を磨いたのであった（井上, 2010；三熊, 2003）。学校外の英語クラブ的な活動もコミュニケーション教育において大きな役割を果たしてきた。その中には、トーストマスターズのように国際的な組織もあれば、地域における独自活動もある（渡辺, 1982）。

　昭和の終わりである1980年頃から再びコミュニケーション教育が注目されるようになる。国際的に活躍できる人材の養成が求められ、国内における人間関係やコミュニケーションの形態の変化などに伴って、学校教育においても社会教育の場においてもさまざまな試みが登場する。例えば松本（1975）の著作はビジネス界や学校教育におけるディベートブームの先駆けとなった。雑誌の特集（「特集・話し方の技術」, 1984や『会話術：人生読本』, 1980）のような出版物が次々と現れ、NHKラジオ「はなし言葉講座」やNHKテレビ「実践はなし言葉」といった番組が放送された。

　大学教育においてもコミュニケーション関連の科目の開講が増え、実

態調査も行われている（4年制大学を対象とした古田、久米、長谷川(1991, 1992)、少し時期が下るが短期大学を対象とした田中(2000)）。

　高等学校において注目すべき変化の1つは、1989年改訂（1994年実施）の学習指導要領に登場した「オーラルコミュニケーションA, B, C」である。特に「C」はスピーチ・コミュニケーション活動を取り入れた内容であった。これは広い意味でコミュニケーションを重視した教育（よりコミュニカティブな指導）を導入するという観点からは一見評価できるが、コミュニカティブな指導を切り離すことによって従来の文法訳読を中心とした内容を他の科目に温存することも当初から懸念されていた。

　大学の正課の授業においてコミュニケーション教育が重視され、少人数のクラスでスピーチや討論の授業が盛んになると、ESS、特にディベート活動は転機を迎える。文献資料と分析を重視した競技ディベート（「アカデミック・ディベート」[3]）は1980年代に理論化や勝敗重視の傾向が極まり、わかり易い話し方が軽視されていた。1990年代に即興的な議論を重視する「パーラメンタリー・ディベート」が紹介されると、「アカデミック」から「パーラメンタリー」へ転換するESSが多くなった。

6 おわりに

　コミュニケーション教育は決して新しい教育でも問題意識でもないとともに、その実践方法や理論についてのさらなる研究が求められる。その際、同様の指導方法や問題意識が異なる時代や分野（国語教育や英語教育やコミュニケーション学）において相互に参照されることなく議論されてきたことに注意すべきだろう。本稿がそういった相互参照の手がかりになれば幸いである。

▶注
1）西洋ディベートの導入については周（2009）、『会議弁』については大野（2003）

や村上 (1993) に詳しい。明治期以降昭和までの言論状況の概観は芳賀 (1999) に良くまとめられている。『会議弁』などの弁論啓発書は「国立国会図書館近代デジタルライブラリー」において画像ファイルをインターネット上で閲覧できる。

2) 福沢諭吉が Speech に「演説」、Debate に「討論」という言葉をあてたことは有名であるが、当時、「討論」という語はスピーチとディベート両方を指していた（周, 2009）。

3) 現在アメリカの競技ディベートでは Policy Debate と呼ばれる。詳細は松本・鈴木・青沼（2009）を参照。

———— 引用文献 ————

『朝日新聞』(1927)「舌一枚を武器として　世界遠征の三選手　オレゴン大学選り抜きの学生　本社で雄弁大試合」11 月 12 日夕刊 2 面（朝日新聞記事データベースより）

『朝日新聞』(1928)「若き日米選手　壇上に相見ゆ　昨夜の雄弁対抗戦、栄冠はハワイ軍に」5 月 29 日朝刊 7 面（朝日新聞記事データベースより）

智山勧学会（2000）『論義の研究』青史出版.

チースリク、フーベルト（1965）「日本における最初の神学校（1601 年～1614 年）」『キリシタン研究』第 10 輯、1-55 頁.

古田暁・久米昭元・長谷川典子（1991）「日本の大学におけるコミュニケーション教育の実態調査報告 I」『異文化コミュニケーション研究』（神田外語大学異文化コミュニケーション研究所）第 3 号、91-115 頁.

古田暁・久米昭元・長谷川典子（1992）「日本の大学におけるコミュニケーション教育の実態調査報告 II」『異文化コミュニケーション研究』（神田外語大学異文化コミュニケーション研究所）第 4 号、82-105 頁.

芳賀綏（1999）『日本人はこう話した』実業之日本社.

波多野里望（編著）（1992）『なぜ言語技術教育が必要か』明治図書.

林常夫（1974）「あとがきに代えて」小林喜三男・荒木　茂編著『論理的思考を高める表現指導』一光社、208-215 頁.

井上奈良彦（2010）「国際プログラムの非公式モデルとしての ESS（English Speaking Society）」『大学教育』（九州大学高等教育開発推進センター）第 15 号、99-110 頁.

井上尚美（1977）『言語論理教育への道』文化開発社.

甲斐雄一郎（1990）「国語科における二元論の自覚」『現代教育科学』33 巻 9 号、

72-75 頁.

『会話術：人生読本』（1980）河出書房新社.

クロフ、ドナルド・川島彪秀（1977）『英語スピーチ：英語討論の基本』（スピーチ・コミュニケーション・シリーズ第6巻）三修社.

小林喜三男・荒木茂編著（1974）『論理的思考を高める表現指導』一光社.

松本道弘（1975）『知的対決の論理―日本人にディベートができるか』朝日出版社.

松本茂・鈴木健・青沼智（2009）『英語ディベート：理論と実践』玉川大学出版部.

三熊祥文（2003）『英語スピーキング学習論：E.S.S. スピーチ実践の歴史的考察』三修社.

村上幸子（1993）『会議法の移入と発展：国語表現法の基礎研究』渓水社.

中澤美依（1993）「生活綴方教育：日本で生まれた総合的コミュニケーション教育」『スピーチ・コミュニケーション教育』第6号、23-40頁.

野地潤家（1980）『話し言葉教育史研究』共文社.

近江誠（1984）『オーラル・インタープリテーション入門：英語の深い読みと表現の指導』大修館書店.

大野秀樹（2003）「日本におけるディベートの適応：『會議辯』を中心としたディベート関連書の分析」『スピーチ・コミュニケーション教育』第16号、1-18頁.

佐藤喜代治（1972）「総説」佐藤喜代治（編著）（1972）『文体史・言語生活史』（講座国語史　第6巻）大修館書店、3-43頁.

佐藤雄大（2010）「ライティング研究でもとめられているもの」木村博是・木村友保・氏木道人編『リーディングとライティングの理論と実践：英語を主体的に「読む」・「書く」』（英語教育学大系　第10巻）大修館書店、135-148頁.

関山和夫（1978）『説教の歴史：仏教と話芸』（岩波新書（黄版）64）岩波書店.

周莉恵（2009）「明治期における西洋ディベート導入の試み」『洋学』（洋学史学会研究年報）第17号、129-167頁.

杉本つとむ（1972）「近代の言語生活」佐藤喜代治編著（1972）『文体史・言語生活史』（講座国語史　第6巻）大修館書店、291-359頁.

高橋俊三（編）（1999）『音声言語指導大事典』明治図書.

高森邦明（1979）『近代国語教育史』鳩の森書房.

高梨健吉・大村喜吉（1975）『日本の英語教育史』大修館書店.

田中ゆき子（2000）「日本の短期大学におけるコミュニケーション教育の実態調

査報告」『スピーチ・コミュニケーション教育』第13号、33-48頁.
「特集・話し方の技術」(1984)『言語』大修館書店、第13巻第2号.
有働玲子 (1999a)「明治期の音声言語指導」高橋俊三編『音声言語指導大事典』明治図書、368-369頁.
有働玲子 (1999b)「大正期の音声言語指導」高橋俊三編『音声言語指導大事典』明治図書、370-371頁.
有働玲子 (1999c)「昭和(戦前)期の音声言語指導」高橋俊三編『音声言語指導大事典』明治図書、372-373頁.
有働玲子 (1999d)「昭和(戦後)期の音声言語指導」高橋俊三編『音声言語指導大事典』明治図書、374-375頁.
宇野義方 (1980)『言語技術教育:コミュニケーションの実際的問題』明治書院.
和井田清司 (2001)「戦後ディベートの源流:日本におけるディベート導入史に関する一考察」『武蔵大学人文学会雑誌』第33巻第1号、148-193頁.
渡辺千秋 (1982)『ESSハンドブック』ジャパンタイムズ.

第3章
コミュニケーション学における
コミュニケーション能力の捉え方

灘光 洋子

1 はじめに

　コミュニケーション能力（Communication Competence）とは、これまでどのように概念化されてきたのだろうか。言語学の分野では、Chomsky（1965）が　言語能力（competence）を「人が潜在的に持っている、文法的に正しい文を生成することのできる知識」とし、具体的な言語運用（performance）とは区別した。これに対し、Hymes（1972, 1974）は、いつ、何について、誰と、どこで、どのような様式で話すのが適当かを習得し評価できる能力を Communicative Competence とし、コンテクストにあった対応ができるかどうかを重要視した。コミュニケーション学においても competence は重要な研究テーマの1つで、Koester, Wiseman, & Sanders（1993）は、"The term competence has roots in sociolinguistic traditions, as well, giving it increased credibility."（p. 6）と述べ、その概念化において社会言語学に負うところが大きいことを指摘している。Wiemann（1977）は、対面でのコミュニケーション能力の概念化に大きな影響を与えた知見として、状況にふさわしい社会的役割やアイデンティティを演じることができる能力（self-presentation approach）（Goffman, 1959）などの社会学の功績を挙げる。
　異文化コミュニケーション能力に関する理論やモデルにおいて、言語能力は知識やスキルの一部に位置づけられ、外国語能力が重要であることに言及はしているが、その扱いは小さい。外国語教育（Byram, 2009 な

ど）における異文化コミュニケーション能力研究とは、明らかに異なる。言葉による問題ではなく、文化的差異によって生ずると思われる誤解やトラブルやその対応方法に焦点があてられていると言えよう。

　本章では、コミュニケーション学におけるコミュニケーション能力の概念化を主要テーマとし、方法論や能力の測定については触れない。コミュニケーション能力について、特に異文化環境における対人コミュニケーション能力の視点から考える。

2 コミュニケーション能力の主要構成要素

　Wiemann（1977）は、コミュニケーション能力を「自分の目的を達成するためのコミュニケーション行動を選択し、同時に相手との関係性も維持できる能力」と定義した。Spitzberg（1988）は、"Competent communication is interaction that is perceived as effective in fulfilling certain rewarding objectives in a way that is also appropriate to the context in which the interaction occurs"（p. 68）と定義し、コミュニケーションがうまくいっているかどうかを判断する重要な指標として効果性（effectiveness）と適切性（appropriateness）を挙げた。異文化コミュニケーションでは、それに加えて、適応性（adaptability）の必要性も指摘される（Ting-Toomey, 2009 など）。効果性とは目的が達成できるかどうかであり、適切性とは状況に相応しい行動ができるかどうか、また、適応性は、状況の変化にいかに柔軟に対応できるかを意味する。留意すべきは、これらの要素がそれぞれ独自に機能するわけではなく、相互依存の関係にあるということだ。

　コミュニケーションの効果性と適切性に深く関わる要素として、Spitzberg & Cupach（1984）は(1)認知/知識面（knowledge, cognitive factor）、(2)動機/感情面（motivation, affective factor）、(3)スキル/行動面（skill, behavioral factor）の3領域を挙げた。「知識」とは、必要とされるルールや解釈の枠組み、行動様式や方策に関する情報、「動機」とは、関わろうとするか、避けようとするかに付随した不安、恐れ、嫌

悪、親しみ、興味、好意などの感情、「スキル」は、目的を達成するための効果的かつ適切な行動を意味する。

　コミュニケーションの効果性、適切性にこの3要素が関与していることは、多くの研究者が認めるところである。しかし、コミュニケーション能力の判断は、あくまで評価する人間がどのように解釈し、感じるかということにかかっている。つまり、自分自身がどのように思うか、相手がどう感じるか、あるいは外部の観察者の目にはどのように映るかによって、コンピテンスの判断は異なる（Spitzberg & Cupach, 1989；Ruben, 1989）。例えば、第三者には適切に思われる丁寧な口調が、非常に親しい間柄の相手にとっては距離感を感じさせるメッセージとも成りうる[1]。

　コミュニケーション能力とはスキルや個人の資質というより、状況の中でどのように受け止められるのかというパーセプションの問題だとの前提に立てば、個人の資質（trait）と、能力があると受けとめられることに寄与する資質（competence-related trait）を分けて考えることも必要だろう（Spitzberg & Cupach, 1984）。例えば、自己モニタリング能力の高い人は、未知の境遇においてその能力は発揮されるだろうが、熟知した形式的儀式においては、別の能力が要求される。また、コミュニケーション能力における認知、動機、行動面はそれぞれが独自に機能するものではない。感情面と認知面での齟齬を解消していくこと、スキルの伴わない知識や、認知面を無視したスキルの習得が不毛であることは言うまでもない。

3 異文化コミュニケーション能力へのアプローチ

　初期の異文化コミュニケーション能力研究を手がけた Ruben（1976）は、海外での任務遂行のために必要な異文化コミュニケーション能力として、敬意が示せること、判断を保留してやり取りができること、知識や感情は個人に固有なものであると認識できること、共感できること、対人関係で役割に相応しい行動ができること、相互作用を維持できるこ

と、曖昧さに対して寛容であることの7つの要素を提示した。Hammer, Gudykunst, & Wiseman（1978）の量的調査では、基本的能力として、心理的ストレスへの対応、効果的コミュニケーションの遂行、人間関係の構築の3つが抽出されている。

3.1　普遍的能力（culture-general）vs. 特定文化能力（culture-specific）

　異文化環境におけるコミュニケーション能力の捉え方には、特定文化間に限定した能力と見なすアプローチと、文化一般に適応できる能力とするアプローチがある。

　特定文化（culture-specific）における対人コミュニケーション能力、例えば、アメリカ文化（多重性があることを忘れてはならない）で求められるコミュニケーション能力の特徴、日本文化（これも一枚岩ではない）で求められるコミュニケーション能力の特徴など、特定文化内で必要とされる能力を比較検討することで、例えば、アメリカ人と日本人のコミュニケーションの場では、どのような問題点が浮上する可能性が高いか、それを回避するためにはどのような能力が求められるかを考察するというのが1つ目のアプローチである。ここで抽出される異文化コミュニケーション能力の要素は、特定の文化間に限定されており、むしろバイカルチュラルな要素と言える。より現実的かつ具体的な対処、対応を知るためには、文化を特定化する必要があるということだろう。

　人が多面的なアイデンティティを持っていることを考えると、コミュニケーションとは、個人対個人であると同時に、文化的アイデンティティが交錯する場面とも言える（Collier & Thomas, 1988）。例えば、Collier（1988, 1989, 1996）は Cultural Identity Theory で、文化の概念もアイデンティティも、他者とのインターアクションを通し、その相互行為の中で紡ぎ出されるとし、自らの文化的アイデンティティを実践する過程で、必要とされるコミュニケーション能力の在り方も変化すると論じる。他者とのやり取りで必要とされる能力は固定化されたものではなく、常に流動する可変的なものと捉えられている。異文化コミュニケーション能力を見る場合も、特定の複数文化をとりあげ、成員にとってど

のようなコミュニケーション行動が適切でルールに則ったものと見なされるのか、それらの文化間においてはどのようなコミュニケーション行動が望まれているのかを知ることが異文化コミュニケーション能力の解明に繋がるとした。

　それに対し、異文化コミュニケーション能力は普遍的能力、すなわち、文化一般（culture-general）に適応できる概念として捉えるアプローチがある。どのような文化的差異が認められるかに関わらず、必要とされる共通の要素があるとの見方である。例えば、日本人がアメリカ人とのコミュニケーションで必要と思われる能力と、メキシコ人とのコミュニケーションで必要とされる能力には共通して見られる要素があり、違うとすれば程度の差ということになる。

　Spitzberg (1989) の言葉 "Progress in the study of intercultural communication competence is going to derive mainly from the development of sound interpersonal communication competence theories that can then be applied to the intercultural setting." (p. 261) には、この考えが明確に示されている。個人差が強調されるのか、文化差が強調されるのか、どこに差異を見いだすのかは程度の差にすぎないとされ、異文化コミュニケーション能力とは、どのような文化圏にも通用する普遍的概念と見なされる。異文化コミュニケーションは同一文化内における対人コミュニケーションの延長にあると捉えられ、文化差が意識される時は異文化コミュニケーション、その違いを個人的要素に求める時は対人コミュニケーションと認識されるというわけだ。例えば、Gudykunst (1993, 1995) の Anxiety/Uncertainty Management Theory、Ting-Toomey (1988, 2009) の Face Negotiation Theory[2]、Cupach & Imahori (1993) の Identity Management Theory の3つは、この視座を代表する異文化コミュニケーション能力に関する理論である。

　いずれにしても、異文化コミュニケーション能力を理論化/モデル化するためには、特定文化におけるコミュニケーション能力の構成要素/応用範囲との整合性が必要になる。前者の考え方では、特定文化内でのコミュニケーションの特徴を調査し、それぞれに見られるエミック

(emic) な要素を抽出した上で、複数の文化圏に共通した基本的に必要とされる構成要素を整理統合することになろう。後者では、まずこれまでの調査で認められてきたエティック (etic) な要素を各文化成員に応用し、出てきた齟齬や新たな要素をもとに、既存のエティックなコミュニケーション能力に修正を加える。ここで問題となるのが、強制的エティック (imposed-etic)、すなわち、これまでのコミュニケーション能力の研究が西欧を中心に行われてきたことを反映し、コミュニケーション能力に対する概念化も西欧主体のものではないかという批判である。

3.2 西洋的バイアス

Martin (1993) は、コミュニケーション学における対人コミュニケーション能力研究は、西洋を中心になされてきたため、能力の構成要素には西洋的バイアスが影響していることは否めず、他の文化圏におけるコミュニケーション能力とどれほど整合性があるかについては疑問視する。例えば、目的達成や任務の遂行は、関係性の構築や調和を重んじる文化圏では、それほど求められない可能性もある。いかなる方策を用いて、状況をコントロールし、自己の目的を達成するかという点にコミュニケーション能力をみる (Parks, 1994 など) だけでは、わからない基準もあろう。構成要素の概念化に文化差がある場合も考えられる。例えば、高井 (1999) は自己モニタリング (self-monitoring) を挙げ、アメリカ人にとっては自己を意識し自己を起点とした概念であるのに対し、日本人にとっては他者を意識し、他者の中に自己を置く概念であることから、同じラベルで表現される概念であっても、その含意に違いがある危険性を指摘している。

3.3 資質(内的要素) vs. コンテクスト(外的要因)

異文化コミュニケーション能力を考える際にも、能力をどこに求めるかが重要となる (Koester, Wiseman, & Sanders, 1993)。例えば、Gudykunst は、Y. Kim との共著 (1992) で、効果的なコミュニケーションとは誤解

を最小限に抑えることである"... effective communication involves minimizing misunderstanding" (p. 232) と明記し、Spitzberg などと同様、知識、情動、行動面においての個人的資質の重要性を認めながらも、コミュニケーションが円滑なされるかどうかは、決して資質だけの問題ではない点を強調する。文化的差異の有無あるいは程度に関わらず、対人コミュニケーションは、1人では成立しない。自分のコミュニケーションのとり方が肯定的に受けとめられていないと感じれば、おのずと相手への対応に影響する。両者の力関係がインターアクションを左右することもあろう。その意味で、異文化コミュニケーション能力とは、状況的制約の中で、双方が調整しつつ、共同で紡ぎ出す行動（mutually competent behavior）とも言える（Collier, 1989）。その時、その空間における状況がコミュニケーションのプロセスに影響しないはずはない。換言すれば、コミュニケーションとは共同作業であり、いつ、どこで、どのような相手にとっても、効果的かつ適切と受けとめられるコミュニケーション行動など存在しないといってもよいかもしれない。

4 | 今後の展望と課題

　Spitzberg & Changnon (2009) は、これまでの異文化コミュニケーション能力に関する研究を総体的に整理し、(1)さまざまな要素を認知の領域に押し込め、無意識レベルでの働き（情動面）を軽視してきた、(2)相互作用の視点が欠如しており、動きや変化を伴う「適応性」の概念が明確化されていない、(3)個人を重要視する西欧的バイアスが内在するのではないか、などの問題点を指摘する。

　交流目的の集まりと、商談では、求められる要素が異なるように、その場における関係性、目的など状況的要因によって、コミュニケーション能力の在り方は異なる。さらに、基本的な規範やルールは共有していても、その表出方法や実践においては、文化的な違いがあることを考えると、「文化」をどのように捉えるかを定めた上で、状況的要因をも考慮した研究が必要な時期に来ているのではないだろうか。

▶注

1) Spitzberg & Brunner (1991) は、単に知識、情動、スキルに基づくのではなく、その場において何か期待されているのかも、コミュニケーション能力を判断する重要な要素とした。どのような行動が期待されているのか、実際の行動とのギャップが少ないほど、満足度は高く、コミュニケーション能力は高いと評価されることになる。
2) Ting-Toomey (1993) は、異文化コミュニケーション能力をアイデンティティの交渉という観点で捉え、自分のアイデンティティが確保され、肯定的自己を保持できれば、認知、情動、行動面における communication resourcefulness を活用できる余地が広がるとした。さらに、倫理面（ethical resourcefulness）についても言及し、価値観の違いは文化によってあるものの、より普遍的なモラルを共有することが重要であると指摘する。

──── **引用文献** ────

高井次郎（1999）「第4章「日本人らしさ」を確認できない比較文化研究」島根國士・寺田元一編『国際文化学への招待：衝突する文化、共生する文化』新評論、101-121頁.

Byram, M. (2009). Intercultural competence in foreign languages—The intercultural speaker and the pedagogy of foreign language education. In D. K. Deardorff (Ed.) *The SAGE handbook of intercultural competence* (pp. 321-332). Thousand Oaks: SAGE Publications.

Chomsky, N. (1965). *Aspects of the theory of syntax*. Cambridge, MA: Massachusetts Institute of Technology Press.

Collier, M. J. (1988). A comparison of conversations among and between domestic culture groups: How intra-and intercultural competencies vary. *Communication Quarterly, 36,* 122-144.

Collier, M. J. (1989). Cultural and intercultural communication competence: Current approaches and directions for future research. *International Journal of Intercultural Relations, 13,* 287-302.

Collier, M. J. (1996). Communication competence problematics in ethnic friendships. *Communication Monographs, 63,* 314-336.

Collier, M. J., & Thomas, M. (1988). Cultural identity: An interactive perspective. In Y. Kim & W. Gudykunst (Eds.), *Theories in intercultural communication* (pp. 99-120). Newbury Park, CA: SAGE Publications.

Cupach, W. R., & Imahori, T. T. (1993). Identity management theory: Communication competence in intercultural episodes and relationships. In R. L. Wiseman & J. Koester (Eds.), *Intercultural communication competence* (pp. 112-131). Newbury Park: SAGE Publications.

Goffman, E. (1959). *The presentation of self in everyday life.* Garden City, N. Y.: Doubleday Anchor.

Gudykunst, W. B., & Kim, Y. Y. (1992). *Communicating with strangers: An approach to intercultural communication.* Reading, MA: Addison-Wesley.

Gudykunst, W. B. (1993). Toward a theory of effective interpersonal and intergroup communication: An anxiety/uncertainty management (AUM) perspective. In R. L. Wiseman & J. Koester (Eds.), *Intercultural communication competence* (pp. 33-71). Newbury Park: SAGE Publications.

Gudykunst, W. B. (1995). Anxiety/uncertainty management (AUM): Current status. In R. L. Wiseman (Ed.), *Intercultural communication theory* (pp. 8-58). Thousand Oaks, CA: SAGE Publications.

Hammer, M. R., Gudykunst, W. B., & Wiseman, R. L. (1978). Dimensions of intercultural effectiveness: An exploratory study. *International Journal of Intercultural Relations, 2,* 382-392.

Hymes, D. (1972). On communicative competence. In J. B. Pride & J. Holmes (Eds.), Sociolinguistics (pp. 269-293). NY: Penguin. (Excerpts from D. Hymes, 1971, *On communicative competence.* Philadelphia: University of Pennsylvania Press.)

Hymes, D. (1974). *Foundations in sociolinguistics: An ethnographic approach.* Philadelphia: University of Pennsylvania Press.

Koester, J., Wiseman, R. L., & Sanders, J. A. (1993). Multiple perspectives of intercultural communication competence. In R. L. Wiseman & J. Koester (Eds.), *Intercultural communication competence* (pp. 3-15). Newbury Park: SAGE Publications.

Martin, J. (1993). Intercultural communication competence: A review. In R. L. Wiseman & J. Koester (Eds.), *Intercultural communication competence* (pp. 16-32). Newbury Park: SAGE Publications.

Parks, M. R. (1994). *Communicative competence and interpersonal control.* In Knapp, M. L. & Miller, G. R. (Eds.), Handbook of interpersonal communication (pp. 589-618). Thousand Oaks: SAGE Publications.

Ruben, B. D. (1976). Assessing communication competency for intercultural adaptation. *Group and Organization Studies, 2*, 470-279.

Ruben, B. D. (1989). The study of cross-cultural competence: Traditions and contemporary issues. *International Journal of Intercultural Relations, 13*, 229-249.

Spitzberg, B. H. (1988). Communication competence: Measures of perceived effectiveness. In C. H. Tardy (Ed.), *A handbook for the study of human communication: Methods and instruments for observing, measuring, and assessing communication processes* (pp. 67-106). Norwood, NJ: Ablex.

Spitzberg, B. H. (1989). Issues in the development of a theory of interpersonal competence in the intercultural context. *International Journal of Intercultural Relations, 13*, 241-268.

Spitzberg, B. H., & Brunner, C. (1991). Toward a theoretical integration of context and competence inference research. *Western Journal of Speech Communication, 55*, 28-46.

Spitzberg, B. H., & Changnon, G. (2009). Conceptualizing intercultural competence. In D. K. Deardorff (Ed.) *The SAGE handbook of intercultural competence.* (pp. 2-52). Thousand Oaks: SAGE Publications.

Spitzberg, B. H., & Cupach, W. R. (1984). *Interpersonal communication competence.* Beverly Hills, CA: SAGE Publications.

Spitzberg, B. H., & Cupach, W. R. (1989). *Handbook of interpersonal competence research.* NY: Springer Verlag.

Ting-Toomey, S. (1988). Intercultural conflicts: A face-negotiation theory. In Y. Y. Kim & W. B. Gudykunst (Eds.), *Theories in intercultural communication* (pp. 213-238). Newbury Park, CA: SAGE Publications.

Ting-Toomey, S. (1993). Communicative resourcefulness: An identity negotiation perspective. In R. L. Wiseman & J. Koester (Eds.), *Intercultural communication competence* (pp. 72-111). Newbury Park: SAGE Publications.

Ting-Toomey, S. (2009). Intercultural conflict competence as a facet of intercultural competence development: Multiple conceptual approaches. In D. K. Deardorff (Ed.) *The SAGE handbook of intercultural competence* (pp. 100-120). Thousand Oaks: SAGE Publications.

Wiemann, J. M. (1977). Explication and test of a model of communicative competence. *Human Communication Research, 3*, 195-213.

第 4 章
コミュニケーション教育に関する研究の課題と手法

宮原 哲

1 はじめに

　コミュニケーションの知識や能力は、Friedrich and Boileau（1999）が示すとおり、次の学術的、教育的な信念に基づいて習得されるべきである。①コミュニケーションは個人にとって最も重要な、人間らしさを築くための基本的な要素で、②コミュニケーション教育には継続性が必須、そして③コミュニケーション能力は、科目や領域に関わらず教育全体にとって重要であり、その教育へのコミュニケーション学の貢献の期待度が高い。

　本章では、コミュニケーション教育をこれらの観点から捉え、これまでにどのような課題、問題点に関する研究が行われてきたのか、1980年頃からの約30年間の傾向を概観する。また、それらの研究がどのような手法で行われてきたのか、時代と共にどのように変化してきたのか、という点も探る。そして最後に、日本でのコミュニケーション教育の今後の課題について考察する。

2 コミュニケーション教育に関する研究の概要

　欧米（特に米国）では、約100年前にコミュニケーションの学会が設立され、それぞれの時代の必要性に応えることを目的に、コミュニケーション能力の育成と研究を行ってきた。日本では、「コミュニケーショ

ン」と「教育」という言葉は、それぞれ広く認知されているものの、「コミュニケーション能力」が何を指すのか、あるいは、それを「教育」する目的が何で、どのようにすれば正確、かつ効果的にその結果を評価できるのか、という議論はコミュニケーションの学界でも、教育の分野でも未熟である。「コミュニケーション教育」は、専門家の間で明確な定義がなされ、それに沿ったカリキュラムが教育機関で実行されるには至っていない。「コミュニケーション教育」は次の2つの領域を指す。

2.1 コミュニケーションの知識、実践能力の習得を目指す教育に関する研究

学習者がコミュニケーションに関する知識や、それに基づいた自己を表現する力、傾聴力、対人関係を築き、維持し、発展させる能力、小集団で意思決定する能力などの習得を目指す際、どのような指導目標、教育方法で指導、訓練すれば効果的に目的を達成できるか、ということに主眼を置く研究を指している。Christ and Blanchard（1994）は、コミュニケーション教育は、次の能力を習得することが目標で、教育効果の評価はそれぞれの習熟度によって判断されるべきだと述べている。

　①コミュニケーション・コンピテンス、②批判的考察力、③状況判断力、④美的感受性、⑤職業上のアイデンティティの確立、⑥職業倫理観、⑦適応力、⑧リーダーシップ能力、⑨向上心、⑩生涯教育への動機

「コミュニケーション教育」とは、一般的に考えられている、「じょうずに話す」という狭い定義ではなく、相当な広範囲にわたる人間教育を指している。

2.2 教育現場でのコミュニケーションに関する研究

科目や学問領域に関わらず、指導者・教師と学習者・生徒との関係をコミュニケーションの状況と捉え、教師や生徒、その他の要因がどのように教育コミュニケーション（英語では instructional communication と表記し、communication education と区別している）に影響を与える

のかを明らかにする研究を指す。初等教育における教師と生徒、あるいは親との関係をはじめ、企業での研修や、教師や医師育成のための教育など、教育者が学習者と接する限り、対人、小集団、異文化など、さまざまなコミュニケーションが営まれる。そのプロセスにおける諸問題を研究し、教育効果を向上させるための研究が「教育コミュニケーション」である。

3　コミュニケーション教育に関する研究の主な課題

3.1　コミュニケーション教育の目標・傾向

3.1.1　目標（学習成果）

　Bertelsen and Goodboy（2009）によると、パブリック・スピーキングなど、コミュニケーションのパフォーマンス面が重視され、コミュニケーションを学ぶ者が社会で生きていくためにどのような目標を達成すべきか、ということについてはほとんど合意が形成されていない。そのような状態ではあるが、前述のChrist and Blanchard（1994）の「目標」をさらに一般化すると、コミュニケーション教育は今まで主に次のテーマのもとで発展してきたと考えられる（Morreale & Pearson, 2008）。

　　①個人の全人的な人間性の発展、②教育界の発展、③社会的、文化的に世界の責任ある一員になること、④職業上、そして個人的に成功を収めること、⑤組織の仕組みや運営を改善し成功に導くこと、⑥21世紀特有の問題（例：テロリズム、環境、人権、医療）に取り組むこと

　特に⑥に挙げられているように、教育目標はどの時代でもその時どきの社会のニーズに沿って適宜、また合理的に調整されるべきで、それが可能なのもコミュニケーション教育の特色である。

3.1.2　傾向

　コミュニケーション教育・研究は、人生での多様な要求に応えてくれ

る可能性を持つ、という意味において教育学の領域で欠かすことのできない要因である（Waldeck, Kearney, & Plax, 2001）。このことは文化や歴史、あるいは人種や宗教などの背景に関わらず、どのような社会でも、同じであるはずだ。ただ、効果が明確に表れるパブリック・スピーキングのようなパフォーマンス科目は設定や評価が比較的容易だが、それらに過度の重点が置かれると、コミュニケーション学の学問としての信憑性を損ねることになる（Bertelsen & Goodboy, 2009）。

　コミュニケーション教育の伝統がある米国でも、目標、教育法、評価方法、などの課題には、これまで時代の流れによってさまざまな議論がなされてきた。例えば、Speech Communication Association が発行する学会誌、*The Speech Teacher* が、*Communication Education* へと名称を改めたのが 1976 年である。この頃から、コミュニケーション教育におけるスピーチの中心的存在が、少しずつ揺らぎ始めたのかもしれない。1980 年代後半から、パブリック・スピーキングから対人、グループ・コミュニケーション、組織コミュニケーションや、異文化コミュニケーションの方が重要だと認識されるようになり（Johnson, Staton, & Jorgensen-Earp, 1995）、現在でも学部に Speech という名称を残している大学はほんのわずかである。

　米国の傾向を受け、日本でも人間教育でのコミュニケーション学の役割が見直されるようになってきた。板場（2000）は、多様な人間観がコミュニケーション論に取り入れられるべき、という主張の中で、個々人の賢明な判断力を養うことがコミュニケーション教育の目的であり、人間関係構築に向けての賢い配慮・思慮・考慮と状況判断に関する実践知を習得させることが重要であると述べている。

　しかし、松本（2009）が指摘するように、日本の、特に大学教育におけるコミュニケーションの役割が活発に議論され、コミュニケーション教育を通してどのような人間を、あるいは能力を育てるのかが明らかにされつつあるとは言い難い。この問題は、単に教科や教員・研究者の登用といった現実的な問題に加え、コミュニケーション学の領域そのものの存在意義を社会に向けて明確に、そして説得力ある方法で発信する、

まさにコミュニケーションの問題であると言える（Christ & Blanchard, 1994）。

3.2 コンテキストとしてのコミュニケーション教育での研究要素

教科や科目にかかわらず、教師、インストラクター、ファシリテーターなどが学習者と対峙する、教育というコミュニケーション・コンテキストでは、次の諸要因が研究対象として扱われてきた（Waldeck, Kearney, & Plax, 2001）。

①発言意欲などに見られる学習者の参加、②教師のコミュニケーションの諸側面：メッセージの鮮明度、親密度、生徒との物理的・心理的距離、顔の表情、周辺言語など、③教室外での学習に対する生徒の自主性、④生徒の特性：自信、積極性、外向性、良心、目的達成意欲、⑤学習者の学習意欲の動機源：成功や失敗を自身の努力や怠惰に求める度合い、⑥教育効果（例：学生による教師の認識と学習効果の相関(Wanzer, Frymier, & Irwin, 2010)）、⑦テレビ、映画など、メディアが学習者に与える影響

教育者と学習者が互いに関わりあう以上、今後もこの研究領域に求められている学術的、実践的成果は多い。特に、教育現場での問題（例：いじめ、登校拒否、教師のメンタルヘルス）が深刻化する日本では、教育者とコミュニケーション研究者との協調が求められている。

4 コミュニケーション教育に関する研究手法の特色と傾向

4.1 1980年代

コミュニケーション学が社会科学としての地位を確立しようとした時代的背景を受け、コミュニケーション教育の研究領域でも、その過程におけるさまざまな要因を変数として表し、変数間の相関関係を測定する研究が盛んに行われた。「コミュニケーション不安」（communication apprehension）研究で著名な、McCroskey（例：1980）による一連の調査・研究や、教師のコミュニケーションの特徴を実証論的立場から検証したApplegate（1980）などが代表的である。コミュニケーション教育の効果を「科学的に」広く示すという、多くの研究者の動機にも支えられ、行動主義、決定論的哲学に基づいた研究が多く見られた。それまで一種の「芸術」と考えられていたスピーチの能力も、いくつかの「部品」に分けて教育することが可能で、望ましいと主張する研究も現れた（例：Black & Martin, 1980）。

変数分析研究について、Waldeckら（1994）は、部分的な特徴間の関係に偏っていることが、コミュニケーション教育の全体像を捉えることを困難にしている最も大きな原因であると述べている。さらに研究者たちの、変数の固有性の過度な主張もコミュニケーション教育の研究が、「非理論的」であるという批判の元凶となっていると指摘している。同じような傾向は日本でのコミュニケーション研究にも言えるのかもしれない。

4.2　1990年代

社会科学全般の特徴である、それまでの、量的、実証主義的、演繹的、決定論的研究に、ポストモダニズムの影響か、コミュニケーション教育の研究でも質的、解釈主義的、帰納的、そして批判的研究が加わるようになった。コンピューターや電子教育機器だけが教育に良い影響を与えるのではなく、教育者と学習者との人間同士の関わり合いが大きな意味を持つ、という前提に沿った研究が増加した。観察とインタビューを通して、パソコンを使いながらもネット上で感じられる教師のユーモアのセンスと、リラックスした態度が学生の参加を促し、そのことが教育効果に結びつくと結論づけたComeaux（1995）など、その代表的な研究である。

4.3　2000年以降

理論ベースを基盤とした研究が少ないという批判を受け、これまでに

コミュニケーション研究の他の分野（例：説得）で構築された理論を用い、教育の現場でのコミュニケーションの諸側面を説明できる新しい理論を構築しようとする研究が行われるようになった。

　米国のコミュニケーション教育の現状を新聞や雑誌に掲載された記事をテーマ分析する（Morreale & Pearson, 2008）、コミュニケーション教育を受ける学習者による教員の認識と学習者の態度との関係を質的研究（フォーカス・グループによるインタビュー）で明らかにしようとする（Canary & MacGregor, 2008）、総合的観点から調査・研究する試みも行われている。これらの研究は、1980年代コミュニケーション教育研究の領域で主流だった、実証主義的、仮説統計検証型の研究手法の「非理論性」批判に応える動きとして注目される（Waldeck, Kearney, & Plax, 2001）。もちろん、変数間の相関関係を調べる「伝統的な」手法も根強く残っている（例：Sidelinger, 2010）。

5 ｜ 日本でのコミュニケーション教育に関する研究の課題と展望

　教育、家庭、職場などで「コミュニケーション」という言葉が飛び交っているものの、それが単なる「話し方」や「ふれ合い」といった極めて狭く、表面的な意味で捉えられているという実態にはそれほど変化がない。しかし、松本（2009）が主張するように、「学士力」（大学を卒業するために習得すべき知識や能力）の1つに「コミュニケーション・スキル」が挙げられていることはコミュニケーション学の研究者、教育者にとってその研究領域の存在と意義を示す機会と捉えることができる。

　コミュニケーション能力の育成、というと学校、企業、それに地域でも「話す」に主眼が置かれる場合が多い。また、コミュニケーションを「とる」という表現にも見られるように、言葉を交わす頻度や、交換する情報の量的側面に関心が注がれる。しかし、1人の人間を責任ある、成熟した社会的動物へと育てるためのコミュニケーション教育には、話すだけではなく、〔聞く―聴く―訊く〕能力や、〔見る―観る―診る〕力

なども含まれる。さらには自分自身を認識、理解、評価する自己認識力、あるいは現実的な目標を設定し、具体的な計画を立てたり遂行したりする、目的的能力などもコミュニケーション教育の一環と考えられる。コミュニケーション教育は「人間総合力」の育成と考え、外国語や国語などの授業ではもちろん、全ての科目で初等教育のうちから発展的なカリキュラムを構築して対応すべきであろう。

　また、校内暴力や登校拒否、学校や教師に理不尽な要求をする「モンスター・ペアレンツ」など、教育の場やその周辺における人間関係をめぐる問題が表面化している日本では、教師と生徒、親子、それに教師と親とが豊かな関係を育めるよう、社会全体を教育する責任と機会を備えているのもコミュニケーション学の特徴である。

　具体的にどのような方法でコミュニケーション教育の意義を社会に認知させるか、という課題が、コミュニケーション教育の研究成果に大きく関わっていることは言うまでもない。研究課題を本論で考察してきた、①コミュニケーションの知識、能力を習得する課程での諸問題と、②科目や学問領域を超えた、指導者と学習者との関係に関わるコミュニケーションの諸問題、とに分けて、今後体系的な研究が行われなくてはいけない。日本コミュニケーション学会でも、2008年の年次大会で「大学におけるコミュニケーション教育の在り方 ―現状と改革への視座―」と題したシンポジウムが行われたように、この領域を活発化させ、本学会の社会貢献を明確にしようとする機運は高まりつつあり、今後の発展が期待される。

―――― **引用文献** ――――

Applegate, J. L. (1980). Adaptive communication in educational contexts: A study of teachers' communicative strategies. *Communication Education*, *29*, 158-170.

Bertelsen, D. A., & Goodboy, A. K. (2009). Curriculum planning: Trends in communication studies, workplace competencies, and current programs at 4-year colleges and universities. *Communication Education*, *58*, 262-275.

Black, E. L., & Martin, G. L. (1980). A component analysis of public-speaking behaviors across individuals and behavioral categories. *Communication Education, 29,* 273-282.

Canary, D. J., & MacGregor, I. M. (2008). Differences that make a difference in assessing student communication competence. *Communication Education, 57,* 41-63.

Christ, W. G., & Blanchard, R. O. (1994). Mission statements, outcomes, and the new liberal arts. In W. G. Christ (Ed.), *Assessing communication education: A handbook for media, speech & theatre educators* (pp. 31-55). Hillsdale, NJ: Lawrence Erlbaum Associates.

Comeaux, P. (1995). The impact of an interactive distance learning network on classroom communication. *Communication Education, 44,* 353-361.

Friedrich, G. W., & Boileau, D. M. (1999). The communication discipline. In A. L. Vangelisti, J. A. Daly, & G. W. Friedrich (Eds.), *Teaching communication: Theory, research, and methods* (pp. 3-13). Mahwah, NJ: Lawrence Erlbaum Associates.

板場良久 (2000)「日本のコミュニケーション論再考 —教育開発のプロローグとして—」東海大学教育開発研究所編『コミュニケーション教育フォーラム'99 コミュニケーション教育の現状と課題』英潮社、79-110頁.

Johnson, G. M, Staton, A. Q., & Jorgensen-Earp, C. R. (1995). An ecological perspective on the transition of new university freshmen. *Communication Education, 44,* 336-352.

松本茂 (2009)「大学におけるコミュニケーション教育の在り方 —現状と改革への視座—」『スピーチ・コミュニケーション教育』第22号、7-9頁.

McCroskey, (1980). On communication competence and communication apprehension. *Communication Education, 29,* 109-112.

Morreale, S. P., & Pearson, J. C. (2008). Why communication education is important: The centrality of the discipline in the 21st century. *Communication Education, 57,* 224-240.

Sidelinger, R. J. (2010). College student involvement: An examination of student characteristics and perceived instructor communication behaviors in the classroom. *Communication Education, 61,* 87-103.

Waldeck, J. H., Kearney, P., & Plax, T. G. (2001). Instructional and developmental communication theory and research in the 1990s: Extending the agenda for the 21st century. In W. B. Gudykunst (Ed.), *Communication yearbook 24* (pp. 207-229), Thousand Oaks, CA: Sage.

Wanzer, M. B., Frymier, A. B., & Irwin, J. (2010). An explanation of the relationship between instructor humor and student learning: Instructional humor processing theory. *Communication Education, 59*, 1-18.

第 5 章
教育的課題とコミュニケーション教育の在り方

松本　茂

1 はじめに

　日本の教育はどうあるべきかという課題は、子どもを持つ親だけでなく、日本全体の大きな関心事であることは間違いない。近年、学校を取り巻く環境が大きく変化した上、教師と生徒の関係も大きく様変わりしつつある。そのような状況で、コミュニケーションやコミュニケーション能力に対する関心の高まりが感じられる。

　しかし、日本ではコミュニケーション学そのものの認知度が低く、コミュニケーションという言葉が近接の学問分野でそれぞれ微妙に異なる意味で使われており、日常生活の会話でも頻繁に使われていることなどが影響しているためなのか、コミュニケーション学の知見が十分に活かされているとは言い難い。教育の現場や企業における人材の確保・育成などの文脈において、「コミュニケーション」という概念がそもそも何を意味していて、教育や人材育成の課題に、コミュニケーションという観点からどのように取り組むべきか、ということが明確になっていない。

　そこで、本章では、教育の現場における今日的な関心事のいくつかを例にあげながら、コミュニケーション教育の在り方を整理し、今後の方向性を提案することを試みる。

2 初等中等教育における「コミュニケーション」

2.1 『学習指導要領』における「コミュニケーション」

　まず、初等中等教育の現場における「法令」であり、検定教科書の内容を規定する『学習指導要領』において、どのようにコミュニケーションが取り扱われているかを検討する。初等中等教育に関して、広く一般に読まれる公式の文書で初めてコミュニケーションが取り上げられたのは、筆者の知る限りでは、1989年度版『高等学校学習指導要領』の「外国語科」の目標である。

> 外国語を理解し、外国語で表現する能力を養い、外国語で積極的にコミュニケーションを図ろうとする態度を育てるとともに、言語や文化に対する関心を高め、国際理解を深める。(p. 108)

　また、この版では、「オーラル・コミュニケーション A/B/C」（のちの1999度版では「オーラル・コミュニケーション I/II」に改訂された）という「コミュニケーション」という言葉を使った科目が新設された。コミュニケーションという言葉が初めて使われたのは、その当時、そして現在も高校の英語教育の手法として主流である「文法・訳読方式」へのアンチテーゼといった象徴的な意味合いがあった。また、コミュニケーション能力という言葉が、「言語獲得や言語運用の科学研究概念として用いられるが、実用的外国語普及のための教育標語（スローガン）として用いられる場合も多い」（板場, 2003）という指摘も無視できない。しかし、いずれにしてもその後「外国語」の目標は大きく変わっておらず、高等学校2009年度版（実質的には2013年度から実施）では次のようになっている。

> 外国語を通じて、言語や文化に対する理解を深め、積極的にコミュニケーションを図ろうする態度の育成を図り、情報や考えなどを適切に理解したり適切に伝えたりするコミュニケーション能力を養う。(p. 110)

　また、この指導要領では、「英語 I/II」「オーラル・コミュニケーション I/II」という科目がなくなり、「コミュニケーション英語 基礎/I/II/III」という4レベルの「コミュニケーション英語」という科目が新設されることになった。さらに、「保健体育」の「3　内容の取扱い」にも、次のようにコミュニケーション能力という言葉が初めて使われたことは注目に値する。

> (6)筋道を立てて練習や作戦について話し合う活動などを通して、コミュニケーション能力や論理的な思考力の育成を促し、主体的な学習活動が充実するよう配慮するものとする。(p. 94)

　このように、コミュニケーションという言葉が使われるようになったものの、指導要領および文部科学省が刊行している学習指導要領の『解説』では、「コミュニケーション」、「コミュニケーション能力」という言葉は、これまでに明確に定義されたことがない。外国語科の目標からわかることは、コミュニケーションを「図る」ものだと捉え、その主体者である「個」に焦点をあてているということと、コミュニケーション能力とは、「情報や考えなどを適切に理解したり適切に伝えたりする」ことを想定しているということである。つまり、コミュニケーション学を専攻する研究者の間では、その歴史的意義は認めつつ、現在ではその不十分さが指摘されている Shanon & Weaver (1949) の機械論的モデル、あるいは Schramm (1954) などの円環的モデルのような考え方に依拠していると言える。

第5章　教育的課題とコミュニケーション教育の在り方

　しかし、このように「個」に焦点をあてた上でコミュニケーションを「2者間の方向性のあるやり取り」として文脈から切り取ることは、コミュニケーション教育の可能性を必要以上に狭めてしまう危険がある。むしろ、「2人以上の人間が、言語・準言語・非言語を媒介として、直接的または間接的に関わり合っている状態」（松本, 2009）のようにコミュニケーションを「状態」として捉えるほうが、教育的課題を整理しやすく、コミュニケーション学の知見を活かしやすいと考える。

　例えば、いじめという重要な教育問題を考えた際、いじめる子といじめられる子という「個」の問題として、2人が存在したコミュニケーションの「状態」から切り取られて報道されることが極めて多い。そして、この事態を把握・対処できなかった担任という「個」が批判の対象となり、管理職という「個」が世間という「公」に謝罪し、いじめた子どもや把握できなかった教師と管理職という「個」に対する処分を教育委員会が検討するという方法で問題を「処理」しようとする。しかし、いじめる子どもの背景には集団のコミュニケーションという「状態」が存在し、ある特定の子どもを排除・いじめることで、自分を意識的にあるいは無意識のうちに文脈化し、それなりに秩序のある集団[1]への帰属性を表明することになっているといったことに目を向ける必要があろう。コミュニケーションの状態に変化を与えずに、いじめっ子という「個」だけを指導しようとしても、抜本的な解決に向けての取り組みにはならない可能性が大きい。

　つまり、コミュニケーションを「個」の「やり取り」として捉え、そのやり取りに関わった人に内在する能力や資質だけを抽出しようとするのではなく、コミュニケーションを「状態」として捉えて、その状態に変化をもたらす要素や方法を考えるという視座を持てば、いじめ問題の解決だけでなく、生徒主体の新しい指導法の開発にも結びつく可能性が高くなるのではないだろうか。個を変えることによってコミュニケーションという状態を変えるという発想だけでなく、状態を変えることが集団を構成する個にも影響を与えるという発想が教育的課題への取り組みには有効である、という仮説を立てることができるであろう。

2.2 コミュニケーション能力

　初等中等教育の現場では、「関心・意欲・態度」、「思考・判断」、「技能・表現」、「知識・理解」の4領域の観点別評価[2]がされている。この中でコミュニケーションに対する積極的な態度も評価の対象になる。この枠組みは、Spitzberg & Cupach (1984) が提示したコミュニケーション能力 (Communication Competence) に関わる3領域—(1)認知（知識面）、(2)動機（感情面）、(3)スキル（行動面）に相通じるものがある。

　一方、応用言語学の分野では、その限界が議論されている[3]ものの、Hymes (1972) が説いたコミュニケーション能力 (Communicative Competence) の4つの構成要素—「文法能力、談話能力、社会言語的能力、方略的能力」が引用されることが多い。

　しかし、コミュニケーション研究者の中には、板場 (2003) のように、「…、『コミュニケーション』が個人のレベルを超えた共同体的な過程であるのに対し、『能力』が個人に内在する機能および外示される個人技能であるため、この両概念を結合させたものを普遍的な概念としてとらえるのは困難であろう」(p. 417) と考えている者も少なくない。この考えは、集団の状態ではなく、個人の能力に焦点をあてる傾向が強い現在の教育の在り方を見直す上でヒントになる。実際のところ、「コミュニケーション能力」という能力が個人に内在するものとした上で論じると、前述の「コミュニケーション」そのものの定義と齟齬が生じ、研究・教育実践の上で行き詰まる可能性が高い。かといって、コミュニケーション研究者が「コミュニケーション能力といったものはない」とだけ発信し、無関心を装うと、コミュニケーション学の知見を教育というフィールドに還元することが難しくなる。第一、コミュニケーションを状態として捉えたとしても、個人が持つ能力が、コミュニケーションという状況の変数の一部になっている限り、個人の能力がこの状態に与える影響は無視できない。

　ではいったい、どのように「コミュニケーション能力」を整理すればよいのであろうか。筆者は、「コミュニケーション能力」に代わる「コ

ミュニケーションのための基礎的能力」という個人に内在する能力があると規定した上で、「コミュニケーションという状況において、他者との結びつきを創造・保持・修正し、意味を創出していくために、知識・経験・スキルなどに基づいて、文脈や目的などに応じて言語・準言語・非言語メッセージを理解し、活用することができる個人に内在する力」（松本,2009）と定義し、コミュニケーションという状態における構成員の力の向上を図る教育の在り方を検討し、プログラムを設計することを提案する。この発想は、2003年に開催された日本コミュニケーション研究者会議の基調講演において、「…『成熟した市民として備えていることが望まれるコミュニケーションに関連した基礎知識（クリティカル・シンキング能力、共感的傾聴力などが例として考えられる）の抽出』のための研究と、そういった能力を開発するための『指導法・評価法（規準と基準）』の開発を進めることが不可欠である」（松本,2004）と表明した考えと基本的には同じである。

　ただ、この「基礎的な能力」の構成要素を検討するにあたり、コミュニケーションそのものが、例えば計算のように、「正確さ」「速度」といった絶対的な規準・基準を適用して評価できるものではないことも忘れてはならない。そして、自らの偏見に気づき、コミュニケーションという状態を俯瞰・分析できることが、コミュニケーション能力の重要な構成要素と考えるべきであろう。こういった発想からすれば、コミュニケーション教育を「言語・準言語・非言語の活用方法を効率的に習得・獲得させることを主たる目的とするのではなく、人間同士が関わり合うことの意義や困難さなどに気づき、言語・準言語・非言語を文脈や目的に応じて理解・活用し、他者や周囲との関係性を創造・保持・修正し、自らの言動を省察・俯瞰する体験ができるように設計された学習および指導活動。また、これらの体験に応用したり、体験を適切に分析したりするうえで必要な理論に関する学習を含む」（松本,2009）と定義することを提案する。

　そして、教育を教師が構成メンバーに「教える」という直接的な働きかけという限定的な捉え方としてではなく、教育という場のコミュニ

ケーションの状態に関わる変数—例えば、構成メンバー、目的、場所など—を変えることによって、教育や学習の質を変容させようとすることが、コミュニケーションの発想を取り入れた教育につながると考える。

　例えば、小学校6年生の授業で、「このエッセイのあら筋と、最も重要なポイントを4年生にもわかるようにグループでまとめて、発表してください」と、コミュニケーションの状態と目的を明確に認識させてから課題を与えたとしよう。すると、単に教科書のエッセイを読んで「はい、わかりましたか？　○○君、どうですか？」という教師から生徒個人個人への問いかけだけで終わってしまう授業と比べ、学びの質やコミュニケーションのための基礎的な能力の開発により肯定的な変化が生じることが期待される。

3 ｜「社会の要請」と高等教育のコミュニケーション教育

　さて、次に高等教育レベルの教育について考えてみることにする。中央教育審議会大学分科会制度・教育部会（2008）は、学士課程がどのような〈学士力〉を保証すべきかを検討した結果を、『学士課程教育の構築に向けて』という審議のまとめとして発表した。この中で、「各専攻分野を通じて培う『学士力』〜学士課程共通の『学習成果』に関する参考指針」の〔2　汎用的技能〕の1つとして「コミュニケーション・スキル」があげられている。しかし、表層的なスキルへの言及にとどまっており、教育改革の骨幹的な概念にもなりうるはずのコミュニケーションの定義などには踏み込んでいない。

　この審議のまとめに示されているようなコミュニケーション・スキル向上への「社会の要請」は、企業の考えに強く影響されていることが考えられる。実際、企業が評価する能力のうち、コミュニケーション能力は常にトップである。例えば、日本経済団体連合会（2010）が行った調査結果（425社が回答）では、企業が新卒者の選考にあたって重視した点を25項目から5つを選択する設問において、「コミュニケーション能力」が7年連続で第1位となり、選択した企業の割合は81.6％と前年

度より5ポイント上昇した。こういった「社会の要請」という名のプレッシャーを大学側が受けとめ、学生のコミュニケーション能力の向上を目指した正規および課外におけるさまざまなプログラムを展開している。

　では、産業界においてはコミュニケーションをどのように解釈しているだろうか。井之上（2006）が「1つのグループから他のグループへ考えを伝えるための処置（行為）およびその内容」（p. 262）と定義した上で、「一方向性ではなく双方向性で、しかも対称性のコミュニケーションの重要さ」（pp. 5-6）と説いていることからもわかるように、コミュニケーションとは、二者（グループ）間のやり取りであり、両者（グループ）の役割がバランスのとれた状態であることが望ましいと考えられている。しかし、この例のように、コミュニケーションを双方向性や対称性といった単純化した視座で捉えることは、企業（の社員）とステークホルダーとの関係性が大きく、急激に変化している状況において、マーケティング、広告・PRなどの新展開を考えるのに必ずしも有効ではない。また、これら企業活動を批判的に分析、省察できるような人材を育てるのにもあまり有効ではないであろう。高等教育に関わる者は、現在語られている「社会の要請」に無批判に応えるのではなく、コミュニケーションを「複雑な状態」として捉えた上で、学生が自律的に行動、省察できるようになるための普遍的なコミュニケーション教育を施すという方針をより明確化すべきである。

　では、実際に高等教育段階では、どのようなコミュニケーション教育プログラムが可能であろうか。この点については、松本（2004, 2009）が提案しているCCE（Communication as the Core of Education）モデルが、議論のたたき台として活用できるであろう。これは、「教育の骨幹としてのコミュニケーション」という発想を活かした教育プログラムのモデルで、既存のカリキュラムを基盤としたCommunication across the Curriculum（CXC）ではなく、また専門教育を補強するCommunication in the Discipline（CID）でもない。詳しい説明は、スペースの都合で控えるが、望まれるのは、コミュニケーションのための基礎的な能

力の要素を抽出した上で、教育的に質の高いコミュニケーションという状態を創造し、学生主体の活動を教育・学習活動の中心に据え、その活動を通して学生が、結果として知識やスキルを身につけ、自分の言動を客観的・分析的に振り返えられるようになるプログラムの構築である。

4 おわりに

　従来のパラダイムでは、「集団の一人ひとりの能力を上げる」「集団の一人ひとりに行動規範を守らせる」ことによって、集団の力も向上すると想定されていた。コミュニケーションも、個を中心に捉え、「図るもの」「取るもの」である、と捉えられていた。しかし、この考えは、コミュニケーション学の知見を教育現場に応用する上でかえって障害になっている可能性が高い。そこで、コミュニケーションとは「状態」であると捉え直し、しかも「コミュニケーション能力」については、「コミュニケーションのための基礎的な能力」という読み替えを行うことを提案する。

　実際の教育場面では、「コミュニケーションのための基礎的な能力」の向上を意識した上で、授業というコミュニケーションの状態の特徴を活かし、集団として取り組む課題を多く与え、活動後の振り返りを重視した教育プログラムを構築することが期待される。「○○という指導法は△△という力を向上させるのに効果がある」といったある特定の基礎的な能力を伸長する指導法研究だけでなく、コミュニケーションという状態をより教育的に意義深いものにするにはどの変数を変える（加える）と有効か、といったことにコミュニケーション教育の研究・実践者の興味・関心が注がれることが望まれる。

▶注
1) この「秩序」については、内藤朝雄（2009）『いじめの構造　なぜ人が怪物になるのか』（講談社）の「第2章　いじめの秩序のメカニズム」（pp. 53-106）などを参照。

2) 観点別評価については、国立教育政策研究所教育課程研究センター（2004）『評価規準の作成、評価方法の工夫改善のための参考資料（高等学校）―評価規準、評価方法等の研究開発（報告）』
http://www.nier.go.jp/kaihatsu/kou-sankousiryou/html/index_h.htm
などを参照。
3) 例えば、ARCLE 編集委員会（編著）（2005）『幼児から成人まで一貫した英語教育のための枠組み』（リーベル出版、pp. 9-11）を参照。

―――― **引用文献** ――――

中央教育審議会大学分科会制度・教育部会（2008）『学士課程教育の構築に向けて（審議のまとめ）』文部科学省.

Hymes, D. (1972). On communicative competence. In J. Pride and J. Holmes (Eds.), *Sociolinguistics*. London: Harmondesworth, Penguin.

井之上喬（2006）『パブリック・リレーションズ』日本評論社.

板場良久（2003）「コミュニケーション能力」『応用言語学事典』（小池生夫・編集主幹）研究社、417 頁.

松本茂（2004）「コミュニケーション研究者は何をすべきか」『2003 年度日本コミュニケーション研究者会議プロシーディングス』14、日本コミュニケーション研究者会議事務局、1-17 頁.

松本茂（2009）「初年次教育の学問的基盤に関する考察 ―コミュニケーション教育学の可能性―」『初年次教育学会誌』48-55 頁.

文部科学省（1989）『高等学校学習指導要領（平成元年 3 月告示）』文部科学省.
文部科学省（1999）『高等学校学習指導要領（平成 11 年 3 月告示）』文部科学省.
文部科学省（2009）『高等学校学習指導要領（平成 21 年 3 月告示）』文部科学省.

社団法人日本経済団体連合会（2010）「新卒採用（2010 年 3 月卒業者）に関するアンケート調査結果の概要」http://www.keidanren.or.jp/japanese/policy/2010/030.html.

Shanon, C. E., & Weaver, W. (1949). *The mathematical theory of communication*. IL: The University of Illinois Press.（シャノン、C. E.・ウィーバー、W.（2009）『通信の数学的理論』上松友彦訳、筑摩書房）

Shramm, W., (Ed.) (1954). *The Process and Effects of Mass Communication*. The University of Illinois Press.

Spitzberg, B. H., & Cupach, W. R. (1984). *Interpersonal communication competence*. CA: SAGE Publications.

第 V 部

レトリック

第 1 章
レトリック研究の源流

師岡 淳也

　米国のコミュニケーション学の源流は、古代ギリシアにおけるレトリック実践・教育にある。といっても、コミュニケーション学が、当初からレトリック研究者の集まりだったわけではない。むしろ、1910年代に英語学科から独立したスピーチ教師が、自分たちの学問のルーツと方向性を模索する過程で、1920-30年代にコーネル学派の主導によりレトリック理論・批評を基軸としたスピーチ研究（後のコミュニケーション学）が確立されていったのである（Windt, 1982；Cohen, 1994）。その後、1940年代後半に社会科学的手法を用いたコミュニケーション研究に注目が集まるまで、レトリック研究はコミュニケーション学の中核を占めるようになる（Cohen, 1994）。現在でも、レトリック研究はコミュニケーション学の主要分野の1つであり、米国の大学の多くのコミュニケーション学科では「古典的レトリック（classical rhetoric）」をテーマにした科目が開講され、主に紀元前5世紀から紀元後1世紀までの古代ギリシア・ローマにおけるレトリックの歴史が教えられている。

　本章では、現在のコミュニケーション学における古典的レトリック研究のあり方を、主に4つの理論的志向性を抜き出して、マッピングすることを目的とする。古代ギリシア・ローマのレトリックの通史（Kennedy, 1994；Murphy & Katula, 1995）、主要テクストの集成（Brummett, 2000；Bizzell & Herzberg, 2001）、用語集（Lanham, 1991）、事典（Enos, 1996；Sloane, 2001）については、すでに多くの書籍が刊行されているので、そちらを参照していただきたい。

1 ソフィストの時代

技術(テクネ)としてのレトリックの誕生は、前5世紀半ばのシチリア島における僭主政治の打倒にさかのぼる。民主制に移行し、僭主に奪われた土地の所有権の回復が焦眉の課題となったが、長期間の土地収用により、所有権がはっきりとしないことが多かった。そのため、確実な証拠がない中で真実(エイコス)らしいことに基づいて説得をする技術が、法廷では決定的に重要となった。

まもなくレトリックはギリシア全土に広まるが、特に隆盛を極めたのが直接民主制下のアテナイである。当時のアテナイの法廷では500名に及ぶ陪審員の前で、弁護士に頼らずに相手を告発し、自分を弁護する必要があったし、民会にも数百人から数千人の市民が出席し、政策の是非をめぐる討議を活発に行っていた。こうした状況下で、ギリシアの諸ポリスを渡り歩きながら、若者にレトリックを始めとするさまざまな技術や知識を教えていた職業人がソフィストである。この時代の代表的なソフィストには、プロタゴラス（前490年頃-前420年頃）、ゴルギアス（前483年頃-前400年頃）、プロディコス（前470年頃-前399年頃）、ヒッピアス（前433年?）などがいる（Conley, 2006:670）が、彼らが書いたとされる弁論技術書や模範演説のほとんどは消失しており、わずかに残る断片と第三者による間接的な引用や論評などから、彼らの思想や活動を推測する以外にない。

レトリック研究でソフィストに対する評価の機運が高まるのは1980年代以降のことで、その代表的な研究者の一人が、ジョン・ポウラコス（John Poulakos）である。ソフィストは特定の学派を形成していたわけではないが、ポウラコスは、大半のソフィストに共通する特徴を、「ソフィスト的レトリック（sophistical rhetoric）」という括りでまとめている。

まず、当時のギリシアは競争(アゴーン)を好む文化であり、オリンピアなどの祭典競技だけでなく、法廷や民会を含む多くの場面で、美しく巧みに語る

ことで相手に優ることが是とされた。競争の文化は、言語表現の可能性の追求を促し、しばしば通説への挑戦につながった。例えば、ゴルギアスは『ヘレネ頌』で、トロイア戦争の元凶とされるヘレネを擁護する演説をしたが、ここではヘレネの罪の真偽が主題なのではなく、あえて通説とは反対の立場から語ることで、真実と真実らしさの区分を流動化しようとしているのである（Poulakos, 1995:67；納富, 2006:171）。

　2つ目に、ソフィストは、言語が人間の本能・生理・感情にもたらす作用に注目した。とりわけゴルギアスは、抑揚のある声や詩的な言語表現、そして劇的な身体パフォーマンスを駆使して、観衆の心を揺り動かし、熱狂させることを得意とした。ゴルギアスに代表されるソフィストにとって、レトリックは音楽演奏や運動競技と相通ずる「肉体のアート（bodily art）」（Hawhee, 2004）であり、言語は「恐怖を消し、苦痛を除き、喜びをつくりだし、憐憫の情を高める」力をもった「強大なる支配者」（『ヘレネ頌』8［内山, 1997:73］）なのである。

　最後に、ソフィストは時機（カイロス）、つまり適切なタイミングを捉えて即興的に話すことを重視した。ソフィストは全ての事柄には相反する立場があると考え、生徒に実際に両方の側から話す訓練（両論（ディソイロゴイ））を積ませていたが、それは、どんなテーマでも即時に話せるようになるための準備でもあった。時機や両論を重んじるソフィストの立場は、当然、詭弁や迎合といった批判を招くが、それを人間中心的と考えることもできる。「人間は万物の尺度である」という言葉で知られるプロタゴラスは、別の断片で、人間は不完全な存在であるため、神が実在するかを知ることはできないと語る（内山, 1997:31）。また、プラトンの対話篇『プロタゴラス』では、若者が公的事柄について語り、行動することを手助けするのが、ソフィストとしての自分の役割であると発言している（319A）。こうした断片を総合すると、プロタゴラスは、人間がすべきことは、超越的存在に頼らずに、議論を尽くした上で最善の決断を下し、最良の行動をとることだと主張していると解釈できる（Jarratt, 1991:50）。判断や行動は常に選択肢を1つに絞ることを要求するが、両論は取りうる選択肢を増やすこと、時機は適切なタイミングで判断を下し、行動をとるこ

とに寄与するのである（Poulakos, 1995：57-58）。

　ポウラコスがソフィストに注目するのは、推論や熟慮に価値を置くアリストテレスやイソクラテスが軽視するレトリックの審美的側面を重視するからである。言い換えれば、レトリックが、市民的徳の涵養や探求の方法である前に、極めて人間的な実践であることを、ソフィストは思い起こさせるのである。

2 プラトン（前427年頃-前347年）

　プラトンのソフィスト嫌いは有名である。初期対話篇の1つ『ゴルギアス』で、プラトンは師であるソクラテスに、レトリックは「迎合」であり「技術の名に値するような仕事ではない」と語らせる（463A）。化粧が見せかけの美しかもたらさないように、言語は真実らしいものしか生み出さないからである。また、物事の善悪は、言葉の使い方の良し悪しとは無関係であり、したがって善悪の区別のつかない人間——プラトンの見解では、ソフィストの大半がそうである——は、どんなにレトリックの技術が高くても、言葉を悪用する危険性から逃れられないのである。

　一方、中期の対話篇の1つ『パイドロス』ではレトリック術の可能性が示唆されている。プラトンにとって、レトリックの目的とは「相手の魂を説得によって導くこと」（271C）であり、そのために、話し手は話す事柄と人間の魂の本性に関する正しい知識を持っている必要がある。その上で、「どのような性質の者がどのような性質の話によって説得されるか」（271E）を見極め、「話し方の種類のひとつひとつについて、それらを使うべき好機と使ってはいけない時とを識別したならば、その時に至ってはじめて、その人の技術はりっぱにかつ完全に仕上げられたことになる」（272A）。要するに、プラトンにとって、レトリックは知識を正しく伝える際の副次的な補完物にすぎず、知識自体は言葉とは無関係なのである。

　物事の本質や人間の本性を知ることは、プラトンも認めているように、非現実的といえるほど困難ではあるが、だからといって真実を真実

に見えるもので代用することが正当化されるわけではない。それが正当化されれば、多数の者にとっての真実らしさが、分別のある者の少数意見を凌駕してしまうことになる。結局のところ、レトリックが真実らしさに基づく以上、真実と言語、事実と意見、証明と説得という対立から逃れることはできない。現在でもレトリックの有用性や倫理性をめぐる議論の多くは、プラトンが 2300 年以上も前に提起した問いの枠組みの中で行われているのである。

3 イソクラテス（前 436 年-前 338 年）

　イソクラテスはゴルギアスの弟子として知られ、法廷弁論代作人として生計を立てた後、前 390 年頃にアテナイ初の高等教育機関とされる学校を開設し、そのカリキュラムの中心にレトリックを据えた。そのマニフェストともいえる『ソフィストたちを駁す』は、高い授業料を受け取りながら、「固定した技術的規則」(12)しか教えないソフィストへの辛辣な批判に満ちている。誰にでも有益な技術を授けることを約束するソフィストとは異なり、イソクラテスは、素質に恵まれた者が修練と経験を積むことで初めてレトリックを社会のために使えるようになると主張する。ソフィストの欺瞞に対するイソクラテスの憤りは、後にアリストテレスが『ソフィスト的論駁論』でソフィストが犯す論理的誤謬を指摘することで、彼らの教えを否定しているのとは対照的である。

　イソクラテスは、よく思考することが、よく語ることに先立つと考え、ソフィストが得意とした即興演説を否定する。タキス・ポウラコス（Takis Poulakos）によると、イソクラテスの最大の功績は、法廷や民会といった場所や即興演説という時間の制約からレトリックを解放したことにある。そうすることで、レトリックを、単に裁判に勝利したり、目前の聴衆を魅了するための術ではなく、ポリス全体を益するための（広義での）「政治的言説（political discourse）」と再定義したのである（Poulakos, 1997:70）。

　イソクラテスが理想とする教養教育は、「教養(パイデイアー)としての弁論・修辞

教育の理念」(廣川, 1984:27) に基づき、「壮大で美しく、また人間愛に富み、国家公共に関わる課題を論じる」(『アンティドシス』276) 市民の育成をめざす。言論は人間が動物に優る唯一の能力であり、「共同の生」や「行為も思考もすべてその導き手は言葉」(『ニコクレス』7-9) である以上、レトリックに秀でていることは責任ある市民に不可欠な資質なのである。レトリックを基軸とする教養教育という理念は、ローマに人間的教養(フマニタス)の教育として受け継がれ、中世の大学では自由学芸の一角を占め、ルネサンス期の人文主義の底流を成し、現在のリベラルアーツ教育にも影響を与えている。

イソクラテスの批判の矛先は、最大のライバルであったプラトンにも向けられる。晩年に書かれた代表作である『アンティドシス』で、イソクラテスは、ポリスにとって大事なのは言論、判断、行為を結びつける実践知(フロネーシス)であり、厳密知(エピステーメ)のように「言行いずれにおいても何の益ももたらさないものを「哲学」と呼ぶべきでない」(266)と主張する。ここでは、プラトンが明らかに意識され、厳密知ではなく実践知を教えるレトリック教師こそが、真の哲学者の称号に値すると論じられているのである(270)。

イソクラテスのレトリック論は、プラトンが設定したレトリック対哲学という対立軸を疑問に伏す。それは、ソフィスト的レトリックとも、プラトンやアリストテレスに代表される「哲学的レトリック (philosophical rhetoric)」(Kennedy, 1999) とも異なるレトリックとしての哲学なのである。

4 アリストテレス (前384年-前322年)

アリストテレスのレトリック研究における最大の功績は、レトリックを学問分野として体系化したことにある。この点で、アリストテレスは、レトリックの理論化に関心をもたなかったソフィスト、1つの理論的枠組みに収まらない豊かな実践としてレトリックを捉えたイソクラテス、レトリックを理論に値する学問と見なさなかったプラトンと大きく

異なる。

　『弁論術』の冒頭で、アリストテレスは、レトリックを説得の技術ではなく、「どんな問題でもそのそれぞれについて可能な説得の方法を見つけ出す能力」(1355b) と定義する。アリストテレスは、ソフィストと同様、両方の側から説得できる能力を身につけることが重要だと考えたが、それは事の真相を明らかにするためであり、弱い意見を強く見せるためにレトリックを悪用することがあってはならないと釘をさす。また、話し手の信頼性に基づく説得（エトス）や聞き手の感情に訴える説得（パトス）が大きな力をもつことは認識しているが、その使用は言論に基づく説得（ロゴス）に補完的な場合に限定されるべきであると言う。感情への働きかけは、あくまでも聴衆の合理的な判断を導くための手段であり、感情だけに訴えたり、話し手の信頼性のみに頼った説得は、技術の名に値しないからである。

　アリストテレスは、論証を確証に基づく論理推論と蓋然性に基づく説得推論に分け、レトリックを後者に位置づける。特に実践的三段論法であるエンチュメーマや説得力のある議論を発見する原理であるトポスは、アリストテレスのレトリック理論の中核をなす概念である。妥当な説得推論を体系的に論じることで、アリストテレスは、虚偽の説得推論に従事するソフィストとも、真実らしさに基づく説得の価値を否定するプラトンとも距離を置いているのである。

　20世紀のレトリック研究では、アリストテレスの理論が支配的となり、レトリックは説得の術ではなく探求の方法として認知されるようになる。逆に言えば、それ以外のレトリックの見方が否定、忘却、周縁化され、レトリックの役割が限定的に理解されたともいえる。1980年代以降のイソクラテスやソフィストに対する関心の高まりは、レトリック研究におけるアリストテレス主義に対する反省と反発から生まれてきたのである。

5 キケロ（前106年-前43年）とクインティリアヌス（35年頃-100年頃）

　前338年のカイロネイアの戦いでマケドニアに敗北して以降、アテナイは政治的独立性を失う。その後、ローマのギリシアにおける影響力が強まるにつれて、前2世紀頃からギリシアのレトリック教師はローマに移住し、レトリックの学校を設立するようになる（バルト, 2005: 28）。当初はギリシアを理想化したレトリック教育がギリシア語で行われていたが、前1世紀頃にはラテン語でレトリック教育が行われ、レトリック論が書かれるようになる。その代表的な作品が、キケロの若き日の習作である『発想論』である。

　ルネサンスを代表する思想家であるレオナルド・ブルーニによって「雄弁の父」と賞賛されたキケロ（高田, 1999: 41）は、少なくとも近代までは西洋で最も影響力のある弁論家であった。キケロは、言論が一定の重要性を残していた共和制ローマ末期に生き、レトリックに関する著作を数多く残したが、そこにオリジナリティはさほどなかったと言われる。例えば、前述の『発想論』に含まれるレトリックの5構成要素（発想、配列、表現、記憶、発表）は、本人も認めているように、同書が書かれた前89年頃には、すでに定着していた分類である。

　むしろ、キケロの偉大さは、古代ギリシアのレトリックの諸理論を折衷主義的に統合した形でローマに移入したことにある。それは、代表作である『弁論家について』が、『パイドロス』での対話形式を踏襲し（大西, 1999: 465）、理論的にはアリストテレスを、教育理念はイソクラテスの遺産を受け継いでいることが象徴的に示している。さらに、キケロは自らも弁論を武器に法廷や議会で活躍した「弁論術について語る弁論家」（バルト, 2005: 28）であり、レトリックの「理論と実践の幸福な結婚」（野内, 2002: 15）の体現者として、「雄弁の父」の名にふさわしい存在であるといえよう。

　一方、クインティリアヌスが生きたローマ帝政期には、もはや政治的弁論の機会はなく、法廷も形骸化し、レトリックは教育以外の有用性を

失っていた。クインティリアヌスは、法廷弁論の経験が多少あったが、それ以外はレトリック教師としての活動に専念した。皇帝ウェスパシアヌスに任命されたレトリック教授職を20年間務めた後に執筆を始め、最晩年に完成したのが、全12巻に及ぶ『弁論家の教育』である。

『弁論家の教育』では、レトリックが「立派に語るための学問」(2.15.34)と定義され、「完全な弁論家を育て上げる」(序.9)ための道筋が詳述されている。本書の特徴の1つは、クインティリアヌスが「完全な弁論家とはよき人物以外ではありえない」(序.9)と主張していることである。つまり、「よく話すこと」は「良い人が話すこと」を前提とし、レトリック教育によって美徳や道徳を培うことは期待できないということである。2つ目の特徴は、高等教育科目の1つとしてレトリックを教えることに専心する他の教師と異なり、クインティリアヌスが、幼少期からのレトリック教育の目的と方法を段階を踏んで詳細に説明していることである。『弁論家の教育』では、レトリックに関連する初等教育が挙げられたり、レトリック以外の専門科目を学習する必要性が説かれるなど、「完全な弁論家」になるための心得と方法が事細かに記されている。その意味で、『弁論家の教育』はレトリック教師としてのクインティリアヌスのまさに集大成といえる作品だろう。

6 おわりに

ここまで、コミュニケーション学における古典的レトリック研究の見取り図を書くことを念頭に、古代ギリシア・ローマにおける主要なレトリック論を素描してきた。古代ローマにおけるレトリックの記述が駆け足になったことは否めないが、ある意味で、それはコミュニケーション学における古典的レトリックの受容のされ方を反映している。ジェームス・マーフィー（James Murphy）は、リチャード・カツーラ（Richard Katula）との共編著『古典的レトリックの通史（*A Synoptic History of Classical Rhetoric*）』の中で、『弁論家の教育』は当時すでに時代錯誤的であり、それから4世紀末に至るまでレトリックの教えに目立った進展

は見られなかったと指摘している。多くのレトリック研究者にとって、クインティリアヌスの死は、古典的レトリックの終焉を意味しているのである。

　もっとも、こうしたレトリック史の語りは、決して固定されたものではない。1960年代まで支配的だったアリストテレスのレトリック理論が、現在では古代ギリシア・ローマにおける4つの理論的志向性の1つとされているように、レトリックの伝統は絶えず批判、再解釈、再構築の対象となっている。古代ギリシア・ローマをレトリック研究の源流と捉え、この時期のレトリック実践・教育を伝統（*the* rhetorical tradition）と位置づける歴史の語りの問題点も含めて、古典的レトリック研究の領域では、現在でもさまざまなテーマをめぐって論争が行われ、それがレトリックの歴史だけでなく、レトリック自体の理解を深めることに寄与している。その意味で、レトリック研究は、2000年以上も前の伝統に依然として「啓発（informed）」されている数少ない学問分野の1つなのである（Farrell, 1993：1）。

　最後に、現在の米国のレトリック研究の学際的状況について、若干の歴史的視点も交えて、触れておきたい。もともと古典学で行われていた米国のレトリック研究の転機は、19世紀後半の英語学科の設立を契機とするリベラル・アーツ教育の再編という形で訪れた（Kinneavy, 1990：187）。その後、20世紀初頭に英語学科と分離する形でスピーチ学科が誕生し、英語学科でのレトリックへの関心が薄れるにつれ、コミュニケーション学がレトリック研究の唯一のホームグラウンドとなっていった。

　しかし、1960年代に英語学科でレトリック教育・研究が再注目され始め（Walzer & Beard, 2009：15）、現在ではもう1つのホームグラウンドといえるほどの活況を呈している。その他、哲学、古典学、歴史学など人文学の諸分野でもレトリック研究は行われており、1980年代以降のソフィストやイソクラテスに対する評価の高まりは、前述のポウラコス兄弟だけでなく、複数の分野におけるレトリック研究者の精力的な活動によるところが大きい（例えば、Mailloux, 1995；Consingy, 2001；McComiskey, 2002；Schiappa, 2003を参照）。

こうした中で、アメリカ・レトリック学会（Rhetoric Society of America）やその学会誌『レトリック・ソサエティー・クォータリー（*Rhetoric Society Quarterly*）』などでは、所属学科に捉われないレトリック研究者の交流が進んでいる。また、教育の現場でも、学科の枠組みを越えたレトリック教育カリキュラムを模索する動きが出てきている（Petraglia & Bahri, 2003）。レトリックの学際化は、コミュニケーション学を含む人文学を取り巻く状況の変化やリベラル・アーツ教育の再編の動きと結びついており、イソクラテスの教養教育にさかのぼるレトリックを中核とする市民教育が、すぐれて現代的な課題であることを示しているのである。

---------- **引用文献** ----------

アリストテレス（1992）『弁論術』（戸塚七郎訳）岩波書店.
バルト、R.（2005）『旧修辞学―便覧―』（新装版）（沢崎浩平訳）みすず書房.
Bizzell, P., & Herzberg, B. (Eds.). (2001). *The rhetorical tradition: Readings from classical times to the present, 2nd ed.*, Boston, MA: Bedford/St. Martin's.
Brummett, B. (2000). *Reading rhetorical theory*. Fort Worth, TX: Harcourt College Publishers.
キケロー（2000）『キケロー選集6』（片山英男訳）岩波書店.
キケロー（1999）『キケロー選集7』（大西英文訳）岩波書店.
Cohen, H. (1994). *The history of speech communication: The emergence of a discipline, 1914-1945*. Washington, DC: National Communication Association.
Conley, T. M. (2006). Sophists. In N. Wilson (Ed.), *Encyclopedia of Ancient Greece* (p. 670) New York: Routledge.
Consigny, S. (2001). *Gorgias: Sophist and artist*. Columbia, SC: University of South Carolina Press.
Enos, T. (Ed.). (1996). *Encyclopedia of rhetoric and composition: Communication from ancient times to the information age*. New York and London: Garland Publishing.
Farrell, T. B. (1993). *Norms of rhetorical culture*. New Haven & London: Yale

UP.

Hawhee, D. (2004). *Bodily arts: Rhetoric and athletics in ancient Greece*. Austin, TX: University of Texas Press.

廣川洋一（1984）『イソクラテスの修辞学校―西欧的教養の源泉―』岩波書店.

イソクラテス（1998）『イソクラテス弁論集1』（小池澄夫訳）京都大学学術出版会.

イソクラテス（2002）『イソクラテス弁論集2』（小池澄夫訳）京都大学学術出版会.

Jarratt, S. C. (1991). *Rereading the sophists: Classical rhetoric refigured*. Carbondale & Edwardsville, IL: Southern Illinois UP.

Kennedy, G. A. (1994). *A new history of classical rhetoric*. Princeton, NJ: Princeton UP.

Kennedy, G. A. (1999). *Classical rhetoric and its Christian and secular tradition from ancient to modern times, 2nd ed.*, Chapel Hill, NC: University of North Carolina Press.

Kinneavy, J. L. (1990). Contemporary rhetoric. In W. B. Horner (Ed.), *The present state of scholarship in historical and contemporary rhetoric, Revised ed.*, (pp. 186-246). Columbia, MO: University of Missouri Press.

Lanham, R. A. (1991). *A handlist of rhetorical terms, 2nd ed.*, Berkley, CA: University of California Press.

Mailloux, S. (1995). (Ed.). *Rhetoric, sophistry, pragmatism*. New York: Cambridge UP.

McComiskey, B. (2002). *Gorgias and the new sophistic rhetoric*. Carbondale and Edwardsville, IL: Southern Illinois UP.

Murphy, J. J., & Katula, R. A. (1995). *A synoptic history of classical rhetoric, 2nd ed.*, Davis, CA: Hermagoras Press.

野内良三（2002）『レトリック入門―修辞と論証―』世界思想社.

納富信留（2006）『ソフィストとは誰か？』人文書院.

大西英文（1999）「『弁論家について』解説」『キケロー選集7』（大西英文訳）岩波書店、465-496頁.

Petraglia, J., & Bahri, D. (2003). (Eds.). *The realms of rhetoric: The prospect for rhetorical education*. Albany, NY: SUNY Press.

プラトン（1967a）『ゴルギアス』（加来彰俊訳）岩波書店.

プラトン（1967b）『パイドロス』（藤沢令夫訳）岩波書店.

プラトン（1988）『プロタゴラス』（藤沢令夫訳）岩波書店.
Poulakos, J. (1995). *Sophistical rhetoric in classical Greece.* Columbia, SC: University of South Carolina Press.
Poulakos, T. (1997). *Speaking for the polis: Isocrates' rhetorical education.* Columbia, SC: University of South Carolina Press.
クインティリアヌス（2005）『弁論家の教育1』（森谷宇一他訳）京都大学学術出版会.
Schiappa, E. (2003). *Protagoras and logos: A study in Greek philosophy and rhetoric, 2nd ed.,* Columbia, SC: University of South Carolina Press.
Sloane, T. O. (Ed.). (2001). *Encyclopedia of Rhetoric.* New York: Oxford UP.
高田康成（1999）『キケロ―ヨーロッパの知的伝統―』岩波書店.
内山勝利（編）（1997）『ソクラテス以前哲学者断片集〈第5分冊〉』（内山勝利他訳）岩波書店.
Walter, A. E., & Beard, D. (2009). Historiography and the study of rhetoric. In A. A. Lunsford, K. H. Wilson, & R. A. Eberly (Eds.), *The SAGE handbook of rhetorical studies* (pp. 13-33). Thousand Oaks, CA: SAGE Publications.
Windt, T. O. (1982). Hoyt H. Hudson: Spokesman for the Cornell School of Rhetoric. *Quarterly Journal of Speech, 68,* 186-200.

第 2 章
1980 年代までの現代レトリック批評

柿田 秀樹

レトリック批評はその歴史を辿ればギリシア時代から西洋世界での学究的営為に常に附随していた（McGee, 1998: 27）。20 世紀アメリカのコミュニケーション学においては、口承文化のレトリック研究を中核としてレトリック批評が開花したが、それはシラーズとグロンベックが『コミュニケーション批評』（2001）で指摘したように、「リベラルな市民的実践（The Civic-Liberal Practice of Criticism）」、「認識論的視点（The Epistemological View of Criticism）」、そして「批判的＝文化的視点（The Critical-Cultural View of Criticism）」の 3 つの枠組みのなかで展開した。これらは批評の目的を規定し、コミュニケーションとその現象を立ち上げるレトリックを認識する枠組みである。本章では、この枠組みに準拠し、それぞれの批評を解説する。

1 | リベラルな市民的実践

コミュニケーション学の起源でもある古代ギリシアの生活を市民的実践と結びつけていたのは口承伝統に基づくレトリックの政治文化である。20 世紀にこのアリストテレスの伝統を踏襲した新古典主義のレトリック批評家は、『弁論術』を規範として、アリストテレスによるレトリック概念の中核にある臆見(ドクサ)の重要性を民主主義の理論と節号し、19 世紀のコミュニケーションと民主主義の発展とに介在したレトリックに着目した。（後にアイオワ学派と呼ばれる）コーネル学派がこの研究方法のパイオニアであり、彼らによるレトリック研究は 20 世紀コミュニ

ケーション学の発展に多大な貢献をもたらした。

　レトリック批評の新古典主義は、ハーバート・ワイチェルンズ（Herbert W. Wichlens）が1925年に批評研究として体系的に理論化する。ワイチェルンズは「雄弁の文芸批評(The Literacy Criticism of Oratory)」で、文芸批評をレトリック批評の形式主義的な研究手法のモデルとし、他方レトリック批評を文芸批評から分離した。文芸批評と対比しつつ、ワイチェルンズは、目前の聴衆を説得する演説の効果をアリストテレスに則して析出することをレトリック批評の目的とした。民主主義とレトリックの関係に着目し、レトリックを政治手段とした新古典主義が依拠するアリストテレスを成典とすることで、ワイチェルンズは『弁論術』をレトリック批評の研究手法として体系化したのである。ワイチェルンズはレトリックの5規範に従い、演説の文脈を特定し、その発話に見られる（主題や動機等の）観念を見出し、表現の様態や発話の配置を分類し、利用されたコミュニケーション手段を発見し、そして公的な発声所作の方法をレトリック実践の様相として研究した上で、その実際の即時的効果を測定することが手法的に可能となると主張した。レトリックの技芸は発話者の個性を形作る「公的なキャラクター(public character of the man)」とその聴衆への即時的効果にあり、公的発話としての演説がいかに政治的に機能したかを聴衆との関連で理解することがレトリック批評の目的とされた。政治的な影響力をレトリックの効果に還元するワイチェルンズは、1925年以降の4半世紀のレトリック批評の方向性を決定づけ、実際60年代まで新古典主義はコミュニケーション批評の主流であった。

　ワイチェルンズは、『弁論術』におけるアリストテレスの分析を批評のための方法論として手法化し、それを現在の演説に適用した上で、演説の効果を批評家が判断することを可能とした。説得を成功させる話者のロゴス（Brandenburg & Branden, 1968）、エトス（Freeley, 1968）やパトス（Post, 1968）という立証の様態をはじめ、倫理の重要性（Wallace, 1967）や発話方法（Fleser, 1966；Boyd, 1974）等、枠組みそのものの解説（Hendrix, 1968）と同様に、多くの研究が技芸としてのレトリックの効果

を研究対象とした。

　なかでもクレイグ・ベアード（A. Craig Baird）によって提示された「パブリック・アドレス（public address）」の研究は、リベラルな市民実践を完成させたと言われる。パブリック・アドレスは、例えば南北戦争等の特定の歴史的な出来事で、いかにして演説等の公的（もしくは私的）発言が世界に変化を起こしたのか、『弁論術』を規範としつつ、歴史的な状況下でのレトリックの力を政治的、文化的、社会的、知的な問題として複合的に分析する批評のアプローチである。『スピーチ批評』で、ベアードたちはパブリック・アドレスを民主主義の過程とし、その口承のコミュニケーションは自由な意見交換ができる市民が実践する民主主義と考えた（Thonssen, Baird, & Braden, 1970）。

　パブリック・アドレスのレトリック批評は演説を民主主義の手段として把握し、その手段に熟達した弁者を民主主義の具現者として議論の実践を解釈する。政治は熟慮に長けた偉大な個人の問題であり、時期を得た発話がされたかどうかでレトリックの効果が産出されるか否かが決定する。現実がレトリックを要請する時機を「レトリック空間（rhetorical situation）」（1968）として理論化したロイド・ビッツァー（Lloyd Bitzer）によると、レトリックの効果は演説の語りが状況に適切な反応となることで生み出されると論じた。ビッツァーは、レトリック空間では、演説は危急的状況とタイミングに要請され、社会的そして構造的、なおかつ政治的に制限された状況で、不完全な状況を補完する適切な発話を産出することで、変化のエージェントである聴衆に効果を産むと主張した。

　民主主義の達成は雄弁で理性的な演説の出来次第であり、リベラルな市民的実践の概念において、レトリック批評は演説等の政治的なコミュニケーションに介在する賢明で民主的な美徳を、立証の様態や配列、文体や発話形式の吟味を通じて、批判的に判断する。レトリックの効果を『弁論術』によって形式的に批評するこの方法は、「新アリストテレス主義」の名の下にレトリック批評の伝統的な方法論とされたのである。

2 認識論的視点

　1950年代のアメリカ公民権運動の高まりの中で、レトリック批評も変化する。マーティン・ルーサー・キング Jr. 牧師の演説は、『弁論術』による分析が無効であるにもかかわらず、その詩的で雄弁なレトリックによって人々の心を揺さぶり、公民権運動のエネルギーの核となっていたのである。当時叫ばれた文化相対主義との共鳴も背景に、レトリック批評に支配的であったリベラルな市民的実践に代わって、50年代および60年代に「批判的知識」と呼ばれる批評研究が登場した。

　批判的認識論に基づく多様な研究手法が提示されることとなったが、まず文芸批評の分野で、ルネ・ウェレック（René Welleck）が、文学作品のプロットやキャラクターの構造、そして歴史的状況等を抽出する形式主義を乗り越えて、批判的認識論を展開した。この考えをレトリック研究に輸入し、レトリックと批評の関係を体系的に提示したのはエドウィン・ブラック（Edwin Black）の『レトリック批評』（1965）である。

　ブラックは、新アリストテレス批評を批評し、批評家の役割は価値を伴った判断と人間世界の批判的な理解であるとした。価値判断を回避することを可能にするような科学的アプローチとも決別し、ブラックはレトリック批評を人文学の知識生産である解釈行為として、コミュニケーションに介在する人間と世界の理解を批評の目的に据えた。人文主義を源泉とするコミュニケーション学の本流に位置づけられるレトリック批評は、他の人文科学と同様に、「人間の行為と創作を理解することを求める」（Black, 1965:9）研究である。その目的は、コミュニケーションを上達させる能力を延ばしたり人間関係をより良くしたりすることではなく、「批評が道徳的な価値観に密接で不可分な関わりを有することを記録すること」（Black, 1965:9）にある。

　当時流行していた3つのレトリック批評のアプローチ、すなわち社会運動研究、心理学批評、そして新アリストテレス批評は、それぞれ限定

的にではあるが、この目的にも合致するとされた。社会運動研究は、社会的・政治的過程の歴史性に根ざした知識を提供し、心理学批評は症候としての言説を社会的に生産する心理の力を理解し、新アリストテレス批評は弁者が特定のメッセージを操作するための知識を、技術として構築する過程を提示するのに有効である。これらの批評は、対立した利害関係に見られる力学と、社会的・政治的発話の情緒的な基礎、そして発話の技術的操作に関する知識を提供するのである。ブラックはそれぞれのアプローチによって、批評家が人文学の目的である批判的な深い人間理解を達成できると指摘している。

　一方で、ブラックは演説等の口承伝統を扱い、対象とする文脈を政治的な状況にのみ限定し、即時的効果を分析する新アリストテレス主義を批判した。代わりに、ドナルド・ブライアント（Donald Bryant）の定義に則し、ブラックは歴史的な帰結をもたらした、「知識を与えかつ説得的(informative and suasory)」(Bryant, 1953:408) なあらゆる言説を対象として分析できる、多様なレトリック批評の手法を確立することが重要だと主張した。ブラックのコミュニケーション学への影響は大きく、多くのアメリカの大学にあったコミュニケーション学部の「アメリカン・パブリック・アドレス」のクラスに代わって、「大統領のレトリック」や「左翼のレトリック」等が大学のカリキュラムに並ぶことになったのである。これによって、レトリック研究が対象とする幅の広さだけでなく、その研究手法にも多様性が求められることとなる。実際、ファンタジーテーマ分析（Borman, 1972）や神話分析（McGuire, 1977）等の多様な分析手法が提唱された。

　このような展開は、コミュニケーション批評が技芸としてのコミュニケーション研究から始まった歴史的事実と不可分でもある。レトリックを批評との関係で理解する際に重要となるのは、レトリック批評を、レトリックの善し悪しを判断する単なる批判的営為ではなく、議論の実践であり、理論構築の過程として理解することである。批評が言説の一ジャンルである以上、批評家がレトリック批評を書くことは、レトリックが実践されたと考えられるテクストを記述し、それを解釈した上で、

評価するという分析の過程を伴いつつ、彼(女)の議論を主張することとなる (Campbell & Burkholder, 1997:2)。書かれたレトリック批評は1つの読者へのコミュニケーションであり、批判的なエッセーには批評の対象となるテクストの分析と解釈、そしてその評価を説得する議論を組み立てる営為が必要となる。

　したがって、レトリック批評の諸視点が多様であることは、手法の多様性という相対主義と短絡的に結びつくのではない。むしろレトリック批評に特有の目的がそこにある。それは、批評が厳密な学＝知に基づく純粋な科学ではなく、したがって理論構築に向けて議論を組み立てる過程が多様にあり、なおかつ批評家自らがレトリックを実践する1つのコミュニケーションを目的としてもいることを示唆している (Foss, 1989: 4)。公的な出来事に関する単なる判断ではなく、判断の過程を議論の構築として展開するレトリック批評には、批評の実践をコミュニケーションに特有の領域として了解する前提がある。

　このような批評の前提そのものについて、学会全体を巻き込む学術論争が1970年代初頭に現れた。1969年11月3日にテレビで放映されたベトナム戦争の米軍撤退に関するニクソン大統領の演説のレトリックをどのように批評するのか、レトリック批評とは何か、そして批評と研究手法の関係について、批評家たちがそれぞれの立場から多様な議論をして論争を展開したのである。

　ニクソンの演説に含まれる虚偽を批評したロバート・ニューマン (Robert Newman) による分析 (Newman, 1970) がきっかけとなり、新アリストテレス派のフォーブス・ヒル (Forbes Hill) と、ヒルを批判したカーリン・キャンベル (Karlyn K. Campbell) の倫理批評の応酬がまず始まった。ヒルは演説をアリストテレスに依拠して分析し、内容はさておき、そのレトリカルな効果を技術として析出できると主張した (Hill, 1972a; 1972b; 1983)。それに対して、キャンベルはニクソンが知りえたはずの情報を開示せず、「(敵を一枚岩と捉え、戦争開始時の記述を誤るという)2つの重大な誤った表象」(1995:198) を利用したことは、彼が聴衆に真実を伝えていなかった証左であり、彼自身が設定した倫理的

基準に矛盾すると批判した（Campbell, 1972；1983；1995）。

　一方、再現＝代理である表象の正確性を問題とした倫理批評とは異なり、ハーマン・ステルツナー（Hermann G. Stelzner）は、ニクソンの演説におけるレトリックを、中世騎士物語の文芸的プロットの範疇として特定した（Stelzner, 1971）。さらに社会理論の流れを引いて、フィリップ・ワンダー（Philip Wander）とスティーブン・ジェンキンス（Steven Jenkins）は、批評にとっての基準のあり方について問題提起し、批評の対象がレトリック批評の意味を決定することを重要視した（Wander & Jenkins, 1972）。この論争の要因は、対象としての演説そのものに何か特別な価値が内在していたことにあるのではなく、対象を捉える批評家を取り巻く現実にあった、とワンダーとジェンキンスは考えた。

　論争の後 1983 年に、フィリップ・ワンダーは「現代批評におけるイデオロギー的転回（The Ideological Turn in Modern Criticism）」の中で、イデオロギー批評の観点から、レトリック批評が公共性や現実の政治性を勘案しなくてはならないと主張し、ヒルを鋭く批判した。ヒルは自らが参照する『弁論術』によってテクスト内の構造が「真実」であることを自己言及的に主張しているにすぎず、現実性や歴史性を探求するイデオロギー批評から逃れていると主張したのである（Wander, 1983）。つまり、ワンダーはコミュニケーション学の「知」のあり方に内在する批評家たちの政治的な利害関係を明るみに出そうと試みたのである。彼は新アリストテレス主義の批評が、アリストテレスの文献に依拠した技術を方法論として特権化することで自らの位置を確固たるものとして強化すると主張し、コミュニケーション学の学術分野にはびこるイデオロギーを痛烈に批判した。この議論は批評のあり方を巡って更なる論争を触発した。

　この論争には、新アリストテレス主義の衰退以降、80 年代までは主流となった、批評の動向と方法論の特徴と問題を見ることができる。まず、既存の文献から一部を選択してそのレトリック的手法を抽出し、それをコミュニケーション状況に還元して手法の有効性を検証するという批評方法である。例えば、ケネス・バークの『動機の文法』の一部に記

載されている5つの鍵語(ペンタッド)の説明を演説に適用するドラマティズム批評はその典型である（Ling, 1970；Birdsell, 1987）。5つの鍵語はクッキーの型のように用いて、演説の解釈にあてはめ、レトリックをドラマティズムという既存の知に還元し理解する批評である。

　もう1つはジャンル批評である。形式批評の1つであるジャンル批評は、レトリカルな語りの範疇を特定すると同時にジャンルの構成要素を定め、言説を形式化する（Campbell & Jamieson, 1995）。例えば、戦争のレトリックというジャンルを特定する批評では、大統領が開戦時に演説する時に、戦争が最終手段であることや自己防衛を目的とする等の語りを、慣習として盛り込むことでレトリックが完成すると考える。戦争という状況に合わせて発話の範疇を特定し、その範疇に必要な言説上の慣習を描き出すのである。この批評方法では、形式化されたジャンルの慣習に従って演説を作成することで、理想的な演説が再現できると想定される。

　しかしコミュニケーション学の分野に求められる目的は、科学的方法論が想定した理想状況を模範として再現することではない。それにもかかわらず、その模範を範疇として類型化する形式批評は、批評家が定めた範疇を固定して、その枠組みを通じて対象を理解しようとする。マイケル・マギー（Michael McGee）が痛烈に批判するように、それは超越論的視点に立った真理を希求する批評の方法である（McGee, 1986）。このような批判の中で、コミュニケーションの理解の多様性は保持される一方で、方法論と類型化の希求そのものが後退していくことになった。

3　批判的＝文化的視点

　19世紀のマシュー・アーノルドに始まった文化の研究は、20世紀に至って諸分野で開花した。なかでも戦前にアメリカに政治亡命したマックス・ホルクハイマーとセオドア・アドルノを中心としたフランクフルト学派によるアメリカの文化産業批判は、映画やラジオ等のコミュニケーション媒体が中産階級を大衆として画一化する様相を抉り出し、そ

の大衆を資本主義に隷属化させる社会的な力を批判した。1930年代以降、アーノルドとフランクフルト学派の影響のもと、文化研究はコミュニケーション学の1つの本流として展開した。

　公的メッセージを文化的観念の徴候として考え、文化的信条に着目する批評の流れは常に存在したと言える。例えば1940年代、パブリック・アドレスの研究分野においては、アーネスト・レギー（Ernest J. Wrage）が、演説に現れる民主主義等の文化的観念や価値観そして信念の社会変容に与えるインパクトに着目した（Wrage, 1947）。しかしとりわけ1980年代に、さまざまな批判的な文化研究が発表されるようになる。イソクラテスを中心とした古代ギリシア時代の演示的言説を文化政治的実践として了解するレトリック研究（McGee, 1985；Poulakos, 1989）や、映画やテレビおよびスポーツイベント等のポピュラー文化のメディア批評（Rushing & Frentz, 1980；Mumby & Spitzack, 1983；Wenner, 1989）をはじめ、英国のバーミンガム発のスチュアート・ホールのカルチュラル・スタディーズの理論、エドワード・T・ホールをはじめとするニューヨーク知識人によるアメリカ文化研究も（Gronbeck, 1999）、コミュニケーションの文化研究の一環である。コミュニケーション学の中でもとりわけレトリック研究にはローレンス・グロスバーグの主導でカルチュラル・スタディーズがいち早く導入されたのである（Grossberg, 1984）。

　これらの批判的＝文化研究は80年代に領域横断的に学術界を席巻した「ポストモダン」概念の流行と共に訪れている。ポストモダンのキーワードである「人種、階級、ジェンダー」が批評分野で重要な主題となった。レトリックと人種、階級、ジェンダーの関係を批評する際、文化を政治的な文脈で捉えることが肝要となる。例えば、人種はレトリックによって構築される自己同一性であり、その表象は文化的な代理＝象徴であると考えられる。黒人が1つの政治的ゴールを達成する度に、彼（女）らの自己同一性はレトリックによって再構成され、人種の持つ社会的な意味が変更されるのである。人種の表象は人々のコミュニケーションを可能とする要素の1つであり、その代理＝象徴作用を理解すること

で、人種を構築するレトリックがいかなるものか、また伝達のコミュニケーションを可能とする制度的基盤が何か、批判することが可能になった。

　このポストモダンの文化研究とレトリック批評が提起する制度的問題は権力の諸相と繋がっている。文化的思考を自然な慣行として規範化し、自己同一性を他者との社会的関係の中で再生産するのは教育等の社会制度であるが、それを批評することは、コミュニケーションを可能とする社会の制度的基盤への介入として理解されることになった。人種や階級、そしてジェンダーの概念は制度化され再生産され続けているのであり、制度を通じた社会的な象徴の生産に潜む諸権力関係に批判的な目を向けることが重要になる。コミュニケーションは制度が主体を支配する力を生産し、レトリック批評は、その力の生産に関与するレトリックに批判的な介入をする政治的な活動として理解されることとなった。

　前述のフィリップ・ワンダーは、コミュニケーション学者は、特定の歴史的文脈における表象の文化的な、すなわち政治的な力を批判的に吟味することが不可欠であると主張する。フランクフルト学派の批判理論の伝統とジョン・フィスクの記号論、そして英国のバーミンガム学派の文化研究の伝統を統合させたと高く評価されるワンダーだが、その指摘どおり、90年代以降、批判的＝文化的視点の流れはコミュニケーション批評およびレトリック批評における支配的なアプローチとなり、新古典主義および認識論的視点とは位相の異なった視点を提供するようになった。ワンダーが結論づけたように、この視点をとる批評家は、批評の実践を通して運動家としての役割を果たし、批評を政治的な活動として捉えるようになったのである。

―――― **引用文献** ――――

Birdsell, D. (1987). Ronald Regan on Lebanon and Grenada: Flexibility and interpretation in the application of Kenneth Burke's pentad. *Quarterly Journal of Speech, 73*, 267-279.
Bitzer, L. F. (1968). The rhetorical situation. *Philosophy and Rhetoric, 1*, 1-14.

Black, E. (1965). *Rhetorical criticism: A study of method*, New York: Macmillan.
Bormann, E. G. (1972). Fantasy and rhetorical vision: The rhetorical criticism of social reality. *Quarterly Journal of Speech, 58*, 396-407.
Boyd, S. D. (1974). Delivery in the campaign speaking of Frank Clement. *Southern States Communication Journal, 39*, 279-290.
Brandenburg E., & Branden, W. W. (1968). Franklin Delano Roosevelt's appeal to reason. In J. A. Hendrix & J. B. Polisky. *Rhetorical criticism: Methods and models*. (pp. 115-124). Dubuque; William C. Brown.
Bryant, D. (1953). Rhetoric: Its functions and its scope. *Quarterly Journal of Speech, 39*, 401-424.
Campbell, K. K. (1972). "Conventional wisdom—Traditional form": A rejoinder. *Quarterly Journal of Speech, 58*, 451-454.
Campbell, K. K. (1983). Response to Forbes Hill. *Central States Speech Journal, 34*, 121-126.
Campbell K. K. (1995). An exercise in the rhetoric of mythical America. In C. Burgchardt. *Readings in rhetorical criticism* (pp. 198-203). State College, Pennsylvania: Strata Publishing, Inc.
Campbell, K. K. & Burkholder, T. R. (1997). *Critiques of contemporary rhetoric, 2nd ed.*, Belmont, CA: Wadsworth.
Campbell, K. K., & Jamieson, K. H. (1995). In C. Burgchardt. *Readings in rhetorical criticism* (pp. 394-411). State College, Pennsylvania: Strata Publishing, Inc.
Fleser, A. F. (1966). Coolidge's delivery: Everybody liked it. *Southern States Communication Journal, 32*, 98-104.
Foss, S. K. (1989). *Rhetorical criticism: Exploration & practice*. Prospect Heights, IL: Waveland Press.
Freeley, A. J. (1968). Ethos, Eisenhower, and the 1950 campaign. In J. A. Hendrix & J. B. Polisky. *Rhetorical criticism: Methods and models*. (pp. 149-153). Dubuque: Wiliam C. Brown.
Gronbeck, B. E. (1999). The triumph of social science: *The Silent Language* as master text in American cultural studies. In T. Rosteck, (Ed.), *At the intersection: Cultural studies and rhetorical studies*. (pp. 266-91). New York: Guilford.
Grossberg, L. (1984). Strategies of Marxist cultural interpretations. *Critical

Studies in Mass Communication, 1, 392-421.

Hendrix, J. A. (1968). In defense of neo-Aristotelian rhetorical criticism. *Western Speech, 2,* 246-252.

Hendrix, J. A. & Polisky, J. B. (1968). *Rhetorical criticism: Methods and models.* Dubuque; William C. Brown.

Hill, F. I. (1972a). Conventional wisdom—Traditional form: The president's message of Novermber 3, 1969. *Quarterly Journal of Speech, 58,* 373-386.

Hill, F. I. (1972b). Reply to professor Campbell. *Quarterly Journal of Speech, 58,* 454-460.

Hill, F. I. (1983). A turn against ideology: Reply to professor Wander. *Central States Speech Journal, 34,* 119-121.

Ling, D. (1970). A pentadic analysis of Senator Edward Kennedy's address to the people of Massachusetts, July 25, 1969. *Central States Speech Journal, 21,* 81-86.

McGee, M. C. (1984). Another Philippic: Notes on the ideological turn in criticism. *Central States Speech Journal, 35,* 43-50.

McGee, M. C. (1985). The moral problem of *argumentation per argumentum*. In J. R. Cox (Ed.), *Argument and social practice: Proceedings of the fourth SCA/AFA conference on argumentation* (pp. 1-15). Annandale, VA: Speech Communication Association.

McGee, M. C. (1986). Against transcendentalism: Prologue to a functional theory of communicative praxis. In K. R. Sanders, L. L. Kaid, & D. Nimmo, (Eds.), *Political communication yearbook* (pp. 155-82). Carbondale: Southern Illinois University Press.

McGee, M. C. (1998), *Rhetoric in postmodern America: Conversations with Michael Calvin McGee,* C. Corbin, (Ed.) New York: Guilford Press.

McGuire, M. (1977). Mythic rhetoric in *Mein Kampf*: A structuralist critique. *Quarterly Journal of Speech, 63,* 1-12.

Mumby, D. K., & Spitzack, C. (1983). Ideology and television news: A Metaphoric analysis of political stories. *Central States Speech Journal, 34,* 162-171.

Newman, R. (1970). Under the venner: Nixon's Vietnam speech of Novermber 3, 1969. *Quarterly Journal of Speech, 56,* 168-178.

Post, R. W. (1968). Pathos in Robert Emmert's speech from the Dock. In J. A.

Hendrix & J. B. Polisky, *Rhetorical criticism: Methods and models.* (pp. 132-139). Dubuque; William C. Brown.

Poulakos, T. (1989). Epideictic rhetoric as social hegemony: Isocates' "Helen". In C. Kneupper (Ed.), *Rhetoric and ideology* (pp. 156-66). Arlington, TX: RSA.

Rushing, J. H., & Frentz, T. S. (1980). The "Deer Hunter": Rhetoric of the warrior. *Quarterly Journal of Speech, 66,* 392-406.

Sillars, M. O., & Gronbeck, B. E. (2001). *Communication criticism: Rhetoric, social codes, cultural studies.* Prospect Heights, IL: Waveland Press.

Stelzner, H. G. (1971). The quest story and Nixon's Novermber 3 1969 address. *Quarterly Journal of Speech, 58,* 373-386.

Thonssen, D., Baird, A. C., & Braden, W. W. (1970). *Speech criticism* (2nd ed.). New York: Ronald.

Wallace, K. R. (1967). An ethical basis of communication. *Speech Teacher, 4,* 1-9.

Wander, P. (1983). The ideological turn in modern criticism. *Central States Speech Journal, 34,* 1-18.

Wander, P., & Jenkins, S. (1972). Rhetoric, society, and the critical response. *Quarterly Journal of Speech, 58,* 441-450.

Wenner, L. A. (1989). The superbowl pregame show: Cultural fantasies and political subtext. In L. A. Wenner, (Ed.), *Media, sports, & society* (pp. 222-249). Newbury Park, CA: Sage.

Witchelns, H. W. (1958). The literacy criticism of oratory. In D. C. Bryant (Ed.), *The rhetorical idiom* (pp. 5-42). Ithaca: Cornell University Pres.

Wrage, E. (1947). Public address: A study in social and intellectual history. *Quarterly Journal of Speech, 33,* 451-457.

第 3 章
1990 年代以降の現代レトリック批評

柿田 秀樹

1 権力批判としての現代レトリック批評の理論＝実践的系譜

　人種、階級、ジェンダーに対する問いかけは、レトリック批評における認識論的転回である。このような認識の変化は、80 年代終盤から 90 年代にかけて生じた、権力批判というレトリック研究の理論的展開の局面において先鋭化された。それは、前章の批判的＝文化的視点を引き継ぐ系譜にある。シラーズとグロンベック（Sillars & Gronbeck, 2001）は、この視点を代表するフィリップ・ワンダーを高く評価し、コミュニケーション学そのものを条件づける重要な視点としてこれを位置づけた。ワンダー（Wander, 1983）によると、批評における政治性を不可欠として全面に押し出す現代のコミュニケーション学は、文化を批判的に研究しなくてはならない。そして、コミュニケーション批評の妥当性を測る基準は、とりわけ人種、階級、そしてジェンダー（現在ではこれに国家なども含まれる）の問いの中で立証されることになる。

　前章で述べたように、人種、階級、ジェンダーは自然なものでも本質でもなく、文化的な構成物である。レトリックはそのような文化的な構成力の 1 つであり、その構成的なレトリックの力を批評することの重要性が高まった（Charland, 1987）。コミュニケーション学でのポスト構造主義が浸透したことに合わせて、行為主体は社会的に承認されたコミュニケーションによって構成されるという認識が高まり、批評研究において、レトリック批評の枠組みを超えて、批評自体が文化的な主体生産の

レトリックとして作用するような、実践的レトリック批評が、批判的に社会変革をもたらすという見方が主流となった。

　権力関係に着目することは、さまざまな分野で認識論的転回が起こっていたことにも呼応している。伝統的なレトリック批評と考えられた新古典主義や形式批評とは別に、精神分析理論や記号論等の独立した分野で同時多発的に展開していく新たな知見を、レトリック批評は領有していった。その過程で、さまざまな領域の方法論がレトリック批評のなかで学際的に言及しあうようになり、実際80年代までにはレトリック批評そのものが学際的な様相を強く帯びていた。

　80年代に既に進んでいたコミュニケーション学での他分野の領有は、例えばマイケル・マクガイアー（Michael McGuire）による構造主義の適用等で明白である。レヴィ=ストロースの構造主義を輸入し、ヒットラーの『我が闘争』を、物語論を援用して分析したレトリック批評は典型例である（McGuire, 1977）。構造主義を踏襲し、マクガイアーは神話構造を『我が闘争』にあてはめ、その物語の構造をレトリックの構築過程として抽出した。

　しかし、実はこの構造主義による批評は、厳密な意味でここでの「権力批判」にはあたらない。90年代のレトリック批評の分野で、新たな権力批判の主題が勃興してくる。ここでは、批評家の実践自体が権力批判の対象となり、理論構築に向けた批評が権力関係を構成するレトリックの実践となる。これによって、現代のレトリック批評では、批評と理論の境界線が曖昧となり、批評の実践が理論構築そのものとなった。

　レイミー・マケロー（Raymie McKerrow）は「批判的レトリック（Critical Rhetoric）」で批評家の実践によって構成される権力の批判を体系的に提示した（McKerrow, 1989）。権力を体系的に論じたミシェル・フーコーやポストマルクス主義者のアーネスト・ラクラウに依拠しつつ、レイミー・マケローは、人種、階級、ジェンダーを権力関係の問題として把握する。言説として実践に深く介在する人種、階級、ジェンダーは、個別にその表象を批評してもあまり生産的ではない。むしろ、人種、階級、ジェンダーが相互に関係する文化表象を複数の差別の軸が

交差する言説として考察し、その交差軸として生産される多様な言説(ポリセミック)を権力関係として捉え直すことをマケローは主張した。マケローの議論は、人種、階級、ジェンダーのような文化的な構成力を発揮するレトリックと権力関係を批評するための新たな認識を明らかにしている。

この権力関係の視座は、批評が介入するレトリックの次元を知と権力が交差する言説に定めた点で、シラーズとグロンベックが考える批判的＝文化的認識とは決定的に異なる。批評家自身も取り込まれる支配的な言説のなかで、言説の権力関係を批判することを可能とさせる批評のあり方は、これまでのような言説の背後に行為主を措定するやり方は有効ではない。この一筋縄ではいかない批評状況で、支配的な言説を再帰的に批評する実践は、諸理論のレトリックを実践のなかで捉え直すことで可能となるとマケローは考えた。

マケローは、再帰的な批評を理論構築の実践(プラクシス)とすることで、新たな批評の方向性を切り開こうとした。批判的レトリックでは、批評の実践を理論とし、批評の目的を理論構築そのものと考える。これは、既存の知としての視点(パースペクティブ)を批評家の分析手段として用いて、レトリックの介在が認識されるコミュニケーション行為を批評する認識論とは異なる。「批判的レトリック」という術語は批評と理論の境界線を曖昧にし、レトリック批評を批判的なパフォーマンスとして、そこにレトリックの実践的な意義を見出したのである。

権力批判を理論化したマケローの慧眼は他分野の理論を輸入し、権力という視点を新たに提示したことにあるのではなく、レトリック批評を自己再帰的に省察可能とさせるメタレベルの契機を見出したことにあった。例えば、70年代以降のジェンダー研究は差異が権力を構成的に生産する構造を問題としていたが、差異の権力構造を分析する際、構造主義人類学や精神分析等のさまざまな分野の研究を参照し、それらの知見を援用することで学際的な研究を進めた。それと同時に自らを再帰的に定義するメタの議論を進めていったのである。同様に、マケローは他分野の理論を思考することで、新しいレトリック理論を構築する正当性を提示したのである。

マケローによると、批判的レトリックは「支配の批判(critique of domination)」と「自由の批判(critique of freedom)」という2つの次元で批判を展開する。批評家が、社会を支配する権力を批判すると同時に、批判する自由を権力の実践として再帰的に批判することは両義的でもある。支配を批判するレトリックは、抑圧な権力に介入する実践としてレトリックを行使する批評的行為である。同時に、マケローは、その支配を批判するレトリック実践自体を批判的に捉え、再帰的な批評を展開することが権力への介入には「自由の批判」として不可欠であると主張した。

　本来ならば二律背反する支配する力と支配からの自由を成立させる二重の批判と共に、マケローはレトリックが果たす社会批評の意義を確認する。レトリックを批評する営為から批判的なレトリックの実践への移行によって、レトリック批評は社会的に構築された権力関係に介入する実践であるという社会的・文化的次元が明らかになる。批判的＝文化的視点の重要性を見出し、権力を批評することに既に注目していたレトリック批評ではあったが、十分に再帰的な批評には至らなかった。マケローは、レトリック研究者が批評で不可避に再生産する規範に再帰的に介入する契機を生み出す実践領域として、批評家自らのパフォーマンスを見出したのである。

2 ｜ 批判的パフォーマンスとしてのレトリック実践

　1990年代以降展開した批判的レトリックにおいてとりわけ重要なのは、批評のパフォーマティヴな実践である。パフォーマティヴとは、約束や宣誓など、何かを言う行為自体が何かを行うこととなる発話であり、この言語行為論の概念をもとに、発話が行為としてレトリカルな現実を再構成する批評行為を「批判的レトリック」と呼ぶ。パフォーマティヴな実践としての批評のあり方が90年代以降のレトリック批評の認識を再転回させたのである。

　パフォーマティヴな実践としての批判的レトリックの台頭には、それ

を導いた学術上の歴史的文脈がある。それは、「実践」をめぐる論争として現れている。80年代に始まった実践領域への関心により、批評のあり方そのものが変化し、権力批判としての批判的レトリックが実態化することとなった。80年代には、レトリック研究において、「実践」概念そのものが理論的俎上にのせられた。前述のニクソンの演説をめぐる論争で、マイケル・マギー（McGee, 1984）がワンダーを擁護し、批評を実践として把握することの重要性を主張したことは、単なるイデオロギー批評の問題に留まる事態ではなかった。この時期に、マギーは解釈学とレトリックの関係に着目し、実践への関心に先鞭をつける。これによって解釈学は単なるテクスト解釈の方法論ではなく、実践と批評の関係を問い直す学術上の争点として立ち現れた。

解釈学をめぐる論争において、解釈学をレトリック批評の礎とするマイケル・レフ（Michael Leff）は1986年に、「テクスト批評——G. P. モーマンの遺産」において、抽象的なレトリック理論の志向性に反対して、主体の実践を伴ったテクストをレトリックの技芸として批評する重要性を主張した（Leff, 1986）。テクストは、主体が文化的に経験したレトリックの総体として、芸術性も介在する歴史的出来事であり、そこに編み上げられた表象が実践の痕跡として刻まれているとレフは考えた。テクスト批評はこの芸術的な残余を綿密に読み解くことを目指していると、レフは主張した。

レフの実践への注目は、マケローによる批判的レトリックへの批判でもある。表象関係に貫かれた言説を批判の対象とする批判的レトリックは、演説等の内的連関性をテクストとして分析することを怠り、断片の寄せ集めとしての言説の配置によってレトリックの対象を批評家が恣意的に生産すると考えたレフは、批判的レトリックを批判する（Leff & Sachs, 1990：Leff, 1992）。レフの批判は、とりわけイデオロギー批評は抽象的理論でありテクストを軽視している、という彼の誤解に起因する。同時にその理解は、テクスト批評の理論的基盤である解釈学を特権化することで可能になっている。ディリップ・ガオンカーが指摘するように、レフはテクストとして解釈可能な芸術的演説を対象とすることで、

第3章　1990年代以降の現代レトリック批評

テクスト批評を同時に特権化した（Gaonker, 1990:310）。レフによるテクストの特権化によって、実践の重要性が確認された一方で、文化の研究が対象とするテクストのあり方に疑問が持たれるようになった。これによってポストモダンのテクストを批評家が扱う方法について、論争が巻き起こることになった。

　解釈学をめぐる学術論争は、90年代のレトリック批評を横断する弁証法の原型を形作ったと言えるだろう。1990年にレトリック批評の特集号を組んだ『西部スピーチ・コミュニケーションジャーナル（*Western Journal of Speech Communication*）』（西部コミュニケーション学会のジャーナル）は、この論争のみを取り上げている。実践への関心を共通項として、一方ではマイケル・マギーを中心に、批判的レトリックが学会を席巻する（Charland, 1991 ; Ono & Sloop, 1992 ; 1995 ; McKerrow, 1991 ; 1993 ; Murphy, 1995 ; Clark, 1996）。マギーはマケローを解釈しつつ、パフォーマティヴな批評の意義を高く評価して、人種、階級、ジェンダー等を構成するイデオロギーを批判的に分析し、文化の批判理論を構築していく。他方、テクスト批評はパブリック・アドレスの復興とも共鳴し（Lucas, 1988）、特定の歴史状況における論争や演説等のテクストの批評となり、公共圏において実践されたレトリックを綿密に読み解くテクスト理論としての重要性を再確認していくこととなった。この実践への関心が呼び水となり、レトリック批評は学際的な権力批評へと大きな舵を切ることになった。

　マギーは批判的レトリックを「レトリック研究家のすること」と定義した（McGee, 1990:279）。権力批判とは何をするのかをマケローが主に論じるのに対して、マギーは権力批判をいかに実践するのかを論じて、レトリック批評の存在論を再帰的に構築する試みを行ったのである。この批判的なレトリック実践では、理論に内在する人種、階級、ジェンダーの先入見を批判的に読み取り、理論そのものを理解すると同時に、読み替えた理論を批評の実践に適用していく二重の作業が不可欠となった。理論を適用していくと同時に理論自体が脱構築される。理論を適用すればするほど、理論が抱える先入見が保持する死角があらわになって

いくのである。マギーの語るパフォーマティヴな理論実践とはそのことである。それによって人種、階級、ジェンダーに貫かれた理論の死角が描き出され、理論が持つ先入見を批判的に把握することが可能となるのである。

　実際、体系的な批評理論として提唱された記号論や精神分析理論をパフォーマティヴに読み替えることで、批判的文化理論はそれらの理論が持つ先入見を抉り出すことに成功した。例えば、モレフィ・アサンテ（Molefi Asante）のアフリカ中心主義の研究は、この方向性にある（Asante, 1987）。

　この脱構築によって、批評の理論と実践が同調していくことになる。先入見が備わった理論を特定のコミュニケーション実践に適用する手法的批評実践とは異なり、批判理論の脱構築は批評を実践することが理論を批判的に読み替える過程であり、同時に新たな理論をパフォーマティヴに検証する過程でもある。このように批評の実践であると同時に理論構築でもあるレトリカルな脱構築を反復することで、知と権力の共犯関係にくさびを打ち込み、その結びつきを内在的にずらす可能性を批判的レトリックは示すことになる。これがマギーのいう「レトリックとはレトリック研究家のすること」の意味である。

　理論を批判する実践とは、新たなモデルを提示することでも、汎用性をもつ別の理論を構築することでもない。むしろ理論を全面的に肯定することが、逆説的に理論の穴を見出す可能性を示すのであり、したがって理論が自ら破綻をきたすことに意義がある。ここに新たな知を規範として提示するよりも、知そのものを脱構築するレトリック批評の時代が到来した。

　この脱構築を踏襲し、現在多くの批判的文化研究が発表されることになった。2004年には『コミュニケーションと批判的／文化的研究（Communication and Critical/Cultural Studies）』という独立した学会誌も発刊され、活況を呈している。この状況に至る過程には、以上の歴史的系譜と理論的背景があることを勘案した上で、批判的研究の意味を厳密に捉える必要があろう。

引用文献

Asante, M. (1987). *The Afrocentric idea.* Philadelphia: Temple University Press.

Charland, M. (1987). Constitutive rhetoric: The case of the *peuple québécois. Quarterly Journal of Speech, 73,* 133-50.

Charland, M. (1991). Finding a horizon and *telos*: The challenge to critical rhetoric. *Quarterly Journal of Speech, 77,* 71-74.

Clark, N. (1996). The critical servant: An Isocratean contribution to critical rhetoric. *Quarterly Journal of Speech, 82,* 111-124.

Gaonkar, D. P. (1990). Object and method in rhetorical criticism: From Wichelns to Leff and McGee. *Western Journal of Speech Communication, 54,* 290-316.

Gronbeck, B. E. (1999). The triumph of social science: *The Silent Language* as master text in American cultural studies. In T. Rosteck, (Ed.), *At the intersection: Cultural studies and rhetorical studies.* (pp. 266-91). New York: Guilford.

Leff, M. C. (1986). Textual criticism: The legacy of G. P. Mohrmann. *Quarterly Journal of Speech, 72,* 377-389.

Leff, M. C. (1992). Things made by words: Reflections on textual criticism. *Quarterly Journal of Speech, 78,* 223-231.

Leff, M., & Sachs, A. (1990). Words the most like things: Iconicity and the rhetorical text. *Western Journal of Speech Communication, 54,* 252-273.

Lucas, S. E. (1988). The renaissance of American public address: Text and context in rhetorical criticism. *Quarterly Journal of Speech, 74,* 241-260.

McGee, M. C. (1984). Another Philippic: Notes on the ideological turn in criticism. *Central States Speech Journal, 35,* 43-50.

McGee, M. C. (1990). Text, context, and the fragmentation of contemporary culture. *Western Journal of Speech Communication, 54,* 274-289.

McGuire, M. (1977). Mythic rhetoric in *Mein Kampf*: A structuralist critique. *Quarterly Journal of Speech, 63,* 1-12.

McKerrow, R. E. (1989). Critical rhetoric: Theory and praxis. *Communication Monographs, 56,* 91-111.

McKerrow, R. E. (1991). Critical rhetoric in a postmodern world. *Quarterly Journal of Speech, 77,* 75-78.

McKerrow, R. E. (1993). Critical rhetoric and the possibility of the subject. In I. Angus & L. Langsdorf. (Eds), *The critical turn: Rhetoric and philosophy in postmodern discourse* (pp. 51-67). Carbondale, IL: Southern Illinois University Press.

Murphy, J. M. (1995). Critical rhetoric as political discourse. *Argumentation and Advocacy, 32*, 1-15.

Ono, K. A., & Sloop, J. M. (1992). Commitment to *telos*-A sustained critical rhetoric. *Communication Monographs, 59*, 48-60.

Ono, K. A., & Sloop, J. M. (1995). The critique of vernacular discourse. *Communication Monographs, 62*, 19-46.

Sillars, M. O., & Gronbeck, B. E. (2001). *Communication criticism: Rhetoric, social codes, cultural studies.* Prospect Heights, IL: Waveland Press.

Wander, P. (1983). The ideological turn in modern criticism. *Central States Speech Journal, 34*, 1-18.

第 4 章
議論の理論

小西 卓三

　米国の議論研究の第一人者であるザレフスキー（1995:32-33）は、米国のコミュニケーション学での議論研究（argumentation）はレトリック理論、公的言説、会話分析、対人コミュニケーション、交渉、競技ディベートに関わる者の研究領域となっているが、研究者間の対話が存在するわけではないと述べている。この点を踏まえると、レトリック研究の立場からの議論研究は、コミュニケーション学での議論研究の一部にすぎないことになる。しかし、議論研究への重要な視点の1つであるレトリック研究の立場からの議論の理論の発展の素描には意味があるだろう。本章では、トゥールミンの『議論の効用(The Uses of Argument)』、ペレルマンとオルブレッツ・テュテカの『新しいレトリック：議論法の研究(The New Rhetoric: A Treatise of Argumentation)』の出版によって1958年に始まった議論研究のルネサンスが、米国のコミュニケーション学、特にレトリック研究でどのように発展してきたのかを提示する。

1 　トゥールミン、ペレルマン & オルブレッツ・テュテカの議論の理論の受容

　ザレフスキー（1995:34-5）によると、議論研究は討論教育の実践が議論の理論に先行して始まった。競技ディベートの教科書は19世紀後半から出版されていたが、これらは議論研究の萌芽と考えられる。ディベートの活動やその教科書はそれほど理論的でなかったが、ディベート

関係者はコミュニケーション学の中で議論研究が発展する際に大きな役割を果たしてきた。

　競技ディベートが盛んに行われるなか、1958年にイギリスで出版されたトゥールミンの『議論の効用』と、ベルギーでフランス語出版されたペレルマンと、オルブレッツ・テュテカの『新しいレトリック』は、議論研究の発展に大きな役割を果たした。両書とも、演繹的推論を範とする当時の論理学研究に対して不満を持ち、法的議論を範にとって議論の理論を構築した。トゥールミンは、『議論の効用』以外にも倫理学、科学、医学などで議論や合理性の役割について著作を記しており、ある状況での議論や合理性の判断には、そこで独自に求められる基準の考慮が必要だと一貫して主張してきた。『議論の効用』は、議論のレイアウト（layout of argument）と領域（field）というコミュニケーション学者に影響を与えた概念を提供した。議論のレイアウトは、議論を構成する、主張（claim）、データ（data）、理由づけ（warrant）、裏づけ（backing）、限定語（qualifier）、反論（rebuttal）という陳述の役割に着目した分析手法である。データから主張がなぜ導けるのかという理由づけ、理由づけがなぜ受容されるかを示す裏づけ、主張の様相を示す限定詞、例外条件を示す反論は、詳細な議論の構造分析を可能にした。この議論のレイアウトと並んで重要なのは、評価に用いられる領域という概念である。トゥールミンは、領域横断（field-invariance）、領域依存（field-dependence）という用語を使い、議論評価には領域依存の基準が必要だという立場をとった。相対主義を含意する彼の立場は、推論一般の科学を標榜する論理学者よりも、さまざまな状況下で説得行為を研究していたレトリック研究者にとって受容しやすいものであった。

　論理形式に代わる分析手法としての議論のレイアウトに注目したブロックリーディとアーニンガー（1960）は、議論のタイプを因果関係（causal）、兆候（sign）、一般化（generalization）、類似例（parallel case）、類推（analogy）、分類（classification）、権威（authoritative）、動機づけ（motivational）の8つに分け、事実、価値、定義、政策に関する主張を行う際にどれが用いられるのかを検討した。伝統的論理学の

第4章 議論の理論

モデルと比較して、トゥールミンのモデルは、議論内の要素の関係性に注目し、形式・質量面を含む全ての要素をステップに分けて整理できるため、議論の批判的な検討ができると、ブロックリーディとアーニンガーは結論づけた。

領域に関する研究には、トゥールミン提唱の概念を明確化しようとするもの、法律、科学、芸術などのさまざまな領域における議論を検討して領域依存の基準を形成するものの2つが存在した。トゥールミン（1958:13）は、「提示される事実と導き出される論理タイプ」が違うと、領域が異なると述べている。最近の成績から導くデビスカップの代表選手選出に関する結論、殺人事件の証拠から導く被告の有罪に関する判断、絵画の技術的特徴から導く画家の価値などは、それぞれ別の論理タイプに属する。トゥールミンの問題意識は、これらの異なる領域に属する議論を、同じ用語、基準でどの程度評価できるかということにあった。

ザレフスキー（1982）によると、領域の概念の明確化を試みた研究には、その目的、性質、発展に関するものがある。目的に関する一連の研究は、何のために領域の概念が導入されるのかに答えようとした。性質に関する一連の研究は、ある議論がどの領域に属すると決定する特質は何かという問いに答えようとした。領域の特質とその領域での議論の間には関係があり、議論の批評家は議論の特徴をもとに領域を推測したり、逆に領域がわかっている場合に議論の特徴も推測できる（Zarefsky, 1982:199-200）。領域の発展に関する一連の研究は、領域がどのように盛衰するのかに答えようとした。領域に関するさまざまな研究を踏まえ、ザレフスキー（1982:203）は領域に関する一貫した研究プログラムは存在しないが、研究者が議論研究の目的や研究手法を認識するのに役立ったとしている。

領域に関する研究のもう1つの潮流は、学問のレトリック（rhetoric of inquiry）と呼ばれる、さまざまな学問領域での議論の研究である。人文学、社会科学、自然科学の中での議論やレトリックの役割に関心を持った研究者たちは、それぞれの分野で説得的言説を考察した。この一

連の研究は領域という概念自体を検討していないが、諸学問での説得的言説や議論のあり方を明確にし、領域依存の基準を明確にするのに役立った。

　コミュニケーション研究者への『新しいレトリック』の影響は、その英訳出版の 1969 年以降である。形式的、論理実証主義的立場から正義論に関する書物を書き、「同じ本質的範疇に属するものに同じ扱いをすることが正義である」という主張をしたペレルマンは、本質と非本質に関する判断が価値的なものになると認識していた。価値に関する理性的な議論の可能性をオルブレッツ・テュテカと検討するなかで、彼は古代レトリックの伝統に遭遇し、独自の理論を提唱した。

　『新しいレトリック』の受容としては論証と議論との違いや聴衆の概念などの議論の基礎的理論に関する研究が先行し、議論の技法に関するものが後に続いた。『新しいレトリック』は、議論を自然言語を用いて結論への聞き手の同意を増大させる活動であるとし、数学的な論証と対置した。さらに、議論の定義に聴衆の概念を組み込むだけでなく、「話し手が議論で影響したいとおもう人の集合」として聴衆を話し手の構成概念とみなした (Perelman & Oblrechts-Tyteca, 1969:19)。聴衆には理性を備えた人で構成される普遍的聴衆 (universal audience) と、特定の聴衆 (particular audience) がある。この聴衆の概念は、話し手が論理的な議論を構築したり、議論の批評家が議論の批評を行う際に有用である。クロスホワイト (1989:163) は、除去や追加によって特定の聴衆から普遍的聴衆を構築できるとした。特定の聴衆から特定、固有の特徴を除去する、または偏見を持つ者、想像力や同情心に欠ける者、非理性的で議論をたどれない者を聴衆から除外することで普遍的聴衆を構築できるとした。それに加えて、全ての特定の聴衆に訴える議論をすること、議論をしている際に向かいあう聴衆だけでなく、後の時代の類似する聴衆に訴えることで普遍的聴衆を構成できるとした。普遍的聴衆は、普遍的だが内容がない妥当性と、具体的だが特定化される妥当性の間に生ずるジレンマを回避するとクロスホワイトは評価している。

　聴衆に関する研究に加えて、より実践的な議論の技法 (argumentation schemes）も研究された。1985 年の米国討論協会誌（*Journal of American Forensic Association*）のペレルマン特集号は、準論理学的議論、類推、概念の分割などのさまざまな議論の技法を検討した。さらに、ウォーニックとクライン（1992）は、新しいレトリックプロジェクトの議論の技法の分類システムを用いてテレビ討論番組を実証的に分析し、その有用性を示した。

『議論の効用』と『新しいレトリック』は、コミュニケーション学内で議論教育に関わっていたディベートコーチが 60 年代以降、議論研究に取り組む際に理論的柱であり続けてきた。1983 年の全米コミュニケーション学会・アメリカ討論協会共催の第 3 回議論研究学術会議で基調講演者を務めたブロックリーディ（1983）が、この 2 冊の本が出版された 1958 年を議論研究のルネサンスの始まりと位置づけていることからも、その影響の大きさが窺い知れる。

2 議論研究の制度の整備

いかなる学問の発展と維持にも教育と研究の制度が要る。コミュニケーション学は、大学学部生向けのスピーチやディベートのクラスの開講や競技ディベートの支援を通して議論教育を推進してきたが、研究のための社会基盤である学術団体、学術会議、学術誌も徐々に整備してきた。本節では、これらの知の社会基盤の発展を検討する。

2.1 米国討論協会の発足と発展

米国討論協会（American Forensic Association）は、全米ディベートトーナメントを主催し、2 年に 1 度、議論学術会議を全米コミュニケーション学会と共催し、議論とアドボカシー誌（*Argumentation & Advocacy*）を年 4 回を発行する、議論教育・研究推進団体である。同協会は、議論やアドボカシー（公的主張）を通したエンパワーメントに公的に関ること、教育と研究でもエンパワーメントの推進を図ることを信条として掲げている。発足は 1949 年だが、当初は「討論プログラム

の指導者の関心を育て、弁論への参加の発展を奨励するための組織」だった。1964年に米国討論協会誌の出版を開始し、1987年には議論とアドボカシーに名称を変えて現在に至っている。ジャーナルは時代を追うごとに一般性のある議論の研究を奨励するようになってきており、現在は以前のように競技ディベートの試合の速記録や競技ディベート理論などを掲載することはほとんどない。1979年には、全米コミュニケーション学会と共催で、ユタ州のアルタで議論研究学術会議を開催し、それ以降2年ごと同地で学術会議を開催している。

2.2　1970年代の3つの学術会議・セミナーと議論研究の制度化

1974年にコロラド州のセデリアで開催された、討論に関する全国開発会議（National Developmental Conference of Forensics）は、討論教育の問題を話しあうことを目的としたが、討論活動の定義や研究にも話題は及んでいる。討論とは「問題の検証と人とのコミュニケーションにおいて議論的視点を用いることである」であり、議論とは「行為、信念、態度、価値の正当化のための、人間の理由の提示の研究」であると会議録では定義されている（McBath ed, 1975: 163）。会議では議論の理論の研究推進を提言の1つとして採択し、小集団、交渉、意思決定などと議論の関係、レトリカルな議論の妥当性の基準など、後に研究される議題設定も行った（15, 35-6）。

1978年には、ミネソタ州ミネアポリスで全米スピーチコミュニケーション学会が「知る方法としての議論（Argumentation as a way of knowing）」という夏期セミナーを開催した。トゥールミンも参加したこのセミナーの会議録に掲載された非公開討議の記録によると、議論の定義、議論とコンテクストの関係、議論の評価、議論と知識生産の関係などが討議されている。

1979年の第1回議論研究学術会議は、議論と法律、議論の理論と批評、議論と討論という3つの分野に焦点をあて、ユタ州アルタにて開催された。この会議で基調講演者を務めたグロンベックとザレフスキーは、当時議論研究が置かれていた状況を踏まえ、研究課題を提示してい

る。グロンベック (1980) は、演繹と帰納に基づく理論の有用性に疑念が抱かれ、構築主義やドラマ主義などの影響下でコンテクストを強調してきたコミュニケーション研究の一連の流れは、議論の理論が詩学的な企てである証だと述べている。また、議論批評に関しては新アリストテレス主義の批判や、スピーチ以外のさまざまなレトリカルなやりとりを扱う研究の流れが、実証主義的な研究方法の終焉を示唆しているとも述べている。この状況を受け、議論行為 (argumentation) と議論 (argument) と議論的対話 (arguing) の区別をつけ、社会や社会的基準を視野に入れた理論構築を行い、また当時広がりつつあった議論の理論と議論の批評の乖離をふまえて、理論と批評の関係を改善する研究を行うように提唱している。

　ザレフスキー (1980:23-24) は、討論活動に焦点をあてた研究が些末なものになると警告しながらも、討論活動に基づく研究の議論研究全体への貢献の可能性を認めている。討論教育が一般的コミュニケーション行動を反映すると捉えるならば、知識生産や意思決定の手段としての議論の機能を理解できる。また、討論活動のトピックの検討をすることで、さまざまな領域や学問分野での証明や妥当性の基準を決定できる。さらに、推定などの討論活動で用いられる概念は公的議論の分析に役立つ。二人の基調講演は、議論研究のレトリック研究と討論活動への深い関わりを示している。

　これまでの記述によると、議論教育の推進を目的とした米国討論協会の設立から時間が経つに従い、学術誌発刊、セデリア会議での研究の奨励、全米スピーチコミュニケーション学会の夏期セミナーとアルタ会議での研究活動のさらなる強調などが行われ、議論研究がコミュニケーション学の中で学術分野として制度化されてきたことがわかる。

3 議論研究の本格的な発展

　1970年代から80年代は、コミュニケーション学内部で独自の知見も生まれた。重要な知見の1つは、議論とは何かという概念に関わるもの

である。ブロックリーディ（1975:180）は議論がコミュニケーション研究の有用な視点であるとし、議論を「人々が理由を用いて1つの不確定な考えからもう1つの考えを選択するプロセスである」と定義づけた。議論は視点であるという立場では、さまざまなプロセスが議論の範疇に入るが、ブロックリーディ自身、小説、交響曲、結婚と離婚、禅に議論の視点を用いる学生がいたと驚いている。

　ブロックリーディの立場では、議論という言葉の異なる意味が適切に峻別されていないとオキーフ（1977）は指摘し、発話としての議論（議論1）と相互行為としての議論（議論2）に区別した。議論1は反論され、妥当である、誤謬的だとみなされる生産物（product）であり、複数の命題を用いて結論を導き出すものである。議論2は要領を得ないとか非生産的などとされる過程（process）として捉えられる。前者の研究が規範的（prescriptive）であるのが多いのに対して、後者は記述的（descriptive）または説明的（explanatory）であり、ブロックリーディの関心が議論2にあると指摘した。

　議論の概念や意味に加えて、議論へのアプローチ方法や視点も研究の方向づけには重要である。ウェンゼル（1980）は、ブロックリーディとオキーフの立場を参照しながら、アリストテレスに起源を持つレトリック、弁証法、論理学を、議論への3つの視点として提示した。レトリックの視点は、議論を説得的な過程とみなすもので、同意を得るためのシンボル使用行為を議論と捉える場合、レトリックの視点が用いられる。弁証法の視点は、ディベートやディスカッションなどのような管理された手順や手法として議論を捉える。論理学的視点は、コミュニケーション過程から抽出された一連の陳述として議論を捉える。これら3つの視点は、実践・理論上の目的、議論の起こる状況、議論が扱う規則、議論評価の基準、議論の話し手や聞き手といった、議論の理論が扱う諸要素に対し異なる立場をとる。それぞれの視点に立って議論を研究できるが、議論の十分な理解は3つの視点の知見の統合にかかるとウェンゼルは結論づけている。レトリックは過程に関わり、弁証法は手順に関わり、論理学は生産物に関わるというテーゼは、多くの議論研究者が受容

するものとなった。さらに、非形式論理学の視点による議論研究、語用論的弁証法の視点による議論研究と並び、議論への重要なアプローチとしてのレトリック的視点にスペースを確保した功績も大きい。

議論の概念、議論への視点に加えて、議論の質の判断を下す評価・批評も議論研究の重要な分野の1つである。論理学的視点、弁証法的視点に比べると、さまざまな状況における多様な行為が議論とみなされるレトリックの視点では、議論の質を峻別する簡潔な方法や基準を示すことは容易でない。レトリック的視点による議論評価・批評のパラダイムはいまだ形成されていないといえる。

パラダイムは存在しないが、レトリック的視点は批評実践を通して議論の評価・批評の理論へも大きな貢献をしてきた。トゥールミンの領域や、新しいレトリックの普遍的聴衆をふまえたコミュニケーション研究者の一連の研究は、多様性を考慮に入れつつ極端な相対主義に陥らない基準の提示として捉えられる。レトリックの視点からの議論評価・批評への大きな功績は、評価・批評実践を通して実際の議論を洞察し、その洞察を通してア・プリオリな理論を批判的に検討してきたことである。グッドナイトの提示した個人圏、技術圏、公共圏という概念は、スリーマイル島の原発事故に関する公的議論の批評に基づいており、その批評を通してトゥールミンの領域の概念を個人圏や公共圏と対峙する技術圏の中に再配置したものである。議論の評価や批評は、レトリック批評という知の分野との相互影響により発展してきたため、全貌の理解にはレトリック批評をふまえた探求が必要となる。

コミュニケーション学での議論研究の発展を語る上で、無視できないのがウィラードの社会科学的アプローチである。ウィラードの提唱した議論の理論はシンボリック相互作用主義に深く影響を受け、個人的構成概念理論（personal construct theory）に基づいて、議論の定義、証拠、トゥールミンモデルに基づく議論の構造分析、議論の評価・批評などの広範な研究課題をカバーする。ウィラード（1978:125）によると議論とは2人以上の人物が両立不可能とみなす命題を維持する相互行為である。この相互行為は言語で表現されうるものである必要はないため、

レトリック研究者がパラダイムとしてきた、言語を根幹に据えた議論の理論ではカバーできないものも議論とされる。ウィラードの主張はレトリック的視点の多くの立場と対立するが、対話モデルをもとに議論を分析する一部の論理学者や言語学者の立場と親和性が高く、感情や力や「気」の概念を理由づけのモードとみなして理論展開した哲学者ギルバート（1997）に明確な影響を与えているし、近年研究の高まりがみられる視覚的議論や肉体を議論と捉える立場とも親和性が高い。

4 まとめ

本章ではトゥールミンとペレルマン、オルブレッツ・テュテカの理論の受容に始まったとみなされるコミュニケーション学内の議論研究のルネサンスを、ザレフスキーの概観に従って教育実践から理論化への流れとして捉え、立ち上げられた制度と提唱された理論に焦点をあてて記述してきた。

1986年にアムステルダム大学で国際議論学術会議が開催されてから、異分野の議論研究者との交流が本格化し、議論に対するレトリック的視点はコミュニケーション学者の占有物ではなくなった。クロスホワイトやティンデールは哲学者の立場でペレルマンを研究して独自の議論の理論を展開し、ファン・イームリンもレトリカルな巧略（rhetorical maneuvering）という名称で語用論的弁証法的視点にレトリックの視点を組み込む研究をしている。このような交流の流れは進んでいくだろうが、ウェンゼルの述べているような論理学的、弁証法的、レトリック的理論の統合がいかなる形で起こっていくのか、明確な道筋は見えていない。ザレフスキー（2001）は、(1)弁証法とレトリックの融合、(2)ミクロ、マクロレベルの議論の分析、(3)公共圏の議論の理解、(4)語用論的弁証法理論の他の対話タイプへの応用、(5)議論の文化的重要性と、議論に価値を置く文化の特質の理解を議論研究の課題としてあげている。これらの課題は、論理学的、弁証法的、レトリック的視点を組み合わせないと取り組めないものであり、今後の取り組みがより包括的な議論の理論への

道筋となるだろう。

---- **引用文献** ----

American Forensic Association <http://www.americanforensics.org/> 2010 年 4 月 22 日.

Brockriede, W. (1975). Where is argument? *Journal of American Forensic Association,* 11, 179-182.

Brockriede, W. (1983). The contemporary renaissance in the study of argument. In D. Zarefsky, M. O. Sillars, & J. Rhodes, (Eds), *Argument in transition: Proceedings of the third summer conference on argumentation* (pp. 17-26). Annandale VA: Speech Communication Association.

Brockriede, W., & Ehninger, D. (1960). Toulmin on argument: An interpretation and application. *Quarterly Journal of Speech,* 46, 44-53.

Crosswhite, J. (1989). Universality in rhetoric: Perelman's universal audience. *Philosophy and Rhetoric,* 22.3, 157-173.

Gilbert, M. A. (1997). *Coalescent argumentation.* Mahwah, NJ: Lawrence.

Gronbeck, B. E. (1980). From argument to argumentation: Fifteen years of identity crisis. In J. Rhodes & S. Newell (Eds), *Proceedings of the summer conference on Argumentation* (pp. 8-19). n.p.: n.p., 1980.

McBath, J. H. (Ed). (1975). *Forensics as communication: The argumentative perspective.* Skakie, Ill: National Textbook Co.

O'Keefe, D. (1977). Two concepts of argument. *Journal of American Forensic Association,* 13, 121-28.

Perelman, C., & Olbrechts-Tyteca, L. (1969). *The new rhetoric. A treatise on argumentation.* Translated by John Wilkinson and Purcell Weaver. Notre Dame/London: University of Notre Dame Press.

Thomas, D. (Ed). (1981). *Argumentation as a way of knowing.* Annandale, VA: Speech Communication Association.

Toulmin, S. E. (1958). *The uses of argument.* Cambridge: Cambridge University Press.

Warnick, B., & Kline, S. L. (1992). The new rhetoric's argument schemes: A rhetorical view of practical reasoning, *Argumentation and Advocacy* 29, 1-15.

Wenzel, J. (1980). Perspectives on argument. In J. Rhodes & S. Newell (Eds),

Proceedings of the Summer conference on argumentation (pp. 112-133). n.p.: n.p.

Willard, C. A. (1978). A reformulation of the concept of argument: The constructivist/interactionist foundations of a sociology of argument. *Journal of American Forensic Association*, 14, 121-140.

Zarefsky, D. (1980). Argument and forensics. In J. Rhodes and S. Newell (Eds), *Proceedings of the summer conference on argumentation* (pp. 20-25). n.p.: n.p., 1980.

Zarefsky, D. (1982). Persistent questions in the theory of argument fields. *Journal of American Forensic Association*, 18, 191-203.

Zarefsky, D. (1995). Argumentation in the tradition of speech communication of speech communication studies. In F. H. van Eemeren, R. Grootendorst, J. A. Blair, & C. A. Willard (Eds), *Proceedings of the third ISSA conference on argumentation: Perspectives and approaches* Vol. I (pp. 32-49). Amsterdam, The Netherlands: Sic Sat.

Zarefsky, D. (2001). Directions for research in argumentation theory In G. T. Goodnight (Ed), *Arguing communication & culture: Selected papers from the twelfth NCA/AFA conference on argumentation* Vol. I (pp. 32-39). Washington DC: National Communication Association.

第 5 章
レトリックとペダゴジー

板場 良久

1 ペダゴジー

「ペダゴジー」（pedagogy）は、古代ギリシャ語の"paidagoge"（または"paedagoge"）を語源とし、「子供」を意味する"paid"と「導く」を意味する"ago"の複合語である。ここで問われるのは、子供を導く方向である。古代ギリシャの教育では、それが民主主義社会（democracy）であったことからも推察できるように、ポリスという共同体の営為に導くことを意味していた。ポリスは、「政治」を意味するポリティクスの語源でもあるように、人民により直接的に運営される都市国家であった。したがって、ペダゴジーは、教育を受ける人々をポリスの構成員すなわち政治的存在に育てることを目指した。

古代ギリシャでは、教育システム一般を「パイデイア」（paideia）とも呼んだ。「パイデイア」は、人々とりわけ子供たちを公的な生活空間に導くために育てることを意味していた[1]。したがって、その内容は、ポリスにおいて公的生活を営むために必要と考えられたレトリック、文法、数学、音楽、哲学、地理、自然史、体育であった[2]。なお、この教養教育は、公的生活を営む自由で美しい人間の養成を理想としていたため、技芸や商売の方法を含まなかった[3]。

ポリスでの人間像については、アリストテレスの理論が有名である。アリストテレスは、まず、人間の魂には「すぐれた意味でのロゴス的部分」「欲求的部分」「植物的部分」の3つがあり、このうち、「すぐれた

意味でのロゴス的部分」は「認識的部分」と「勘考的部分」から構成されるという。「認識的部分」は、「観想・観照」（テオリア）を働かせ、必然的なもの（自然法則によって起こるもの）を考察の対象とし、それがすぐれた働きをすると「知恵」（ソフィア）を生むと考えた。一方、「勘考的部分」には「実践」（プラクシス）と「制作」（ポイエーシス）があり、その対象は必然的なものではなく、蓋然的なものであるとした。蓋然的なものとは、人間によって作り出されたもの、すなわち〈それ以外の仕方において、あることのできるもの〉である。なお、「制作」の目的が制作物の完成であるのとは対照的に、「実践」の目的は〈よくやること〉自体にあるという。また、「観想・観照」がすぐれた働きをすると「知恵」を生むのと違い、すぐれた「実践」は「賢慮・思慮」（プロネーシス）を生むという。

　言論行為に関わるレトリックにとって重要なのは、「実践」であり、〈別の仕方もありえる〉蓋然的なものを対象とした賢慮ある行為である。アリストテレスは、「人間は自然本性上、政治的動物である」と述べ、ポリスの運営すなわち政治と関わりながら生活せざるをえない存在であることを示した。つまり、人間は本来政治と切り離すことのできない生き物だということである。その政治の領域とは、アリストテレスによると、〈人為的にどうすることもできないもの〉の領域（自然法則の支配する領域）ではなく、〈別のものでもありえるもの〉を対象とする「実践」の領域である。そして、この「実践」の領域にこそ言論教育が位置づけられるのである。言論は〈別のあり方の可能性〉を大前提とすることで成り立ち、同時にそれを追究する活動だからである。

　この言論活動と政治的存在としての市民教育をパイデイアとして強調したのが、次の言葉を遺したイソクラテスである。「深識遠慮の行為が言葉なしに生じることはなく、また行為も思考もすべてその導き手は言葉であり、最大の知性を備えた者こそが最も言葉をよく用いること、おのずと明らかになることを知るだろう」[4]。つまり、イソクラテスは共同体を運営する言葉に注目し、言論教育を強調している。しかし、現代のスピーチ・コミュニケーション論を基礎づけたのは、イソクラテスで

はなく、アリストテレスの弁論術であった。

2 現代社会と古代ギリシャ

　古代ギリシャの言論教育を概観した理由は、われわれの現代社会との共通点や相違点が混在しているからである。共通点は、古代ギリシャが民主主義に基いて運営されていたことであろう。もちろん、現代社会の代議士制（間接民主制）ではなかったにせよ、古代ギリシャのポリスへの参加は現代社会の統治形態の原型とされている。一方、相違点は、まさにこの間接民主制にある。すなわち、社会が近代化し資本主義に基づいた大量生産的経済活動が中心になると、政治は専門化・職業化した。これにともない、人々の関心は、お金をいかに稼ぐか、そしてそれをどのように使用するかということに向けられるようになり、政治については、それを生業にする政治家や官僚と呼ばれる専門家に任せるようになった[5]。その結果、古代ギリシャで「政治的動物」であると考えられていた人間の多くは、上述した意味での「実践」という政治的公共空間への参加から遠ざかり、社会改善のための政治的言論よりも、むしろ、個人の立身出世のための効果的な自己表現力や人間関係力を高めるためのコミュニケーション・スキルを求めるようになった[6]。

　レトリック学を基盤にしたスピーチ・コミュニケーションという領域においても、この傾向が色濃く反映されていた。日本のスピーチ・コミュニケーション教育が参照したアメリカでの教育をみてみよう。例えば、1972年に第2版として出版された *Public Speaking: A Rhetorical Perspective* には、「〈なぜ〉ある人が別の人より効果的なのか？」という問いの「なぜ」に答えることが重要であると記されている。つまり、効果的な個人になることが教育目的なのである[7]。スピーチ・コミュニケーションの公的側面を強調した *Principles and Types of Speech Communication* の第10版（1986年）でさえ、"Personal Survival" という節を設け、個人の説得力向上によって得られる自己への報酬が、スピーチ・コミュニケーションの学習目標に含まれると明記してある[8]。この

ように、よく語ることで良い関係と良い見返りをもたらす手段としてスピーチ（他者を導く発話）を磨くという発想が色濃い[9]。

　日本の高等教育にも、1960年代以降、スピーチ・コミュニケーション論が徐々に取り入れられてきた。ただし、松本（1982）や中澤（1996）が指摘するように、それは確立されておらず、その取り組みもさまざまであるという状況が続いている[10]。しかし、学習者個人の知識と技能を向上させることに主眼が置かれていること自体は共通認識である。つまり、コミュニケートする主体としての個人を想定することで、アリストテレスの『弁論術』に表明されたレトリック観が引き継がれている。予め存在する個人としての自己が他者と関係を取り結ぶという思想、コミュニケーションに先立って自己主体があるという思想である[11]。

3　現代コミュニケーション学における「パイデイア」

　1990年代に入ると、アメリカのレトリック研究において、イソクラテスが注目され始める。例えば、イソクラテスのレトリック論を再訪したClarkは、レトリック批評家（厳密には批判的レトリシャン）の役割を共同体への「批判的奉仕」（critical servant）であるとした[12]。また、Haskinsも、イソクラテスをアリストテレスの「ライバル」として注目し、両者の言語観を比較した。例えば、アリストテレスはリテラシーを言語外部の現実を伝える手段だと考えたが、対照的に、イソクラテスは発話そのものが現実が何であるかを政治的に争う媒体であると考えたことを強調した[13]。また、日本では、柿田（2004）が、タキス・ポウラコスの『ポリスのための語り〜イソクラテスの市民教育』に沿ってイソクラテスのレトリック論を再構築する中で、「イソクラテスは、これまでアリストテレスに支配されてきたレトリック研究の伝統それ自体を覆す可能性を秘めている」としている[14]。

　これらの研究に通底するのは、レトリック研究者の役割と教育目標に関する示唆であろう。Clarkの提唱する「批判的奉仕」とは、批判的な力を公に捧げることであり、教育により高める問題意識の対象は、個人

のスキルよりも社会の政治性すなわち言説・法・文化[15]における力関係である。こうした磁場に注目し分析・発言できる学習者は、最早、人そのものを判断するのではなく、言論上の力関係を射程に入れる。例えば、「あいつは話が上手いが、それはなぜか」を問うのではなく、「上手い下手で人を判断する風潮や言説はどのように生じ、どう変革されるべきか」を問うのである。

4 市民レトリシャンの教養教育としてのペダゴジー

以上で概観したレトリック論におけるパイデイアの回復をペダゴジーとして回収し、現代レトリック論を確立していくならば、いくつか留意すべき点がある。以下に3つ取り上げておく。

世論・諸説

「世論」を英語で"climate of opinion"と呼ぶことがある。ここで重要なことは、"climate"という表現である。世論・諸説というものには「動向」があり、「天候」のごとく常に動いているという捉え方である。つまり、古代ギリシャのレトリック論で言うところの「ドクサ」(意見)が「エンドクサ」(良識ある市民たちの考え)に発展したからといって、それが事実・通念・価値として普遍化されたわけではないという認識が、まず、重要である。そして、さらに重要なことは、"climate"の科学的理解が複雑系の科学の範疇に入るという認識である[16]。このことを踏まえれば、点と点を結んだかのような因果律では到底語りえない天候的な言説動向の中で、その都度判断を下しながら言論活動に参加するという意識を持つことが重視されるのだ。

「知ること」(プロネーシス 賢慮)と「わかること」(エピステーメ 学知)

折島によると、「『わかる』と『知る』は違う」。「『わかる』というのは、ある基礎的な真実を把握するということだが、『知る』というのは、なにかを『使える』とか、なにかを使ってなにかを『する』ことだ」[17]。

古代ギリシャのレトリック論に、「知ること」と「わかること」を完全に対応させることは困難であろう。しかし、これらは概して、「賢慮(プロネーシス)」と「学知(エピステーメ)」にそれぞれ対応するのではないだろうか。柿田（2004）は「賢慮(プロネーシス)」と「学知(エピステーメ)」について以下のように述べる。

> 専門性が高く、厳密さを要求され、普遍的であるべき学知(エピステーメ)こそが哲学の習得には重要であると考えたプラトンは、時代とともに変化する臆見(ドクサ)は虚偽であるとして臆見(ドクサ)を哲学の領域から分離する。（略）学知(エピステーメ)を重視したプラトンとは対照的に、イソクラテスは賢慮(プロネーシス)を哲学の中心に置いた。（略）われわれが出会う一つの文化の背後には、複数の異なる文脈が流れており、（略）その際に必要な賢慮(プロネーシス)を涵養する教養の手段がレトリックであり、レトリックの教育は賢慮(プロネーシス)を訓練することで磨かれる政治的判断にこそ意義があるのだ[18]。

　これらを総合すると、レトリカルな市民を輩出するペダゴジーは、賢慮(プロネーシス)としての「知ること」を教えていくことなのではないだろうか。

「人間」と「時間」

　「人間」を「じんかん」と読む場合、人そのものであるよりも、人と人の関係を意味しうるが、それは主に言語なのではないだろうか。言語の代わりに記号と言っても良いかもしれない。例えば、個人名も、その人の身体からにじみ出たものではなく、通常、本人の身体や意思とは別次元の外部から貼られるものである。そして、その名は、本人が自己を表すものとして認識する前から、周囲がその本人を他者として認識する手段として用い始めるものである。

　「時間」というものも人と人との間に存在する。コミュニケーション理論にある〈コミュニケーションの不可逆性〉とは、まさにコミュニケーションが時間と共にあり、時間と同様に元に戻せないことを指摘したものである。しかし、時間を空間化したとき、われわれは時間を遡ることができる。それは時計の針を逆回転させ、カレンダー上で遡及していくことであり、年表という空間で過去に遡ることである。しかし、時

間とは時計やカレンダー、年表のようにリニアで計測可能なものだけではない。

　レトリック理論における時間概念が「カイロス」である。これは「時宜性」などと訳され、話者が発話の瞬間をとらえるタイミングのことであり、上述のようなリニアで計測可能な時間を示す「クロノス」ではない。ただし、「カイロス」が重要なのは、話者のタイミングをつかむ技術を養成する手がかりになる概念だからではない。むしろ、「カイロス」が世論や諸説の動向を知ることと連携していることが重要なのである。現在どの考えが支配的であり、どの考えが抑圧されているのか、そして、それらの諸関係が現在までどのように動いてきたのかを知る突破口として「カイロス」という概念は存在している。

　「カイロス」という語は、最初にホメロスの『イリアス』[19]に登場する。そこでは、「カイロス」とは身体の弱い部位、傷つくと生命が危険にさらされるような部位、すなわち保護の必要な身体部位を意味していた。したがって、当初、「カイロス」とは場所に関する意味を伝えていたようだ。ヘーシオドスの『仕事と日』[20]に至ると、「カイロス」は「適量」「適度な釣り合い」「調和」といった意味を持っていた[21]。そして、やがて「カイロス」は、線的な時間の概念を表す「クロノス」との差異を示す時間表現として用いられるようになった。このとき「カイロス」は、行為判断のための「適切な時間」を意味する語となり[22]、宇宙秩序（コスモス）の一律的時間を表す「クロノス」から差異化された。したがって、「カイロス」は変化する状況の中で文化的に意味が変化する動きを指していた[23]。

　現代ギリシャ語で「カイロス」が「天気・天候」も表すことは注目に値する。気象は複雑系のものである。「カイロス」とは、したがって、天候のように複雑に動く世論や諸説の中で賢く言論活動に参加していくことを奨励するものである。ここで「世論」を英語で "climate of opinion" と呼ぶことの意味を再想起しよう。われわれは「クロノス」の奴隷ではない。むしろ、「クロノス」を使いこなす判断を複雑な "climate" の中で下し続ける市民である。

5 結語

　以上で概観したペダゴジーとしてのレトリック論を現在の教育的文脈に置くと、少なくとも次の視点が得られるだろう。それは、ペダゴジーとは特別な教育方法を実行することではないということである。ペダゴジーとは、実は、われわれ（とりわけ研究者）がすでに実践しているものである。研究者は広く深く学び、先行研究やデータ、思想に触れ、問いを立て、少しでも新しさのある説明をしようと語る。語りは、学会であったり、誌上であったり、授業であったりする。その際に展開される持論の時宜性が問われることも自覚しているだろう。なぜなら、他の研究との関係で位置づけがなされない持論の展開が自己満足の域を脱しないことを知っているからである。持論は、どの段階のどのような先行研究や諸説の流れに投じられるべきものかという問いを無視できないことを知っている。さらに、研究活動において常に注目するものは、関連する諸学説であって、自分や他の研究者の人柄ではないという点である。そして、持論のポジショニングを行いながら、発話のタイミングを考えてもいるのである。したがって、研究者は、広義の政治家でもある。（「教育を政治化してはいけない」という立場も、「そうならざるを得ない」という立場と政治的論争関係を取り結んでしまうことは、よく知られている。）

　また、大学の専任教員であれば、教授会や委員会に出席し、これまでの制度などを学びつつ、現行制度の改訂作業や学校行事の企画運営にも参加する。その際に重視されることは、ここでもやはり、時宜性である。なぜ今、これを始めるのか/廃止するのか、といった問いは常につきまとう。また、こうした会議での検討対象は、関係者の人柄よりも現行規則や言説の妥当性である。

　研究者がペダゴジストであるとき、何も特別な教育を施す必要はない。研究者として常日頃遂行している上述のようなことを学生たちに教えながら一緒に取り組めばよい。それがパイデイアである。そのとき学

生たちは、時間の複雑な流れと共に政治的に変化する世論や諸説の動向を、天候（カイロス）の変化を知るかのごとく知り、発話のタイミングに関する賢慮ある判断を行おうとし、自身の立ち位置を知り、持論を投じることで、コミュニケーションに参加・奉仕できるようになるのではないだろうか。そのとき学生は、研究者らと共に、わかった気になるのではなく、本当に知ろうとしていることになる。

▶注

1) ポリスへの政治参加者は成人男性のみであった。
2) *Oxford English Dictionary*, "Paedeia." Online Draft Version, 2005.
3) 「パイデイア」については、Werner Jaeger, *Paideia: The Ideals of Greek Culture*, vols. I-III, trans. Gilbert Highet（Oxford UP, 1945）を参照。
4) イソクラテス/小池澄夫訳「アンティドシス」『イソクラテス弁論集 2』京都大学出版会。
5) 現在でも自治運営はあるが、統治という点で実効力を持たない。
6) このような情況で「実践」の意味も変容し、「自分で実際に行うこと」程度の響きしか持たなくなった。（『標準国語辞典』旺文社、1976 年）
7) Jane Blankenship, *Public Speaking: A Rhetorical Perspective*, 2nd ed. (Englewood, NJ: Prentice Hall, 1972), p. xiv.
8) Ehninger, D. et al., *Principles and Types of Speech Communication*, 10th ed. (Glenview, IL: Scott, Foresman and Co., 1986), p. 5.
9) うまく伝え合えれば本人への報酬があるという言説は、社会の産業化・都市化に伴い人間関係の向上がテーマになってきたこととも関係がある。例えば、『人を動かす』の著者 D. カーネギーのような教育実業家は、結局のところ、コミュニケーションの成功法を説くことで、彼自身が大成功を収め、寄付活動を行えるほどになった。そして、それにより、対人印象がさらに向上するという循環になったが、このような近代啓蒙主義的教育事業の陰の部分に注目する研究が待たれる。
10) 松本茂「わが国のスピーチ・コミュニケーション教育の現状と問題点」『ビュブロス』第 4 号、75-83 頁。中澤美依「日本人による教育的実践コミュニケーション研究」『日本コミュニケーション研究者会議 Proceedings』第 7 号（1996）、123-143 頁。
11) 主に個人のコミュニケーション力を向上させる教育は一定の成果はあげてい

ると考えられる。集団の中でよくコミュニケートする個人が、そのスキルにより、集団運営に貢献しうるため、個人の発話技能を強化する教育の重要性は否定できない。しかし、それでもうまくできない人間の価値判断に関する問題が残る。また、コミュニケーションの始点（責任主体位置）に個人を置くと、自己責任のレトリック（ネオリベラリズム）論の強化という政治的問題が出てくる。拙稿「コミュニケーショ能力」『よくわかる異文化コミュニケーション』池田理知子編（ミネルヴァ書房、2010）を参照。

12) Norman Clark, "The Critical Servant: An Isocratean Contribution to Critical Rhetoric," *Quarterly Journal of Speech*, 82 (1996) : 111-124.
13) Ekaterina V. Haskins, "Rhetoric between Orality and Literacy: Cultural Memory and Performance in Isocrates and Aristotle," *Quarterly Journal of Speech*, 87 (2001) : 158-178.
14) 柿田秀樹（2004）「隠れたレトリックの伝統〜イソクラテスの市民教育」『獨協大学英語研究』第59号、17〜33頁。ポウラコスの原著は以下のとおり。Takis Poulakos, *Speaking for the Polis: Isocrates' Rhetorical Education* (Columbia, SC: U of South Carolina P, 1997).
15) 文化の政治性については、本橋哲哉『カルチュラル・スタディーズへの招待』（大修館書店、2004）を参照。
16) 複雑系科学の台頭については、Mitchell M. Waldrop, *Complexity: The Emerging Science at the Edge of Order and Chaos* (New York: Simon & Schuster, 1992) などを参照した。
17) 折島正司「ポスト構造主義の使い方」ベルジー、K./折島正司訳『ポスト構造主義』岩波書店、2003、168〜169頁。
18) 柿田、前掲、24〜25頁。
19) ホメロス/松平千秋訳『イリアス〈上・下〉』岩波書店、1992。
20) ヘーシオドス/松平千秋訳『仕事と日』岩波書店、1986。
21) George Liddell & Robert Scott (Eds.), *A Greek-English Lexicon* (Oxford: Oxford UP, 1996).
22) 「良い時間」を「ユーカイロス」、悪い時間を「カカカイロス」と呼んだ。また、適切なタイミングのない場合は「アカイロス」と呼んだ。
23) Phillip Sipiora. "Introduction." *Rhetoric and Kairos: Essays in History, Theory, and Praxis*. Eds. Phillip Sipiora & James S. Baumlin (New York: State U of New York P., 2002).

第 VI 部

コミュニケーション学の問題系

第 1 章
カルチュラル・スタディーズ

中西 満貴典

1 コミュニケーション学の新たな課題とカルチュラル・スタディーズ

　近年、コミュニケーション学が研究対象としてきたものを反省的に捉え、新たに取り組むべき研究課題が提出されている（藤巻ら，2006）。その批判の対象は、これまではコミュニケーション学が単なる技術の問題とされてきたこと、相手の心性を知るための精神の問題とされてきたこと、さらには、マス・コミュニケーションの技術の問題に矮小化されてきたこと等である。いずれの場合においても、コミュニケーション学が他の学問領域の隷属的な位置づけとして扱われてきたことを問題にしている。また、特筆すべきことは、従来のコミュニケーション学が「権力」とコミュニケーションとの接点に目を向けてこなかった、という事実の指摘である。このような反省をふまえて提示される、新しいコミュニケーション学の課題として示されるのは次のような観点である。それは、「真理」とされている知によって「主体」のあり方を規定しようとする規律型の権力や、自然に見える同意生産をうながす権力を考察するにあたり、そのような権力と人びととが交渉する場（トポス）を、コミュニケーション・プロセスに照準し前景化していくことである。つまり、コミュニケーション学(研究)の新たな主題とは、このような権力が生みだされる、ある特定のいとなみの場（せめぎあいの場）に、より積極的に介入していくことの中に現れるものである。

このような、コミュニケーション学の前提に立てば、その方法論をいかなる源泉に求めていけばよいのだろうか。そこで着目すべきは、戦後、英国で勃興して広まったカルチュラル・スタディーズのさまざまな企てである。それはコミュニケーション学の新たな問題系に取り組むための方法論を示唆していると思われる。本章の展開は、この観点に従って、英国でのカルチュラル・スタディーズの諸実践や、それらが援用した理論について概観することを中心とする。留意すべき点は、カルチュラル・スタディーズに何か特別の理論があって、それをコミュニケーション学が参照するという姿勢ではなく、カルチュラル・スタディーズは理論というよりもむしろ「企て」として捉え、そのさまざまな企ての中からコミュニケーション学が援用すべきものを抽出する、という方向性を持つことであろう。

2 カルチュラル・スタディーズの企て

レイモンド・ウィリアムズ（Raymond Williams）によれば、「文化」の観念が英国人の思考の中に生起したのは、産業革命時代においてであり、19世紀後半になって文化概念は、「物質的・知的・精神的な生活の仕方全体」（Williams, 1958＝1968:4）を意味するようになった。文化（カルチュア）という言葉の意味の変容は、産業・民主主義・階級・芸術といった言葉の歴史的諸変化を反映しているものとして捉えられた。そこで、生活の仕方全体として理解される「文化」概念を探究するためには、社会的・経済的・政治的生活に生起した諸変化と共に考察しなければならないことが示唆され、文化に関する新しい一般理論の探究が提唱された。以前ならばアカデミズムの対象外であった大衆文化は、知的な研究対象としてウィリアムズやリチャード・ホガート（Richard Hoggart）らによって取り上げられ始めたのである（Hoggart, 1957＝1974）。

1964年、英国のバーミンガム大学に現代文化研究センター（the Centre for Contemporary Cultural Studies：CCCS）が設立された。1969年にホガートに代わりセンター長に就任したスチュアート・ホール

(Stuart Hall) を中心に、大衆文化研究は、カルチュラル・スタディーズとして研究実践が蓄積されていった。そのような研究のうねりは欧州大陸の当時の思想潮流（構造主義や記号論など）と組み合わされることによって、メディア研究や権力分析へと大きく発展していった。

ホールは、論文 'Encoding and Decoding in Television Discourse'（CCCS 謄写版(1973 年)。改訂版(1980 年)は、'Encoding/decoding' の題で *Culture, Media, Language* に掲載）の中で、メッセージの送信者と受信者を直線的に結ぶ、米国の行動主義的コミュニケーション研究観を批判した。そこでは、コミュニケーション・プロセスにおける、メッセージの生産を担うコード化（encoding）とその消費（読み）を担う脱コード化（decoding）それぞれの存在条件は、重層的に決定されるというモデルが提出された。また、送信者と受信者のコード化/脱コード化モデルには乖離やずれが生じるが、その契機は社会的、経済的、政治的なコンテクストによって生みだされたものであるとされた。また、メッセージの「優先的な」読みが予めコード化されていることが論じられた（このようなメッセージの脱コード化には、「支配的な」読み、「交渉された」読み、そして「対抗的な」読みの3つが提示された）。しかし、「対抗的な」読みについては、それによってただちに支配の秩序そのものを転覆することにつながるほど現実は単純なものではない。脱コード化としての「対抗的な」読みの諸実践そのものが、究極的には支配的なコードの再生産に寄与することになってしまうことの好例が、ポール・ウィリス（Paul Willis）の著『ハマータウンの野郎ども』（Willis, 1977＝1987）の中で雄弁に示されている。

ウィリスは、英国の労働者階級に照準し、階級文化が社会で再生産される独特の形式に着目した。社会を構成する人びとが、それぞれの立場をめぐる対立や交渉を、伝統的なマルクス主義の上部・下部構造の図式（経済を本質とする説明の体系）ではなく、文化の次元、それも人びとが自らを表出し意味づけをする、その特定の仕方（労働者階級の文化でいえば、学校の中で「落ちこぼれる」その仕方）そのものをエスノグラフィー的研究方法によって明らかにすることが試みられた。ウィリスの

第1章　カルチュラル・スタディーズ

方法の注目すべき観点は、反学校的な男子生徒たちが、自ら進んで生産労働の職業を選びとっていくプロセスが反復されることによって労働者階級の文化が形成され再生産されていく、という視角である。また、このような文化の形成プロセスが、既存の支配体制が温存されるメカニズムと深く結びついていることが洞察されている。

　上記のような日常的実践への着目の文脈でいえば、ミシェル・ド・セルトー（Michel de Certeau）の仕事を援用したジョン・フィスク（John Fiske, 1986）は、支配的なものに対する大衆文化の抵抗の戦術が、どのように行われるのか、さらに支配的なコードを転覆したりすることさえあるのかを論じている（Fiske, 1986）。そこでは、日常生活のレベルの諸実践を分析することの重要性が説かれている。ボトム-アップ型権力（Fiske, 1988）における抵抗の実際を明らかにするために、優先的読解に支配されながらも「読み」による状況の反転の可能性が探究されるのである。

　カルチュラル・スタディーズのさまざまな企ては、いくつかの対立図式を生みだしてきた。英国のレイモンド・ウィリアムズに代表される、歴史やイデオロギーに対する人間の主体の力に重きをおく〈カルチュラリズム〉に対して、構造主義的記号論の影響を受けた構造主義的アプローチとの間には一見したところ断絶がみられた。構造主義者によってカルチュラリストの唯物論的アプローチが批判される一方で、カルチュラリストは構造主義者が過度のテクスト決定主義の方法をとることを批判する。この両者の対立図式は、政治的・歴史的・社会的なコンテクストに視点をあてた研究と、テクストに焦点をあてた研究に分節することもできる。このような方法論上の対立はトニー・ベネット（Tony Bennett）が指摘するように、アントニオ・グラムシのヘゲモニー理論に関心が持たれるようになってからは、構造主義とカルチュラリズムの区別は大きな意味をもはや持たなくなった（Bennett, 1986）。

　このような流れは、ある特定の要素を本質的なものとして措定し、それが起因となって他の要素を決定するという、いわば決定論の存在理由が希薄になっていたことを示唆する。カルチュラル・スタディーズ以前

は、経済を本質とする下部構造によって、上部構造に位置する「文化」を決定するという伝統的マルクス主義的な決定論が支配していた。カルチュラル・スタディーズにおいても、文学、言語学、歴史学、社会学等の各理論家がそれぞれ経験したアカデミックな訓練の背景に従って、テクスト決定論、唯物論的な社会観や歴史観がそれぞれ支配していた。これら方法論のせめぎあいを調停するものとしてのヘゲモニー概念は、コミュニケーション学の新たな主題への取り組みの際においても示唆的であると思われる。

3 諸実践の場(トポス)に介入するレトリックの可能性

　カルチュラル・スタディーズの方法論上における闘争に特権的に介入することができるのは、コミュニケーション学(研究)であると考える(記号論も然り)。媒体的なものを起点とする方法論(テクスト分析など)と、物質的なものを起点とする方法論(社会学、歴史学など)の両方に関与できるのは、コミュニケーション学の特質であろうし、また同時に、そのような可能性も秘めている。権力の構築のプロセスを、支配する側と支配される側の対立的な交渉や闘争のヘゲモニーモデルとして捉えるならば、学問上のアプローチにおける両者のせめぎあい(媒体的なものと物質的なものへの依拠)への視角を同時に持ちうるものの1つとして、コミュニケーション学を位置づけることが可能であろう。そのためには、レトリックを単に言葉上のものとして限定するのではなく、レトリック批評が、広義に、物質的なものにも介入することができる批評行為として捉えなければならない。

　そのような批評行為に焦点をあてる際に、日常的な生活世界において、私たちはさまざまな節合的実践を行っていることに着目することが有用である。対話における話したり聞いたりする行為、手紙やメールを通じて文を書いたり読んだりする行為、あるいは物を生産したり消費したりする行為は全て節合的実践といえる。そのような実践において、ある規則に従い、あるものと別のものがつながれたり、反対にずらされた

り（「関節をはずす」という表現が接合ではなく節合（articulation）の字義に相応）するという意味がはらまれている。その場合、「優先的な読み」の場が産出しうるが、それは決して固定的なものではない。そのような「現実」に切り込むために、言いかえれば批評行為を行うために、言語（記号）をめぐるコード化/脱コード化のいとなみとしての節合的実践の場を探究することが求められていく。

ミシェル・ド・セルトー（1987）の論は、ホールのコード化/脱コード化モデル、ウィリスの反学校の文化の諸実践のカルチュラル・スタディーズの企てと深く関連するものとして読むことができる。セルトーによれば、「生産」には2種類ある。1つは中央集権的な合理化された目に見える形で姿を現す生産。もう1つは、支配的経済体制（支配的文化のエコノミー）によって押しつけられた製品を、自分たちの利益にかなうように変化を加えて使いこなすことによって、自らを表象するための、不可視な「生産」である。このような目に見えない消費の実践を探究することが重要な課題として位置づけられる。

セルトーは、消費というもう1つの「生産」概念をふまえて、「戦略」と「戦術」との対比を行い、レトリック（話し方の技法）を戦術の典型的な例として捉えている。レトリックは、言葉を動かす規則であるラング（言語）の場、言いかえれば「戦略」に特有の制度という固有の場において働くものである。会話の実践は、言葉を介在した1つの消費であり生産でもあり、その実践を通じてパロールの状況を反転させる契機にもなりうるものである。「消費」や「読むこと」は、一見したところ受け身的な表象をおびているようにみえる。ところが、読者は、テクストを「読むこと」を通じてメタファーや乗っ取りの策略という、いわば密漁ともいうべき働きを行っているのである。

支配的文化のエコノミーによって提示される「製品」（ある特定の「読み」を促す言説）に対して、交渉し抵抗する戦術としての「消費」（脱コード化の実践、それも「対抗的な」読みの実践）が実際に行われる場に、コミュニケーション学が介入する際の方向性が問われてくる。それは、カルチュラル・スタディーズのいとなみが示唆する方法論上の両次

元でのアプローチによって、つまりテクスト分析および物質的な社会的コンテクストによって、言説空間における支配的な体制に対して、日常的実践としての「読み」や「消費」の中に人びとの「知略」の現れを記述していくことであろう。

―――― 引用文献 ――――

Bennett, T. (1986). The politics of "the popular" and popular culture. *In Popular culture and social relations*. T. Bennett, C. Mercer, & J. Woollacott (Eds.), (pp. 6-21). Milton Keynes: Open University Press.

セルトー, M. (1987)『日常的実践のポイエティーク』山田登世子訳、国文社.

Fiske, J. (1986). Television and popular culture: Reflections on British and Australian critical practice. *Critical Studies in Mass Communication*. 3, 200-16.

Fiske, J. (1988). Meaningful moments. *Critical studies in mass communication*. 5, 246-50.

藤巻光浩・柿田秀樹・池田理知子 (2006)「コミュニケーションと権力　現代コミュニケーション学が目指すもの」池田理知子編『現代コミュニケーション学』有斐閣、1-17頁.

Hall, S. (1980). Encoding/decoding. *Culture, media, language: Working papers in cultural studies, 1972-1979*. S. Hall (Ed.), 128-138. London: Centre for Contemporary Cultural Studies, University of Birmingham.

Hoggart, R. (1957). *The uses of literacy: Aspects of working-class life, with special references to publications and entertainments*. London: Chatto and Windus.（=1974、香内三郎訳『読み書き能力の効用』晶文社）

Williams, R. (1958). *Culture and society, 1780-1950*. London: Chatto & Windus.（=1968、若松繁信・長谷川光昭訳『文化と社会　1780-1950』ミネルヴァ書房）

Willis, P. E. (1977). *Learning to labour: How working class kids get working class Jobs*. Farnborough: Saxon House.（=1987、熊沢誠・山田潤訳『ハマータウンの野郎ども　学校への反抗・労働への順応』筑摩書房）

第 2 章
医療・看護

宮原 哲

1 はじめに

　永観2(984)年、丹波康頼は日本最古の医書で、当時の医学全般の叡智を網羅した『医心方』（全30巻）を執筆、編集し平安朝廷に献上した。その中で丹波は「医は仁術なり」と、現代の医療者と患者の関係にも示唆を与える名言を残している。大慈（慈愛の心）惻隠（思いやり）の気持ちで患者に接するのが医療者の本分と解釈されるが、同時に、「仁」という文字は、「人が二人」とも読める。医療者と患者のコミュニケーションは一方的、あるいは「診てやる―診てもらう」という偏った関係ではなく、二人の人間が互いに力を合わせ、意味を構築、共有しながら双方の目的を達成するプロセスである。

　最近の医療ではこの大原則が守られているのか。例えば、研究課題として頻繁に取り上げられるインフォームド・コンセントは、医療者と患者、家族が治療法のメリットを協議し、リスクの意味づけを行う、両者の関係上重要な要素として位置づけられる。それは単に同意書に署名を求め、訴訟を回避する手段ではなく、コミュニケーションの過程として認識されるべきである（三原, 2009；Sherman, 2009）。

　昨今の社会変化に伴って、医療者と患者の関係、コミュニケーションのプロセスには、仁術、そして大慈惻隠の実現を困難にする、さまざまな問題が生じている。本章では、医療・看護コミュニケーションを、人間のシンボル活動が、生命、健康、病気、治療、そして死という掛けが

えのない経験に重大な影響を与えるプロセスと位置づけ、これまでの研究課題、研究手法を概観し、今後の方向性や展望を検討する。

2 医療・看護コミュニケーションの領域の概要

　医療、看護、予防、健康促進を目的としたコミュニケーションの研究領域は多岐にわたる。また、学際的な特徴が強いコミュニケーション学の研究には、政治学、行政学、教育学、経済学、経営学、社会学、文化人類学、宗教学、言語学など多方面の学問との関連を深めながら、同時にコミュニケーション学独自の学術的貢献が期待されている（Kreps, 1990；Schiavo, 2007）。そこで、アプライド・コミュニケーションとしての医療・看護コミュニケーションの「守備範囲」を整理しておく必要がある。

2.1　ヘルスコミュニケーション

　主に健康促進や病気の予防のために、公的機関や医療従事者が一般市民に対して、例えば喫煙の害、エイズ予防、乳がん検診の重要性、などについての情報を提供し、消費者の関心を高め、積極的な行動を促すことなどを目的として行われるコミュニケーション活動や、そのプロセスを指す（藤崎・橋本, 2009；Schiavo, 2007）。情報・通信技術の発展と普及に伴い、多くの情報を効率的に提供することが可能になった反面、医療従事者に対する消費者の態度、行動の変化に対応し、消費者の誤解や思い込みなどによる行動をどのように防ぎ、改善できるか、現代の高齢化社会において効果的に影響を与える方法を探究することが求められている（Wright, Sparks, & O'Hair, 2007）。

2.2　医療コミュニケーション

　罹患した際の医療者（医師、看護師、薬剤師、検査技師、また管理栄養士や社会福祉士などの「コメディカル」など）と患者とのコミュニケーション、また介護やリハビリが必要となった際の介護者（各種療法士を含む）と利用者とのコミュニケーションを指す。病気にかかり、体の自

由が制限された人と医療者、介護者とのコミュニケーションのプロセスでは、誤解が死を含む重大な結果を招くこともあるため、人間の行動にまつわるさまざまな要因が情報伝達、意味の共有のプロセスと、その結果に影響を及ぼす。逆に医療者と患者のコミュニケーションを改善することによって、双方の満足度を向上させることが可能である（Brown, Stewart, & Ryan, 2003；前田, 2006）。

3 医療・看護コミュニケーションの推移

医療行為は数千年前から行われているものの、医療の提供者と受給者との関係は時代、文化、社会的背景などによって変化する。社会事情によって、現代の医療・看護コミュニケーションがどのような影響を受けているのか、現代、そして今後求められる医療・看護コミュニケーション研究が探求すべき課題を明らかにする必要がある。

3.1 情報の種類と量の変化に伴う変化

インターネット、携帯電話、GPS、コンピューター・ソフトウェアの開発と進歩により、多種多様な情報のやり取りが可能になった。医療者側から患者、一般消費者に向けて有益な情報を効率よく発信したり、また消費者側からも医療者に対してメールやファクスで病状を説明したり、処方箋のやり取りを行ったりすることができるようになった。さらに、医療者同士が最先端の医療技術に関する情報を交換したり、一人の患者の情報を複数の専門医がネットワークを作って、効果的治療に役立たせたりすることも可能である（Kreps, 2001）。

しかし、全ての人たちがこれらの新しいテクノロジーの恩恵を受けているわけではない。さらに、仮に情報を効率よく得ることができても、それを正確に理解し、適切に解釈して行動に移すことができるかどうかは別の次元の問題である。医療者と患者に求められる「コミュニケーション能力」は時代の変化と共に移り変わってきた。単に情報を発するだけではなく、状況を判断し、与えられた情報を知識に換える能力も求

められている（町田・保坂, 2001；杉本, 2005；Wright, Sparks, & O'Hair, 2007)。コミュニケーション能力が単に「じょうずに話す」に限られている訳ではないにもかかわらず、医療者を育成する教育課程での「コミュニケーション」が、依然として表面的な、マニュアル的スキルに偏っているのも現状である（五十嵐, 2009)。

3.2 「医療」に対する認識の変化

　以前から、医学の専門知識と経験を修得した医療者が、患者に対して医学データに基づいた診断の下での事実立脚医療（EBM: Evidence Based Medicine）が遂行されてきた。また、治療方法の決定、投薬の指示など、医療者の善行と患者の服従を前提とする、パターナリスティック医療が主流だった。医療者側には専門的知識、経験、それらに伴う意思決定権から生まれる権力、それに対して患者側は身体的不快感や不安、さらに医療者側と対峙する際の無力感などから、「お医者様」と患者との間で力の不均衡、不平等が生まれるのが医療コミュニケーションの特色でもあると考えられてきた（Kreps, 2001；山口, 2003)。「医者まかせ」、「丸投げ医療」とも呼ばれる（霜田・樫・奈良・朝倉・佐藤・黒瀬, 2007)。

　それに対して、「患者には病気、健康、生命、死に対して、個人的な『物語』があり、それを語らせることによって、患者が自分の状態に意味づけを行うことができる」という発想に基づく、ナラティブ医療（NBM: Narrative Based Medicine）が注目されるようになってきた（Sharf & Vanderford, 2003)。その物語を患者と医療者が共有することによって、個々の患者と人間と人間との関係を築きながら、医学に基づいた治療を提供しようとする。さらにもう一歩患者との人間関係を重要視し、患者のQOL（Quality of Life）を最重要視する、HBM（Human Based Medicine）が最近では注目を集め始めている（山口, 2003)。また、死をもっと身近に考える必要性から、死生観や「死に方＝逝き方＝生き方」という考え方が注目されるようにもなった。このような哲学的な新しい変化と医療コミュニケーションとの相互の関係は無視できない。

3.3 医療者と患者との関係の変化

　患者が多くの情報を獲得し、医療に対して能動的な態度を持つようになり、また、医療に対する不信の表れとして、医療者に対して以前とは違った態度を示すようになってきた。「お医者様―患者」に代わって「医者―患者様」の関係、つまり消費者＝客としての待遇を求め、中には「モンスター・ペーシェント」と呼ばれたり、院内暴力を引き起こしたりする患者も登場している。医療者側も、患者の満足度を向上させるために、「接遇」という名の下で、挨拶の仕方、アイコンタクト、質問の方法など、表面的な技術の習得を目指す研修や、患者対応用のマニュアルの作成を行っている。「コミュニケーション」が技術、道具、スキルとしてしか捉えられていないことの表れと言える（濱川・島川, 2007；五十嵐, 2009）。シンボル活動を通して共に意味を構築、共有するプロセスがコミュニケーションである、というコミュニケーション学の真髄に根差した、根本的な医療での対人関係の改善を実現するには、医療者や医学の研究者とコミュニケーション研究者との協調関係が必要である。

4 医療・看護コミュニケーション研究の特徴と課題

　医療現場において、医療者と患者との間のコミュニケーションの諸側面に関して、さまざまな研究が行われてきた。今後、医療コミュニケーションの領域でどのような研究が必要とされ、その中で予想される問題点やコミュニケーション学にとどまらず、医学をはじめとするさまざまな研究者がどのように連携すれば研究効果を高められるか、考察しておく必要がある。

4.1 医療コミュニケーションに求められるコンピテンス

　医療者と患者が信頼関係を築き、満足度を高めるには、双方がコミュニケーション能力を向上させることが重要である。「医は仁術」という考え方は、医療者が患者を慈しむだけではなく、患者も一個人として応

分の責任を果たす、と考えるべきだろう。

4.1.1　医療者に求められる能力

医師や看護師に求められるコミュニケーション能力は、インフォームド・コンセントの徹底（前田, 2005）、個人の特性に合わせたメッセージの構築（Noar, Harrington, & Aldrich, 2009）、共感能力（鎌田, 2009）、自己開示（川野, 1997）、コーチング（奥田, 2006）、アイコンタクト（沢村・中島, 2005）、合意形成力（吉武, 2007）、など多岐にわたり、コミュニケーション学にとどまらず、医学、心理学、社会学などの分野でも研究がなされている。

4.1.2　患者・家族・利用者に求められる能力

患者側が医療者と対等に医療に参加することによって効果的な医療を受け、その結果双方の満足度が向上し、さらに国単位で医療費の抑制につながる、ということを実証研究の結果が明らかにしている（例：Cegala, 2006；Sandberg, Paul, & Sandberg, 2009）。この傾向に伴ってか、あるいは医療者側だけがこれまで医療不信や医療ミスの根源として挙げられてきたことへの反発の表れか、また患者側も個人として自分の健康、命には責任を負う必要があるという自覚の証か、「患者力」という言葉が使われるようになってきた。しかし、患者には具体的にどのようなコミュニケーション能力が求められるのか、という課題は今後の研究に委ねられている。

4.2　専門家の不足

「医療コミュニケーション」の名称を冠する書籍が多く出版されたり、研究会が立ち上げられたりしているが、医療者や、臨床経験がある研究者が参加していなかったり、逆に医療者だけの集まりだったりする場合が多い。多くの学問領域や異なった研究方法によって導き出された英知を集めて、学際的に実りある研究を行う必要がある。しかし、この領域を専門とする研究者は現段階では少数である。そのため、幅広い研究方

法が試されたり、研究結果が広く議論されたりする機会が少ない。医療コミュニケーションの重要性が早急に認識され、もっと専門的な研究が推進されなくてはならない。

4.3 医学とコミュニケーション学の領域の相互理解

構造構成主義といった、医療を取り巻く人間関係に対して、メタ理論的アプローチを試みる新しい動きが急速に活発化している（西條・京極・池田, 2009）。医療を単なる技術と考えるのではなく、生命、倫理、感情、言語など、人間としての特性を取り上げ、総合的に哲学として考える方向性は歓迎されるべきである。ここに、シンボル活動という人間だけが持つ能力を扱うコミュニケーション学が加わり、コミュニケーション研究の存在意義を示すことはこの領域の重責であろう。

4.4 研究方法の確立

医学の「常識」が、○○が原因で▽▽の病気に罹患し、□□の治療を行い、☆☆という結果が生じたという、決定論主義的な認識論から、医師と患者とでは同じ状況、症状と遭遇しても、見方、捉え方、感じ方が違うという、解釈主義的な方向へと、認識論の面でパラダイム・シフトが起こっている。そのような現状を踏まえ、また高齢化や生活習慣病、さらには治療不可能な病気に罹患した結果、終末ケア、緩和ケアを受けることが珍しくない状況になった現代、これまで通用した実証主義的研究方法では不十分な状況が日常的に起こるようになってきた。そこで、医学をはじめ、自然科学の世界では無縁だと思われてきた、解釈主義的、あるいは批判主義的研究方法が見直される結果となっている。社会的動物、シンボル使用者としての人間がかかわる、医療コミュニケーション、ヘルスコミュニケーションの領域では、当然このような研究手法の有効性が見直されている（Zoller & Kline, 2008）。

これまでは医療の研究にはそれほど関連があるとは思われなかった、例えば面子やポライトネス、またジェンダーの問題が、臨床医や医療者の間でも研究課題として取り上げられるようになったことはたいへん興

味深い(藤崎・橋本, 2009)。

　医療コミュニケーションの領域は、医学、コミュニケーション、両方の学界において比較的新しい研究分野である。それだけに、今後研究されるべき課題は多いし、研究方法もこれからの展開が期待される。命や健康に関わるだけに、多くの領域の研究者たちによる共同研究の体制を築くことが重要である。

──────── **引用文献** ────────

Brown, J. B., Stewart, M., & Ryan, B. L. Outcomes of patient-provider interaction. (2003). In T. L. Thompson, A. M. Dorsey, K. I. Miller, & R. Prrott (Eds.), *Handbook of health communication* (pp.141-161). Mahwah, NJ: Lawrence Erlbaum.

Cegala, D. J. (2006). The impact of patients' communication style on physicians' discourse: Implications for better health outcomes. In R. M. Dailey & B. A. Le Poire (Eds.), *Applied interpersonal communication matters: Family, health, & community relations* (pp. 201-217). New York: Peter Lang.

藤崎和彦・橋本英樹編(2009)『医療コミュニケーション:実証研究への多面的アプローチ』篠原出版新社.

濱川博招・島川久美子(2007)『医師・看護師が変える院内コミュニケーション:実践病院改善マニュアル』ぱる出版.

五十嵐紀子「医療福祉系の大学におけるコミュニケーション教育はどうあるべきか」『スピーチ・コミュニケーション教育』第22号、31-36頁.

川野雅資編(1997)『患者―看護婦関係とロールプレイング』日本看護協会出版会.

鎌田實(2009)『言葉で治療する』朝日新聞出版.

Kreps, G. L. (1990). Applied health communication research. In D. O'Hair & G. L. Kreps (Eds.), *Applied communication theory and research* (pp. 271-296). Hillsdale, NJ: Lawrence Erlbaum.

Kreps, G. L. (2001). The evolution and advancement of health communication inquiry. In W. B. Gudykunst (Ed.), *Communication yearbook, 24* (pp. 231-253). Thousand Oaks, CA: Sage.

町田いづみ・保坂隆(2001)『医療コミュニケーション入門:コミュニケーション・スキル・トレーニング』星和書店.

前田泉(2006)『実践!　患者満足度アップ』日本評論社.

三原祥子（2009）「医学系学部におけるコミュニケーションはどうあるべきか」『スピーチ・コミュニケーション教育』第22号、37-46頁．
Noar, S. M., Harrington, N. G., & Aldrich, R. S. (2009). The role of message tailoring in the development of persuasive health communication messages. In C. S. Beck (Ed.), *Communication yearbook, 33* (pp. 72-133). New York: Routledge.
奥田弘美（2006）『メディカル・ケアスタッフのためのコーチング25のコツ』厚生科学研究所．
西條剛央・京極真・池田清彦（2009）『なぜいま医療でメタ理論なのか』北大路書房．
Sandberg, E. H., Paul, D., & Sandberg, W. S. (2009). A controlled study of the effects of patient information-elicitation style on clinician information-giving. *Communication & Medicine, 6,* 73-82.
沢村敏郎・中島伸（2005）『医療コミュニケーションスキル』メディカルレビュー．
Schiavo, R. (2007). *Health communication.* San Francisco, CA: John Wiley & Sons.
Sharf, B. F., & Vanderford, M. L. (2003). Illness narratives and the social construction of health. In T. L. Thompson, A. M. Dorsey, K. I. Miller, & R. Prrott (Eds.), *Handbook of health communication* (pp. 9-34). Mahwah, NJ: Lawrence Erlbaum.
Sherman, H. (2009). Informed consent. In R. M. Mullner (Ed.). *Encyclopedia of health services research* (pp. 634-637). Los Angeles, CA: Sage.
霜田求・樫則章・奈良雅俊・朝倉輝一・佐藤労・黒瀬勉編著（2007）『医療と生命』ナカニシヤ．
杉本なおみ（2005）『医療者のためのコミュニケーション入門』精神看護出版．
Wright, K. B., Sparks, L., & O'Hair, D. (2007). *Health communication in the 21st century.* Malden, MA: Blackwell.
山口真人（2003）「医療と人間関係トレーニング―患者中心の医療の実現のために」山口真人・濱本博司編『人間関係研究』第2号、103-117頁．
吉武久美子（2007）『医療倫理と合意形成：治療・ケアの現場での意思決定』東信堂．
Zoller, H. M., & Kline, K. N. (2008). Theoretical contributions of interpretive and critical research in health communication. In C. S. Beck (Ed.), *Communication yearbook, 32* (pp. 88-135). New York: Routledge.

第 3 章
メディア・テクノロジー

松本 健太郎

1 | 人間とメディア・テクノロジー

　「メディアについてさらに考えていくためには、私たちはどうしてもテクノロジーについて考察を深めていかないわけにはいかない。テクノロジーこそ、私たちと世界とのインターフェイスだからだ」(Silverstone, 1999＝2003：59)。

　「メディア」を考えることは、必然的に「テクノロジー」を考えることへと結びつく。というのも、あらゆるメディアは何かしらの物理的な基盤をもち、その物理的な基盤は一定のテクノロジーの集積によって形成されるからである。本章の使命は「メディア・テクノロジー」の作用を学問的に整理するところにあるが、その予備的な作業として、まずコミュニケーションにおける「メディア」の役割、およびメディアを構成する「テクノロジー」の役割を確認しておきたい。

1.1　メディアおよびテクノロジーの意味

　まず「メディア」に関して確認しておこう。この言葉はラテン語に起源をもち、字義的な定義としては、媒介物や中間物を意味するメディウム（medium）の複数形として理解しておくことができる。つまりメディアとは、コミュニケーションに参与する者/物のあいだに介在し、それらを仲立ちする働きをもつものなのだ。

他方の「テクノロジー」という言葉だが、これはギリシア語に起源をもち、技巧や技芸といった意味をもつ「テクネー」と、言語や学問分野といった意味をもつ「ロゴス」の複合によって構成されている。それは一定の知識や理論的認識に基づいた制作を実現するものであり、ゆえに同じ制作行為でありながらも、他の生物によるもの、例えば鳥や蜂の巣作りなどはその範疇から除外される。つまりテクノロジーとは、一定の知の体系を背景として構築され、人間と環境をつなぐインターフェイスとして機能するものなのだ。しかも技術の基盤となる知識はそれ自体が技術（すなわち「知＝技術」）でもあり、さらにいうと、技術の展開はそれを顕現させる言説のシステムによって規定される。つまり「技」と、その前提となる「知」は容易に切り離したり、あるいは明確に区分したりすることのできる性質のものではないのだ。

1.2　「第二の自然」を構築するテクノロジー

　Ong（2002:82）によると「技術とは人工的である。しかし、これも逆説なのだが、人工的であることは、人間にとって自然なのである」と主張される。技術的に構築された環境は「第二の自然」のごときものとして、われわれ人間の存在を保護するものとなる。

　テクノロジーの本質が何かというと、それは人間が迫りくる恐怖やカオスを回避し、意味の秩序を打ち立てることにあるのではないだろうか。Robins（1996＝2003:27）の言葉を借りるならば「技術によってわれわれは、世界から距離を保つ」。つまりテクノロジーというインターフェイスにより、人間は現実世界との直接的な接触を回避し、わが身にふりかかる恐怖や不安をコントロールしようとする存在なのだ。

1.3　技術圏、メディア圏

　人間みずからが産出した人工的な環境を、ポール・ヴィリリオ（Paul Virilio）がいう「技術圏」や、あるいはレジス・ドブレ（Régis Debray）がいう「メディア圏」などと関連づけて把握することも可能だろう。

Virilio（1993＝2002：162）は「自然環境-生物圏によって支配される淘汰圧（ダーウィンのいう自然選択淘汰）があるとすれば、同じように人工環境-技術圏によって支配される淘汰圧も存在すると考えるべきだろう」と語り、現在では「『技術圏』が『生物圏』を支配している人工的な場や環境の中で、自然淘汰圧が大幅に弛緩していると考えられるようになっている」と指摘している。これに対してDebray（1991＝2001：293-294）は、いずれの時代に関しても「『思想の作用』を、それを可能にする痕跡の記載・伝達・保存の技術的条件と切り離すことはできない」と語ることで、技術の次元に着目することの重要性を説いた上で、特に情報を痕跡として保存する記録技術こそが「所与の社会における所与の時代の『メディア圏』を組織する上で、その中核を担う」と主張している。

　ヴィリリオの「技術圏」、あるいはドブレの「メディア圏」は、技術的に組織された「第二の自然」のヴァリアントであり、技術的な環境のなかに生まれいずる人間は、情報を痕跡として操作可能なものとする各種のメディア・テクノロジーを駆使し、それを基盤として文明を形成する特殊な生命体なのである。

2 ｜メディア・テクノロジーは人間の何を拡張するのか

2.1　人工補綴具をつけた神

　ドブレは、人間を「人工補綴具をつけた神」（Debray, 1991＝2001：87-90）と表現する。例えば簡単なメモ書きは記憶の物質的外在化を実現し、それを刻んだ人間が死を迎えても残存する。つまりメモからコンピュータによるものまで、さまざまな形態をとる外部記憶は死を超越し、死を避けることのできない人間の個体としての限界を補完する作用を果たすのである。

　オングによると「技術とは、単に外的な補助になるだけではなく、内的に意識を変化させるもの」（Ong, 2002：81）であると説明される。音声言語から書記言語、さらには活版印刷術から電子メディアへ——このよ

うに基軸メディアが遷移していく歴史上のプロセスは、同時に、複雑化してゆく社会のなかで人間の思考と記憶のメカニズムが変容していくプロセスでもあったのだ。

2.2 マクルーハンの人間拡張論

記録メディアに限らず、より一般的な問題として、人間とメディアとの関係性を考察するとき、しばしば参照されるのがマーシャル・マクルーハンの人間拡張論である。彼によると、全てのメディアは人間のいずれかの能力、例えば心的あるいは肉体的能力の延長であると規定される。例えば写真機をメディアとして捉えるならば、それは人間の肉眼に代わって外部世界を視覚的にとらえ、また、モノのカタチを精確に記録することで人間の記憶力を補うというように、人間の能力を拡張するものとなる。しかもマクルーハンの見解に依拠するなら、人間は自らが構成したメディアによって再構成される存在として把握される。

2.3 外爆発/内爆発

マクルーハンのメディア史観を俯瞰してみると、それは文字が発明される以前の「口承メディア」の時代、つづいて文字が発明され、その影響力が活版印刷術の発明によって強化されていく「文字・活字メディアの時代」、そして現代の「電子メディア」の時代の三段階によって区分される。その歴史は、まさに人間拡張が進展していく漸進的な過程であったわけだが、それは決して均質的なプロセスとしては認識されていない。マクルーハンの説明によれば、西欧世界は過去3000年にわたって外爆発（explosion）を続けてきたが、電子的メディアの時代が到来したことにより、現在では内爆発（implosion）が起きつつあるという。このうち「外爆発」が発生する時期とは、アルファベットにより世界が分節化され、科学技術によって機械化が進展する段階、すなわち彼の歴史区分でいうと第二段階に対応する。これに対して「内爆発」をもたらすのは、第三段階の基軸媒体である電子メディアなのだ。McLuhan (1964=1987:3-5) の解説によると、外爆発によって実現されるのは「身

体の技術的拡張」であり、もう一方の内爆発によって実現されるのは「人間意識の技術的なシミュレーション」であるという。なお、電子メディアの登場によって惹起される事態を、マクルーハンは次のように語る。

> 「われわれは、拡張された神経組織のなかに自分の身体を入れることによって、つまり、電気のメディアを用いることによって、一つの動的状態を打ち立てた。それによって、これまでの、手、足、歯、体熱調節器官の拡張にすぎなかった技術――都市も含めて、すべてこの種の身体の拡張であった――が、すべて情報システムに移し変えられるであろう。電磁気の技術は、いまや頭骨の外部に脳をもち、皮膚の外部に神経を備えた生命体にふさわしい、完全に人間的な穏和と瞑想的な静寂とを求めている」(McLuhan, 1964=1987: 60)。

もはや内爆発の段階において、人間拡張は身体機能の次元で発生するのではない。むしろ電子メディアは意識のシミュレーションを可能にし、頭脳と神経とを外部化することで人間を新たな生命体へと変えてしまうというのだ。

マクルーハンの見解に追随する論者も少なくない。ノルベルト・ボルツ(Norbert Bolz)はマクルーハンの人間拡張論を出発点としながら「私たちは、人間に特有の機能をほかの素材に外化していくことに魅せられている。いまや中枢神経系は電気的なネットワークと理解される。(中略)新しいメディアの条件のもとでは、人間はもはや道具や装置の使用者ではなく、メディア複合体のなかでのスイッチのひとつにすぎない」(Bolz, 1993=1999: 125-126)と語る。

このように人間とメディア装置との複合性を示唆する言説は、すでにメディア論のなかでクリシェと化している観すらある。例えばドイツのコミュニケーション学者ヴィレム・フルッサーも、写真家をモデルに現代的なメディア環境を生きる人間のあり方を思索し、カメラというメディアと、その機能に従属して機能する人間との関係を「装置＋オペ

レーター」という図式によって描出している。あるいは先述のシルバーストーンによると「私たちはメディアを身体の拡張として、人工器官として見なしていくこともできる。その場合、人間的なものと技術的なもの、身体と機械の境界線が見分けのつかなくなってしまう方向へと足を一歩踏み入れることになる」(Silverstone, 1999＝2003:41) と主張されるが、ここでも身体とメディアとの関係のなかで人間存在が把握されるという典型的な構図が反映されている。

2.4 道具／機械／装置

室井尚はフルッサーが提起する概念区分に準拠しながら、テクノロジーの発達が人類に対して段階的にもたらした「道具」「機械」「装置」を区別して論じている。

ここでいう「道具」とは産業革命以前のテクノロジーに分類されるものであり、例えばハンマーが拳の延長であったり、あるいは武器が歯や爪の延長であったりするように、人間の身体機能の模倣から派生したものであるという。

これに対して「機械」は産業革命以降のテクノロジーとして分類される。室井 (2000:23) はこれを「脱‐身体」的なテクノロジーとして語るが、厳密にいうと、それは「人間の身体の拡張」ではなく、「身体機能の外部化」であり、また「身体の運動系‐筋肉系の『シミュレーション』」であるという。

つづいて登場する（フルッサー的な意味での）「装置」だが、それが実現するのは人間の認知能力（神経系）の拡張、シミュレーションであるという。写真をはじめとする各種の装置、例えば映画、録音技術、テレビ、そしてコンピュータなどの技術的なメディアは「神経系の延長＝外部化されたシステム」であり、「神経系が行う情報処理のシミュレーションを行っている」のである（室井, 1999:160）。この認識は、マクルーハンの用語法でいう「内爆発」に相当するものといえよう。

3 技術と発達と、その影響力について

3.1 マクルーハンの技術決定論をめぐって

ところでマクルーハンらのメディア論は、個々のコミュニケーション媒体が備える技術的特性から人間の意識や社会の変容を演繹しようとするあまり、しばしば技術決定論として批判されることがある。例えばWilliams（1980＝2001:43）などもマクルーハン理論に対して否定的な眼差しを向ける人物の一人であるが、彼によるとマクルーハンは「諸々の『メディア』間の種別的な差異を認めながらも、狭隘な技術決定論に陥ってしまう。そこではメディアをめぐる社会的関係性や使用法が、そのメディアの性格によって技術的に決定されると見なされ、そのメディア自体が発達し、使用されてきた社会関係や生産力の複合的総体には注意が払われない」と指弾する。

門林（2008:28）が指摘するように、マクルーハンのテクストを直接引用せずに展開されるウィリアムズの批判は「マクルーハンのテクスト自体というよりは、そのテクストが効果として持つイデオロギーとしてのマクルーハニズムに向けられている」という点をわれわれは差し引いて捉えるべきかもしれないが、それにしても個々のメディアを構成するテクノロジーの特性を過大視するというマクルーハン理論の傾向性は無視しがたい。

3.2 技術決定論/社会決定論

黒崎（1999:18）は技術決定論を、社会決定論――それは「社会のしくみのほうが、技術の使い方を決定すると考える立場」である――と対置しているが、たしかにメディアの影響はその技術的特性によって一元的にもたらされるものではない。むしろ吉見俊哉（2004:3-4）が指摘するように「『放送』にしても、『映画』にしても、『新聞』にしても、それぞれのメディアのカテゴリーは何らかの技術的発明の所産なのではなく、そ

もそも社会的実践の絡まり合いのなかで構成されてきたもの」なのである。それはもっともなことであるが、しかし既述の前提（技術の基盤となる知識はそれ自体が技術である。あるいは「知＝技術」）を勘案するならば、技術を社会的な実践のなかで方向づけ/位置づけるわれわれの記号活動も一定のテクノロジーの所産であると考えてみることもできるはずである。そう考えると、単純に技術と社会とを対立させる言説構成には限界があるとも言えなくもない。

3.3　デジタル技術によるメディア関係の錯綜化

　新たな媒介技術が踵を接して考案される現代社会のなかで、新旧のテクノロジーの関係はどうなっていくのだろうか。以前にもましてメディア間の関係性が複雑化しつつある背景にはデジタル技術の普及が介在している。ボルツは、マクルーハンの見解を敷衍しながら次のように語る。

> 「新しいメディアが進化していく過程を観察すると、最初は常により古いメディアを模しながら発展し、次第に自己自身の技術的可能性のものさしで自己を計るようになる。そして最後には、新しいメディアが初期の依存状態を脱し、逆に他メディアとの関係を管理するようになり、メディアのメディアとしてふるまうようになるのだ。そのため、あるメディアの内容は常に他のメディアである」（Bolz, 1993＝1999：118）。

　さらにボルツは〈メディア複合体〉という用語をもちいながら、デジタル技術によって、もはやそれぞれのメディアが単独で存在するわけではなくなっていると指摘する。Kittler（1986＝1999：10-11）の表現を借りるならば、デジタル技術によって「音響や映像、声やテクストといった差異は今となっては、インターフェイスという美名のもとで消費者に受容されるときの、表面的な効果として何とか棲息しているにすぎない」のである。

　これは現代人の日常に欠かせない多機能携帯電話をみても直感的に理

解することができる。その内部には電話の機能に加えて、写真、映画、テレビ、パソコン、音楽プレイヤー、計算機、地図などの機能がデジタル技術による表層的な効果として内包されている。つまるところ、われわれは技術的な可能性と社会的な要請との間隙で、デジタルメディアが統合や変異を繰り返す、錯綜した多メディア社会を生きているのである。

--------- **引用文献** ---------

Bolz, N.W. (1993). Am Ende der Gutenberg-Galaxis: die neuen Kommunikationsverhältnisse, Wilhelm Fink Verlag. (＝1999、識名章喜他訳『グーテンベルク銀河系の終焉―新しいコミュニケーションのすがた』法政大学出版局)

Debray, R. (1991), *Cours de médiologie générale*, Éditions Gallimard. (＝2001、嶋崎正樹訳『一般メディオロジー講義』NTT 出版)

門林岳史 (2009)『ホワッチャドゥーイン、マーシャル・マクルーハン？―感性論的メディア論』NTT 出版.

Kittler, F. A. (1986). *Grammophon film typewriter*, Brinkmann & Bose. (＝1999、石光泰夫ほか訳『グラモフォンフィルム タイプライター』筑摩書房)

黒崎政男 (1999)「メディアの受容と変容」『情報の空間学』NTT 出版、14-40 頁.

McLuhan, M. (1964). *Understanding media: The extensions of man*, New York: McGraw-Hill; London: Routledge and Kegan Paul. (＝1987、栗原裕他訳『メディア論―人間の拡張の諸相』みすず書房)

室井尚 (1999)「文化の大転換のさなかに―20 世紀末にフルッサーをどう読むべきか」ヴィレム・フルッサー著『写真の哲学のために―テクノロジーとヴィジュアルカルチャー』に所収、新曜社.

室井尚 (2000)『哲学問題としてのテクノロジー―ダイダロスの迷宮と翼』講談社.

Ong, W. J. (1982). *Orality and literacy : The technologizing of the word.*, Methuen & Co.Ltd. (＝1991、桜井直文他訳『声の文化と文字の文化』藤原書店)

Robins, K. (1996). *Into the image: Culture and politics in the field of vision*, Routledge. (＝2003、田畑暁生訳『サイバー・メディア・スタディーズ―映

像社会の「事件」を読む』フィルムアート社）

Silverstone, R. (1999). *Why study the media?* Sage Publications. (＝2003、吉見俊哉他訳『なぜメディア研究か──経験・テクスト・他者』せりか書房)

Virilio, P. (1993). *L'art du moteur.* Editions Galilée. (＝2002、土屋進訳『情報エネルギー化社会──現実空間の解体と速度が作り出す空間』新評論)

Williams, R. (1980) Means of communication as means of production. *Problem in materialism and culture.* Verso. (＝2001、小野俊彦訳「生産手段としてのコミュニケーション手段」『メディア・スタディーズ』せりか書房)

吉見俊哉（1994）『メディア社会の文化社会学』新曜社.

第 4 章
ナラティブ

花木 亨

1 はじめに

　人間は物語に囲まれながら生きている。私たちがこの世に生を受けてから初めて耳にする物語は、おそらく童話やおとぎ話の類だろう。『浦島太郎』『鶴の恩返し』『シンデレラ』『裸の王様』『アリとキリギリス』などの物語は、時代を越え、海を越え、多くの人々によって語り継がれてきた。神話や伝記についても同様である。子ども向けに編集されたヘラクレスやスサノオの冒険譚に胸を躍らせ、ナイチンゲールや杉原千畝の人生に感銘を受けたという人は多いだろう。また、私たちは『アラビアンナイト』や『西遊記』などの物語の破天荒な面白さに──それらがイスラム世界や中国で生み出されたものとは必ずしも知らないまま──魅了された。歳を重ねるにつれて、私たちの親しむ物語の種類や内容は変化する。『トム・ソーヤーの冒険』『シャーロック・ホームズの冒険』『赤毛のアン』『不思議の国のアリス』『オズの魔法使い』『三国志』『竜馬がゆく』……作品の羅列はどこまでも続くが、いずれにせよ私たちが物語に囲まれ、物語と共に生きているという事実に変わりはない。
　物語は必ずしも本の体裁をとっているとは限らない。漫画やアニメや映画の形で広く私たちの精神の深奥に入り込んでいる物語は少なくない。『鉄腕アトム』『ドラえもん』『サザエさん』『スーパーマン』『スター・ウォーズ』などはその好例だろう。先の段落で述べた物語のいくつかも漫画やアニメの形に「翻訳」されて、人々に親しまれている。童

話やおとぎ話を現代風にアニメ化して提供するディズニー映画はその典型とも言える。

　ここまで子ども向けの作品を中心に例示してきたが、大人たちもさまざまな形態の物語に囲まれながら生きているということは言うまでもない。組織人としての自分の人生を織田信長や坂本龍馬などの歴史上の人物の一生に照らして理解しようとする男たちがいる一方で、女たちの多くは『プリティ・ウーマン』『プラダを着た悪魔』『セックス・アンド・ザ・シティ』などの映像作品に登場する女性主人公たちに自分の人生を重ね合わせる。実に物語の影響力は思いもよらないところにまで及んでいる。世界宗教のほとんどはその根本的価値観をキリストやムハンマドやブッダなどの物語を通して伝えている。さらには、家族、地域社会、学校、会社、国家などの共同体の歴史も広い意味での物語として捉えられる（野家, 2005；Anderson, 1983）。私たちが家風や地域性や校風や企業文化やお国柄について語るとき、大抵はそれらの共同体によって育まれた物語について語ることになる。私たちは物語の形でしか文化や歴史を捉えることができないのかもしれない。

　このように私たちは絶えず物語を生産し、書き換え、消費しながら生きている。私たちがコミュニケーションなしでは生きていけないのと同じ程度に、私たちは物語なしでは生きていけない。このような観点からコミュニケーション現象を眺めたとき、どのような知見と洞察が得られるだろうか。以下では、1970年代の終わりから1980年代にかけて、アメリカのコミュニケーション研究者ウォルター・フィッシャー（Walter Fisher）が提唱した「ナラティブ・パラダイム」とそれに付随する論争を吟味する。この作業を通して、コミュニケーション研究における「物語」の意義を明らかにする手がかりを得たい。「物語とコミュニケーション」という主題は現代における知的流行の一部となっている観があり、文学、哲学、歴史学、人類学、社会学、心理学をはじめとする人文社会諸領域の研究者たちがこれについてさまざまな主張を展開している（例えば、野家, 2005；Bruner, 1990；Culler, 1997；Geertz, 1973；Gergen, 1991；Giddens, 1991；Jameson, 1981；Van Maanen, 1988など）。しかし、ここでは

これらの主張を総花的に参照するよりも、コミュニケーション研究領域内の議論に焦点を絞ったほうが本章の目的に適っていると判断した。「ナラティブ・パラダイム」論争は約30年前の議論ではあるものの、そこには物語をめぐるいくつかの重要な論点が提示されており、その今日的価値は色褪せていない。1990年代以降、「物語/ナラティブ」がコミュニケーション研究に欠かせない切り口の1つとして認知され、その価値を改めて論じる必要がなくなったという経緯を踏まえれば、「物語とは何か」という問いに対する答えをフィッシャーらの古典的議論にまで遡って求めることは、あながち的外れではないだろう。

2 ウォルター・フィッシャーの「ナラティブ・パラダイム」をめぐる論争

1978年、ウォルター・フィッシャーは「よい理由の論理に向けて（Toward a Logic of Good Reasons）」と題した一本の論文によって、物語（narrative）という観点からコミュニケーション現象に接近することを提唱した。その議論は1984年の論文「人間コミュニケーション・パラダイムとしての物語行為：公的道徳論の場合（Narration as a Human Communication Paradigm：The Case of Public Moral Argument）」によって体系化された後、それに続く論文や著書（Fisher, 1985, 1987, 1989）を通して練り上げられていったが、その過程でいくつかの的を射た批判（Rowland, 1987, 1989；Warnick, 1987）に曝されることにもなった。「ナラティブ・パラダイム」という概念を持ち出すことでフィッシャーは何を主張しようとしたのだろうか。そして、その主張の問題点は何だったのだろうか。

2.1 「ナラティブ・パラダイム」の主張

レトリック研究者に分類されるフィッシャーは、当時の（レトリカル）コミュニケーション研究において優勢だった「合理的パラダイム（rational world paradigm）」に違和感を持っていた。合理的パラダイムとい

第4章 ナラティブ

うのは、人間は合理的な生き物であるという前提に立つ知的枠組みである。このパラダイムにおいて、人間は証拠や事実や論理を駆使した討論（argument）によって物事を決める。これを体現するのが法廷における討議である。そこでは私たちが何をどれだけ知っており、それらの情報を使ってどれだけうまく議論できるかが問われる。合理的パラダイムによれば、世の中は合理的分析によって解くことができる論理パズルのようなものに見える（Fisher, 1984, p. 4）。

　フィッシャーが指摘するこのパラダイムの問題点の1つは、それがエリート主義的で排他的であるという点にある。合理的討議を行うためには、私たちはそのやり方を学ばなければならない。合理的であるということは、しかるべき教育と訓練の結果である。したがって、合理的パラダイムは、特殊な訓練を受けた知的エリートたちがコミュニケーションを支配するような世界観を体現していることになる。さらに合理的世界パラダイムは、論理（logic）を重視し、価値（value）を軽視するような知的枠組みだとフィッシャーは考えた。このようなパラダイムに根ざしていては、善悪の判断や倫理・道徳に関する言説をうまく理解することはできないとフィッシャーは書く。

　これに対してフィッシャーが導入する新たな知的枠組みが「ナラティブ・パラダイム（narrative paradigm）」である。このパラダイムにおいては、人間は本質的に物語る生き物であると理解される。そこでは私たちは「よい理由（good reasons）」に基づいて物事を判断する。この「よい理由」とは、論理的・価値中立的な「理由（reason）」に「よい（good）」という価値を補完したものであり、歴史、自伝、文化、人格などによって規定される。ナラティブ・パラダイムによれば、世の中は無数の物語の集まりのように見える。私たちはそれらの物語の中から自分の人生を選びとり、また必要に応じてそれらの物語を書き換えていく。ナラティブ・パラダイムにおいて、人間は論証する（reasoning）するだけではなく、価値判断する（valuing）生き物だと理解される（Fisher, 1984:7-8）。

　ナラティブ・パラダイムにおいては、一部の知的エリートがコミュニ

ケーションを支配するということはない。最低限の良識さえあれば、誰でも議論（＝物語）に参加し、その善し悪しを論じることができる。その意味において、ナラティブ・パラダイムは民主的で道徳的な知の枠組みだと言える。しかし、疑問は残る。私たちはどのようにして「よい理由」に到達するのだろうか。ある物語（＝コミュニケーション現象）に直面したとき、私たちはその善し悪しをどのように判断するのだろうか。この疑問に対するフィッシャーの答えが「物語の合理性（narrative rationality）」である。これは「物語の蓋然性（narrative probability）」と「物語の忠実性（narrative fidelity）」という2つの要素によって構成される（Fisher, 1984, 1985, 1987）。

　「物語の蓋然性」とは、その物語が矛盾なく首尾一貫しているかどうかを意味する。また、「物語の忠実性」とは、その物語が読者や聴衆や視聴者の人生における「真実」と一致しているかどうか、その論理と価値が「よい理由」を体現しているかどうかを意味する（Fisher, 1984, 8；Fisher, 1985: 349-350）。これらの基準に照らせば、特殊な訓練を受けない一般大衆であっても物語を批評することができるというのがフィッシャーの主張であった。フィッシャーによれば、ナラティブ・パラダイムは「社会政治批評のためのラディカルに民主的な基盤を提供する」（Fisher, 1984: 9）。このような視座に立つフィッシャーは、老子、ブッダ、ゾロアスター、キリスト、ムハンマドなどにまつわる言い伝えや、『イリアス』や『オデュッセイア』などの叙事詩、シェイクスピアの戯曲、トルストイ、メルビル、トーマス・マン、ジェイムズ・ジョイスなどの小説、さらにはソクラテスやリンカーンやガンジーの人生を「よい物語」として列挙する一方で、ヒトラーの『我が闘争』を「悪い物語」だと断定する（p. 16）。

2.2　「ナラティブ・パラダイム」の問題点

　フィッシャーの議論が(レトリカル)コミュニケーション研究にとって重要な観点を導入したことに疑いの余地はない。しかし、その議論の曖昧さや楽観主義に対しては、いくつかの異論が提示されることになっ

た。例えば、レトリック批評家バーバラ・ウォーニック（Barbara Warnick）はヒトラーの『我が闘争』が当時の歴史文化的状況において少なからぬドイツ人たちの心を掴んだという事実を参照して、フィッシャーの議論の欠点を指摘した（Warnick, 1987）。当時のドイツ人の多くにとってヒトラーの非人道的な物語は「よい物語」だと感じられたのであり、この事実に対してナラティブ・パラダイムは為す術を持たないと彼女は言う。なぜなら民主的・非エリート的な批評を志向するナラティブ・パラダイムは、当時のドイツ人たちの感受性に対して高みから異議を申し立てることはできないからである。物語が特定の人々にとって「よい」と感じられたなら、それは少なくとも彼ら彼女らにとって「よい物語」であるしかない。ウォーニックに倣えば、ナラティブ・パラダイムは批評のための知的枠組みとしては脆弱であると言わざるを得ない。

　また、同じくレトリック研究者のロバート・ロウランド（Robert Rowland）はフィッシャーによる物語という概念の捉え方は広範過ぎるため、ナラティブ・パラダイムが説明能力と批評能力を失ってしまっていると指摘する（Rowland, 1987, 1989）。ロウランドによれば、ナラティブ・パラダイムは狭い意味での「物語」の分析には有効である一方で、その他の言説（例えば、事実や論証や専門知識を要するような言説）に対しては無効である。したがって、ナラティブ・パラダイムを合理的パラダイムに取って代わるもの、あるいは合理的パラダイムを包摂するものとして提示するフィッシャーの主張には無理がある。「物語/ナラティブ」は数ある言説様式の1つに過ぎないのであって、ナラティブ・パラダイムは少なくとも合理的パラダイムと併存するもの、あるいはそれを補完するものという位置づけに留めておくのが妥当だというのがロウランドの主張である。

　ナラティブ・パラダイムに対するウォーニックやロウランドの批判には一定の説得力がある。彼女らから見れば、フィッシャーの主張は曖昧で、合理性に基づく討論（rational argument）を不当に貶めているように映るだろう。批評家としてのフィッシャーの判断は「恣意的」で

「個人的」だというウォーニックの指摘は当たっている（Warnick, 1987: 181）。ナラティブ・パラダイムは「私たち人間には本来『よい物語』を見抜く力が備わっている」と述べるだけで、その力がどのように作用するのかを十分に説明していない。さらに問題なのは、ある者が「悪い物語」を「よい物語」だと取り違えたとき、ナラティブ・パラダイムはその誤謬を糺すことができない。これは批評の枠組みとしては問題含みと言わざるを得ないだろう。

　ただし、このような問題点を差し引いたとしても、フィッシャーのナラティブ・パラダイムがコミュニケーション研究に重要な観点を導入したことは間違いない。それは「論理」を偏重する研究者に対して、「価値」の重要性を思い出させた。また、それは説得行為が「討議(deliberation)」によってのみ達成されるのではなく、語り手と聞き手の「一体化・同一化(identification)」を通しても達成され得ることを再確認した（Fisher, 1984:9）。「物語／ナラティブ」というのは多分に人文的な概念である。物語こそが人文的なるものを生み出しているとさえ言えるかもしれない。フィッシャーは一連の著作によって人文的コミュニケーション研究の再興を試みたとも考えられるのだが、その際に「パラダイム」「物語の合理性」「物語の蓋然性」「物語の忠実性」といった規範的な術語を用いなければならなかったところに彼が置かれた時代の制約を垣間見ることができる。現代のコミュニケーション研究者たちは、物語の重要性をわざわざ正当化するという作業を抜きにして（つまり物語がコミュニケーションにとって重要なのは自明だとして）、物語的観点からの研究を行っている。その意味ではフィッシャーが思い描いた「合理的パラダイム」から「ナラティブ・パラダイム」への移行は、すでにある程度達成されたと言えるのかもしれない。

3 ｜ コミュニケーション研究における物語

　以上ではウォルター・フィッシャーが提唱した「ナラティブ・パラダイム」とそれに付随する論争を振り返ることで、コミュニケーション研

究において「物語」が意味するものを浮き彫りにしようと試みた。フィッシャー自身はナラティブ・パラダイムを狭い意味でのレトリック研究の範疇を超えて人間のコミュニケーション活動全体を捉える理論として提示したのだが、その批判者の多くはこれを新種のレトリック理論として理解した。そのため、先の記述もややレトリック研究に偏ったものになったかもしれない。しかし、コミュニケーション研究のあり方や実践の仕方はもちろん狭義のレトリック研究に限ったものではなく、物語という視点からの研究は他の下位領域においてもかなり昔から実践されてきた。例えば、組織コミュニケーション研究者のデニス・マンビー（Dennis Mumby）やパトリス・ブザネル（Patrice Buzzanell）らは組織にまつわる権力やイデオロギーや階級や性差といった問題を物語の観点から分析してきたし（Lucas & Buzzanell, 2004；Mumby, 1987）、対人コミュニケーション研究者のアーサー・ボクナー（Arthur Bochner）とキャロライン・エリス（Carolyn Ellis）は物語を通して親密な人間関係を読み解く試みを続けてきた（Bochner & Ellis, 1992）（あるいは、レトリックという言葉を広義に捉えるならば、これらの研究は組織や対人関係についてのレトリック研究だと言ったほうが生産的かもしれない）。

　「物語」という言葉を前面に出さなかったとしても、フィッシャーのナラティブ・パラダイムに親和的な研究は多く存在する。それらは通常、批評や民族誌の形をとるのだが、これは批評を体現する文学と民族誌を体現する人類学が共に人文的な知の営みであることを踏まえれば当然かもしれない。例えば、エドワード・T・ホール（Edward T. Hall）の民族誌的研究（1959, 1976）やトーマス・ナカヤマ（Thomas Nakayama）の批評的研究（1994）といった異文化コミュニケーション研究において、物語という概念は重要な役割を果たしている。さらに、全米コミュニケーション学会（NCA）、国際コミュニケーション学会（ICA）、日本コミュニケーション学会（CAJ）などの学術誌に近年掲載された論文を眺めれば、そこに「物語/ナラティブ」という言葉が頻出しているのに気づくだろう。コミュニケーション研究についての入門書や教科書の類にも「物語/ナラティブ」に関する章や項目が立てられるのが一般

的になった（Foss, 2009 ; Griffin, 2009）（現に私もコミュニケーション研究に関する本の中で「物語」と題された章を書いている）。こうした状況を踏まえれば、物語を中心に据えたコミュニケーション研究には長い歴史があり、その地位はもはや議論の余地がないほどに確立されていると言っていい。しかし、なぜ今それほどまでに物語が脚光を浴びているのだろうか。物語はコミュニケーション研究者に何をもたらしてくれるのだろうか。以下にこの点を手短に確認して本章を閉じたい。

4 物語はコミュニケーション研究に何をもたらすのか――おわりに代えて

　物語という視点を導入することで、コミュニケーション研究者は何を得るのか。物語にできて他の概念や理論的枠組みにはできないことは何か。まず物語は私たちがアイデンティティについて考える手がかりを提供する。「自分らしさ」を表したり、「自己同一性」などと訳されたりするアイデンティティは近代以降に生きる私たちにとって重要な概念の1つであるが、その実体を捉えることは難しい。それを部分的にでも可能にするのが物語である。自分が統一された一個の人間であるという感覚や自分らしさといったものは、私たちが日々創り出し、書き換える自分自身の物語によってもたらされると言える（Bruner, 1990 ; Giddens, 1991）。したがって、私たちが深く傷つき、自分を見失ってしまったときには、ばらばらになった自己の物語を語り直し、修復すればよい（Nelson, 2001）。物語は私たちがこのような角度からアイデンティティに接近することを可能にする。

　また物語は私たちが社会について考える手がかりを提供する。「社会」という言葉はあまりにもありふれていて改めてその意味を問う機会は少ないが、考えてみるとこれもアイデンティティ同様に捉えどころのない概念である。しかも社会は多くの問題を内包している。階級、ジェンダー、人種、性的指向、障害の有無などに根ざした差別はその一例である。このような社会問題に直面したとき、コミュニケーション研究者に

何ができるだろうか。社会が強固で動かしがたいものであるならば、そこに内包される問題に手を加えることは難しいだろう。しかし、社会が物語の集まりだと考えたらどうだろうか。私たちが絶え間のないコミュニケーションを通して創り出し、書き換えていくのが社会だと考えれば、それをより良い方向へと変革していく可能性が開ける。物語という視点を得ることで、私たちは社会をこのように流動的に捉えることができるようになる（Gergen, 2009）。

　これまでの記述から明らかなように、物語は自己や社会を書き換え可能な緩やかな統合体として捉え直すことを可能にする。そのような視点は広い意味での——ジョージ・ハーバート・ミードとミシェル・フーコーを同時に含むような形での——社会構築主義と重なり合う（Gergen & Gergen, 2003；O'Brien, 2006）。自己や社会が物語であるならば、その欠落を埋め、問題点を指摘し、より良い生と社会を実現することが可能になるはずである。そして、それはコミュニケーションによって可能になる。なぜなら、私たちはコミュニケーションを通して物語を紡ぎ続けるからである。物語は社会文化研究の中心にコミュニケーションを据え直し、私たちを社会変革と自己創造のための批評へと誘う。その潜在力を私たちはまだ汲み尽くしてはいないだろう。

引用文献

野家啓一（2005）『物語の哲学』岩波書店.

Anderson, B. (1983). *Imagined communities: Reflections on the origin and spread of nationalism*. New York: Verso.

Bochner, A. P., & Ellis, C. (1992). Personal narrative as a social approach to interpersonal communication. *Communication Theory, 2*, 165-172.

Bruner, J. (1990). *Acts of meaning*. Cambridge, MA: Harvard University Press.

Culler, J. (1997). *Literary theory: A very short introduction*. New York: Oxford University Press.

Fisher, W. R. (1978). Toward a logic of good reasons. *Quarterly Journal of Speech, 64*, 376-384.

Fisher, W. R. (1984). Narration as a human communication paradigm: The case of public moral argument. *Communication Monographs, 51*, 1-22.

Fisher, W. R. (1985). The narrative paradigm: An elaboration. *Communication Monographs, 52*, 347-367.

Fisher, W. R. (1987). *Human communication as narration: Toward a philosophy of reason, value, and action*. Columbia, SC: University of South Carolina Press.

Fisher, W. R. (1989). Clarifying the narrative paradigm. *Communication Monographs, 56*, 55-58.

Foss, S. K. (2009). *Rhetorical criticism: Exploration and practice (4th ed.)*. Long Grove, IL: Waveland Press.

Geertz, C. (1973). *The interpretation of cultures*. New York: Basic Books.

Gergen, K. J. (1991). *The saturated self: Dilemmas of identity in contemporary life*. New York: Basic Books.

Gergen, K. J. (2009). *An invitation to social construction (2nd ed.)*. Thousand Oaks, CA: SAGE Publications.

Gergen, M., & Gergen, K. J. (2003). *Social construction: A reader*. Thousand Oaks, CA: SAGE Publications.

Giddens, A. (1991). *Modernity and self-identity: Self and society in the late modern age*. Stanford, CA: Stanford University Press.

Griffin, E. (2009). *A first look at communication theory (7th ed.)*. New York: McGraw-Hill.

Hall, E. T. (1959). *The silent language*. New York: Anchor Books.

Hall, E. T. (1976). *Beyond culture*. New York: Anchor Books.

Jameson, F. (1981). *The political unconscious: Narrative as a socially symbolic act*. Ithaca, NY: Cornell University Press.

Lucas, K., & Buzzanell, P. M. (2004). Blue-collar work, career, and success: occupational narratives of Sisu. *Journal of Applied Communication Research, 32*, 273-292.

Mumby, D. K. (1987). The political function of narrative in organizations. *Communication Monographs, 54*, 113-127.

Nakayama, T. K. (1994). Show/down time: "Race," gender, sexuality, and popular culture. *Critical Studies in Media Communication, 11*, 162-179.

Nelson, H. L. (2001). *Damaged identities: Narrative repair*. Ithaca, NY: Cornell University Press.

O'Brien J. (2006). *The production of reality: Essays and readings on social interaction* (4th ed.). Thousand Oaks, CA: Pine Forge Press.

Rowland, R. C. (1987). Narrative: Mode of discourse or paradigm? *Communication Monographs, 54*, 264-275.

Rowland, R. C. (1989). On limiting the narrative paradigm: Three case studies. *Communication Monographs, 56*, 39-54.

Van Maanen, J. (1988). *Tales of the field: On writing ethnography*. Chicago: University of Chicago Press.

Warnick, B. (1987). The narrative paradigm: Another story. *Quarterly Journal of Speech, 73*, 172-182.

第 5 章
精 神 分 析

北本 晃治

　精神分析はフロイト（Sigmund Freud, 1856-1939）によって創始されたが、それをさらに言語活動との関係において究極の形へと発展させたのは、ラカン（Jacques Lacan, 1901-1981）である。精神分析とコミュニケーション学との関係で重要なことは、レトリック研究における1つの大きな展開があったことである。その展開は、話者を中心とした「説得技術」の研究から、オーディエンス（聞き手）のメッセージへの「同一化作用」に焦点を当てた研究へのシフトが行われた点にある（柿田, 2006）。前者は意識的な話者の説得力に、後者はイデオロギー的呼びかけに対する聞き手の無意識的反応に、それぞれ重点が置かれている。この「意識」と「話者」から「無意識」と「聞き手」への焦点の移動は、（ポスト）構造主義の理論を基にした「言語論的転回」と呼ばれる認識枠組みの大きな変化によって必然のものとなったが、ラカンの精神分析理論は、正にこのような流れの中に位置するものである。本章ではまず、これまでのレトリック研究の分野において、精神分析理論がどのように取り扱われてきたのかを概観し、次に、ラカン理論の中から「四つの言説」を取り上げて、われわれの言語活動の異なった位相を構成している各要素とその関係性を確認することで、それらがこの分野において生じた認識枠組みの転換とどのように組み合うのかを考察する。そしてさらに、そのような精神分析的視点から見えてくる今後のコミュニケーション研究のあり方についても言及する。

第 5 章 精神分析

1 レトリック研究と精神分析

　Burke (1969) は、レトリックの考察すべき 2 つの水準として、「説得技術」と「同一化」を挙げているが、レトリック研究では、前者から後者へのその重点の移行に伴って、聴衆への呼びかけに同一化することによって成立する主体の生成過程 (アルチュセール, 1970) に焦点が当てられるようになった。それは、イデオロギーとシンボルの相互作用によって、集合的 (政治的) 偽意識が作り出される過程への注目であり (McGee, 1980)、レトリックは主体を構成するイデオロギー的動因として理解され、それに対する批評の重要性が高まった (Charland, 1987)。

　このような流れと並行して、精神分析の知見をレトリック研究に導き入れようとする動きも生じてくることになる (Pettegrew, 1977；Hyde, 1980；Rushing & Frentz, 1991；Frentz, 1993；Thomas, 1993；Biesecker, 1998；McDaniel, 2000)。これらの研究は、(ポスト) 構造主義の影響のもと、イデオロギー的呼びかけに対する主体の無意識的同一化作用や、レトリックの構成要素を理解する上での精神分析概念の有用性を指摘するものである。このような視点は、伝統的なレトリック研究における意識と話者を中心とする認識枠組みを相対化し、その視点の大きな転換を迫るものであるため、理論や表現の難解さとも相まって、その妥当性に対する否定的な議論を呼ぶことにもなった (Ellis, 1991；Rufo, 2003a, 2003b) が、特にレトリック研究におけるラカン派精神分析の存在意義については、「無意識の主体」と "Tropology" (比喩解釈) などの主要概念を巡って、Gunn (2003, 2004a, 2004b, 2008)、Gunn と Treat (2005)、Gunn と Hall (2008)、Lundberg (2004, 2009) らによって、現在に至るまで継続的にその重要性が指摘され続けてきている。

　それでは、コミュニケーション現象を考察する上で、このようなレトリック研究における視点の転換が、どうして必然のものとなったのであろうか。その問題を解く鍵は、研究対象として焦点が当てられているコミュニケーションの位相そのものの変化にあると考えられるが、ラカン

の理論は、その点を理解する上で極めて示唆に富んでいる。それでは、まずは、彼の言説の位相に関する理論を概観しておくことにしよう。

2 ラカンの「四つの言説」について

ラカンはコミュニケーションのさまざまな在り様を、4つの記号に割り当てられた概念間の関係性によって、異なった4つのタイプに分類している（ラカン, 1985）。この理論は、主体が社会化という流れの中で、自らへの通路を閉ざされ、消去されていく過程を明確化していこうと試みる過程の中で生まれてきたものとされている（福原, 2005：300）。

図1 ラカンの「四つの言説」

$$\frac{S_1}{\$} \longrightarrow \frac{S_2}{a} \quad 主人の言説$$

$$\frac{S_2}{S_1} \longrightarrow \frac{a}{\$} \quad 大学の言説$$

$$\frac{\$}{a} \longrightarrow \frac{S_1}{S_2} \quad ヒステリーの言説$$

$$\frac{a}{S_2} \longrightarrow \frac{\$}{S_1} \quad 分析家の言説$$

$$\frac{能動者}{真理} \longrightarrow \frac{他者}{産出物}$$

$\$$：主体
S_1：原初のシニフィアン
S_2：知（言表）
a：欲望の対象・原因

これらの中で、基本形となるのが、「主人（あるじ）の言説」と呼ばれる図1の左上のモデルであり、これは主体の抹消の式とも呼ばれている。ここで斜線を引かれた「$\$$」とは、赤ん坊のような「茫然自失した存在」（ラカン, 1977：312）が言語の世界に封じ込められた様子を、「S_1」は、母子間の原初的な二者関係が切り裂かれて、主体が言語を通して他者との意味による関係を結ぶことができるようになった徴（しるし）（自我の原初的作用）を、「S_2」は、言葉によって表現されたあらゆる「言表」、すなわち「知」を、「a」は、言葉では決して示すことのできない「欲望の対象・原因」を、それぞれ表している。横棒は「抑圧」作用を意味しており、その上段は意識的要素、その下段はそれによって忘却され、無意識に留

まっている要素である。また右上の日本語の図式は、4つのポジションに割り当てられたそれぞれの役割を示している。ラカンによれば、われわれの言語活動とは「言葉による主体のドラマ」である一方で、「主体がそこで自己の存在欠如を試すこと」(ラカン, 1981：102) である。すなわちその意味するところとは、「私」という「能動者」としての自我意識「S_1」は、われわれ主体が生育上の必然の経緯で言語世界に封じ込められた斜線を引かれた「S」であるという「真理」の忘却の上に成立しており、それが、さまざまな「S_2」という原初において「私」とは無関係であった「他者」としての言語によって、「言表」を蓄積していくことで、自己の代理表象が行うことになるが、そこに表された意味内容は、常に主体にとって部分的なものにとどまるため、言語化されなかった要素からの反作用による「産出物」として、「a(母子一体感への郷愁)」を無意識的に生み出すことになる。そして、それとの出会い損ねによる欠如感が、さらに新たな言語活動を生み出す動因となるということである。

　図の2段目の「大学の言説」のモデルは、テクノロジーが発達した近代の支配的な「言説」、すなわち「科学の言説」を表している。ここでは、自我機能「S_1」と受動的「産出物」となった斜線が引かれた無意識的主体「S」は分裂して、共に抑圧されてしまっている。ここで「能動者」として作用の中心になっているのは、「S_1」というその固有の起源を忘れた「S_2(言表)」である。それがむき出しとなった「a(欲望の対象・原因)」へと直接的に働きかけているところが示されている。

　図の3段目の「ヒステリーの言説」では、「無意識の主体」である斜線を引かれた「S」が、「能動者」の位置に入り、自律的、直接的に意識の中心である「S_1(自我の徴)」へと働きかけている。これは自分の中で、何らかの無意識的要素が勝手に語り始める現象である。これは誰しもに備わった働きであり、その程度の差によって、それは「病理的症状」や「性格的傾向」と呼び分けられることになる。症候「a」を「真理」としてその下に抱えた「無意識の主体S」自らの語りとは、あくまでも意識的な安易な解釈を拒絶する、自我意識にも他者にも理解困難な

独白である。したがってそれを他者と分かち合うために必要な知「S_2」は、無意識に留まったままとなる。われわれは決して自らを適切に映す外界の働き（鏡）なしに、自分自身のことを真に理解することはできないように構成されている。

　図の左下にある「分析家の言説」は、精神分析における分析家とクライアントの間で生じている作用を説明している。ここでは、「真理」としてある精神分析の知「S_2」は、臨床を通して周到に準備、蓄積されている一方で、面接実践においては、それらはあくまでも留保された形で、「a」という人間の中の語り尽くせない未知数自身が、その「能動者」としての行為を担うことになる。そして、それが働きかける相手は、斜線を引かれた「S」という「無意識の主体」である。その結果、新たな「S_1（自我の徴）」がその無意識の中に産み出されてくることになる。つまりこの交流では、分析家は、自己の中での性急な意味づけ「S_2」を避け、自らの身体「a」の語る（非言語的作用）に任せており、それがクライアントの無意識、斜線を引かれた「S」に作用して、クライアント自身の新たな「S_1」（意味づけの主体としての自我の徴）のあり方をその中に準備させている。ここでは、「身体」が声をあげる場所を確保することで、われわれと「身体」とのコミュニケーションの可能性が探求されていることになる。

3　レトリック研究における視点の転換と「四つの言説」との関連性

　さて、ラカンの言説の位相に関する理論を概観したところで、レトリック研究における視点の変化との関連を考えてみよう。話者と意識から聞き手（オーディエンス）と無意識への焦点の移動は、はたして精神分析的には何を反映したものなのであろうか。

　レトリック研究では、1950年代後半から60年代に活発化したさまざまな社会運動やマスメディアの急激な発達に伴って、批評対象の拡大と新しい方法論を求めた活動が展開されることになったが、これはそれ以

前の伝統的な価値観に基づく社会が、近代化によって切り崩されていく過程と並行している。伝統型社会とは、まさに「伝統」が人々の生活や思考の基本的な方向づけを与え、欲望の満足の水準を定める準拠枠となるものである（作田, 2009：94）が、そこでは、権威や規律の出処が歴然としており、さまざまな言説の意味はその権威によって保障されるものであった。これは、精神分析の理論でいえば、行為主体（能動者）としての「S_1」、すなわち「意識的な自我（話者の権威）の働き」の明示的作用であり、このような時代の基調となっていたのは「主人の言説」ということになる。話者と意識に焦点を当てる新アリストテレス批評が60年代までの主流として有効であったのは、このような時代背景によるものと考えられる。

しかし、ラカンは1968年の五月革命の中に、この「主人の言説」に代わって「大学の言説」の優位を確認することになる（作田, 2009：95）。この時代に至って、農村や拡大家族といった共同体が解体されて、個人が析出されてくる過程が展開することになるが、この流れは80年代以降にさらに徹底されて、自己の決定を再帰的に常にチェックしなければならない「リスク社会」の到来となる。それは、グローバリゼーションと個人化による伝統の崩壊と、それまで当たり前と考えられていた自然作用への再帰的介入を余儀なくするものである（Beck, 1992；Beck, Giddens, & Lash, 1994）。

このような「大学の言説」の支配する現代社会では、客観的に規格化されたおびただしい数のありとあらゆる種類の商品や技術「S_2(知)」が、伝統からの遊離と自然からの副作用という代償のもとに、われわれの暴きだされた欲望「a」を満たすべく働きかけてくることになる。そしてその結果、個人の全体性である無意識の主体「S」は、受動的かつ盲目的存在に止まることになる。これは、権威としての意識主体「S_1」は忘却され、言説「S_2」自身が「能動者」としての力を持った状況であり、言説の背後に単純にその行為主体を措定することができなくなったということである。そこで、その言説が持つ意味を真に理解するためには、受動的「産出物」に止まっている無意識の主体「S」に焦点を当

て、「真理」の位置で不特定多数に向かって無意識的に働いている権力作用「S_1」を遡及的に明るみに出すことが必要となってくる。これが、レトリック研究が、「説得技術」から「同一化作用」へとその重点を移動させ、イデオロギー的呼びかけによって成立する主体の生成過程に注目するようになった理由であると考えられる。そして、その本質的理解のためには、言語活動における無意識的力動性に関する精神分析の知見が、大きく意味を持つものとなってきたということになる。

4 今後のコミュニケーション研究の方向性

このように、「主人(あるじ)の言説」から「大学の言説」へという社会における支配的言説の在り方の変遷の中で、レトリック研究が必然的な視点の転換を行った経緯を理解することができるが、はたしてそれは今後どこへ向かおうとしており、われわれはそれにどのように対処していかなければならないのであろうか。作田は、「大学の言説」に関して、「リスク社会」以前の個人化がまだ完全には徹底されていない時期から区別して、それ以降の個人化が徹底され、「S_1」の効力と「S_2(知)」への信頼度が弱まることで、社会が産出する象徴体系自体への不信を内包することになる「大学の言説2」という概念を提出している（作田,2009：90）。自然環境への欺瞞と不安のもとで個人化が進み、「伝統」から完全に「解放」されることで得た見せかけの「自由」の享受と引きかえに、すべて「自己責任」として片づけられる現代社会が内包しているさまざまな問題は、日々指摘され続けてきているとおりである。このような状況では、科学をも含めたどのような言説も、素朴に信じられることはない。

レトリック研究が、「支配の批判」だけでなく、それを行う言表行為の「自由」自体をもその批判の対象とするようになったのは（McKerrow, 1989）、このような象徴行為そのものへの時代的不信を反映した結果でもあると考えられる。このようなアプローチでは、理論"text construction"によって何かが理解されるだけではなく、それらが置かれ

ているコンテクストの断片から言外の意味を聴きとどけることで、受け手自身の中で再帰的に理論自体が脱構築され、必然的な変容をきたすことにもなる (McGee, 1990)。これは信頼度の低下している「S_1」「S_2」を超えて、「大学の言説」において抑圧されている無意識の主体「S」の語りを聴き取ることに等しく、理論の中に潜在している「ヒステリーの言説」を現出させる行為でもあると言えるであろう。そしてそこでは、この語りの位相において産出される知「S_2」が示している本質的な意味を、しっかりと捉えることが要求されることにもなる。これはまさに、実践（批評＝臨床）を通して得られるパフォーマティブな知ということになるであろう。

　ここで注意すべき点は、そのような過程で焦点化された要素を、必要以上に「防衛」あるいは「攻撃」することは、それを再び無意識へと抑圧する「主人の言説」への回帰でしかないということである。そこでわれわれは「分析家の言説」の位相によって、一方でパフォーマティブな知を「真理」として据えながら、他方でそれらを留保した形で、自らでその無意識の主体「S」を受容し、それにそのように語らしめたコンテクストに内在する対象「a」に身を任せなければならない。これは、まさに既成の理論（言説）を「他者の存在」として全面的に肯定することで、逆説的にその理論が欠如を露呈し、自ら再構築される契機を得るということにほかならない。われわれは今後の研究活動において、たとえ全ての言説や議論が「大学の言説」の中に回収される宿命にあるとしても、「大学の言説」⇔「主人の言説」という閉じられた意識的回路から抜け出し、「大学の言説」⇨「ヒステリーの言説」⇨「分析家の言説」⇨「大学の言説」という無意識へと開かれたサイクルを、自らの言動と存在自体をも含めて、把握、実践していかなければならないであろう。

―――― 引用文献 ――――

アルチュセール、L. (1970)『レーニンと哲学』西川長夫訳、人文書院.
Beck, U. (1992). *Risk society: Towards a new modernity.* London: Sage. (『危険社会―新しい近代への道』東廉・伊藤美登里訳、法政大学出版局、1998 年)

Beck, U., Giddens, A., & Lash, S. (1994). *Reflexive modernization: Politics, tradition and aesthetics in the modern social order*. Cambridge: Polity Press. (『再帰的近代化―近現代における政治、伝統、美的原理』松尾精文・小幡正敏・叶堂隆三訳、而立書房、1997年)

Biesecker, B. A. (1998). Rhetorical studies and the "new" psychoanalysis: What's the real problem? or framing the problem of the Real. *Quarterly Journal of Speech, 84*, 222-259.

Burke, K. (1969). *A Rhetoric of motives*, University of California Press.

Charland, M. (1987). Constitutive rhetoric: The case of the Peuple Quebecois. *Quarterly Journal of Speech, 73*, 133-150.

Ellis, D. G. (1991). Post-structualism and language: Non-sense. *Communication Monographs, 58*, 213-224.

Frentz, T. S. (1993) Reconstructing a rhetoric of the interior. *Communication Monographs, 60*, 83-89.

福原泰平（2005）『ラカン　Jacques Lacan 鏡像段階』講談社.

Gunn, J. (2003). Refiguring fantasy: Imagination and its decline in U. S. rhetorical studies. *Quarterly Journal of Speech, 89*, 41-59.

Gunn, J. (2004a). Refitting fantasy: Psychoanalysis, subjectivity, and talking to the Dead. *Quarterly Journal of Speech, 90*, 1-23.

Gunn, J. (2004b). On dead subjects: A rejoinder to Lundberg on (a) psychoanalytic rhetoric. *Quarterly Journal of Speech, 90*, 501-513.

Gunn, J. (2008). For love of rhetoric, with continual reference to Kenny and Dolly. *Quarterly Journal of Speech. 94*, 131-155.

Gunn, J., & Treat, S. (2005). Zombie trouble: A propaedeutic on ideological subjectification and the unconscious. *Quarterly Journal of Speech, 91*, 144-174.

Gunn, J., & Hall, M. M. (2008). Stick it in your ear: The psychodynamics of iPod enjoyment. *Communication and Critical/Cultural Studies, 5*, 135-157.

Hyde, M. J. (1980). Jacques Lacan's psychoanalytic theory of speech and language. *Quarterly Journal of Speech, 66*, 96-108.

柿田秀樹（2006）「レトリックと権力」池田理知子編『現代コミュニケーション学』有斐閣.

ラカン、J.（1977）「精神病のあらゆる可能な治療に対する前提的問題について」佐々木孝次訳『エクリⅡ』弘文堂、289-358頁.

ラカン、J.（1981）「ダニエル・ラガーシュの報告『精神分析と人格の構造』についての考察」佐々木孝次訳『エクリⅢ』弘文堂、91-143頁.

ラカン、J.（1985）「ラジオフォニー」市村卓彦訳『ディスクール』弘文堂、43-192頁.

Lundberg, C. (2004). The royal road not taken: Joshua Gunn's "Refitting fantasy: Psychoanalysis, subjectivity and talking to the dead" and Lacan's symbolic order. *Quarterly Journal of Speech, 90,* 495-500.

Lundberg, C. (2009). Enjoying God's death: The passion of the Christ and the practices of an evangelical public. *Quarterly Journal of Speech, 95,* 387-411.

McDaniel, J. P. (2000). Fantasm: The triumph of form (An essay on the democratic sublime). *Quarterly Journal of Speech, 86,* 48-66.

McGee, M. C. (1980). The "ideograph": A link between rhetoric and ideology. *Quarterly Journal of Speech, 66,* 1-16.

McGee, M. C. (1990). Text, context, and the fragmentation of contemporary culture. *Western Journal of Communication, 54,* 274-289.

McKerrow, R. E. (1989). Critical rhetoric: Theory and praxis. *Communication Monographs, 56,* 91-111.

Pettegrew, L. S. (1977). Psychoanalytic theory: A neglected rhetorical dimension. *Philosophy and Rhetoric, 10,* 46-59.

Rufo, K. (2003a). The mirror in *The Matrix* of media ecology. *Critical Studies in Media Communication, 20,* 117-140.

Rufo, K. (2003b). Book review of *On Belief*, by Soavoj Zizek. *Quarterly Journal of Speech, 89,* 374-376.

Rushing, J. H., & Frentz, T. S. (1991) Integrating ideology and archetype in rhetorical criticism. *Quarterly Journal of Speech, 77,* 385-406.

作田啓一（2009）「殺人禁止の掟とその効力」『Becoming』第23号、BC出版、71-100頁.

Thomas, D. (1993). Burke, Nietzsche, Lacan: Three perspectives on the rhetoric of order. *Quarterly Journal of Speech, 79,* 336-355.

第 6 章
映画/映像へのアプローチ

日高 勝之

　映画/映像研究の歴史は、当然のことではあるが、映画/映像技術の発展およびそれを活用した映像作品の誕生以降の歴史しか持たない。したがって、一般的にはフランスのリュミエール兄弟の手で制作された映画『工場の出口（*La Sortie des usines Lumière*）』が1895年にパリで公開されて以降、わずか1世紀あまりの歴史しか持っていないことになる。しかしながら、主に映画研究を出発点として発展してきた関連研究領域は、20世紀以降の技術革新によって、テレビほかの多様な映像ジャンルが生み出されると、それと並行して多くのディシプリンが共存、並立する状況を生み出してきた。ここでは、映画理論を出発点としながらも、その後、関連研究領域の相互の影響を得ながら、多彩な研究領域を形成していった映画/映像研究領域の主要な系譜と現在の状況、課題を概観する。

1 映画理論の萌芽

　映画理論が体系的な形で現れたのは、サイレント映画時代の1920年代である。注目すべきは、当時の理論の主流は、映画実作者によるものであり、映画草創期の創作活動の上での方法論、手法の実験と密接に関わっていることである。その代表がセルゲイ・エイゼンシュタイン（Sergei Eisenstein）に代表されるソ連の「モンタージュ（montage）理論」であり、映画の意味生成は、カット自体ではなく、カットとカットの関係性から生まれると考えられた。エイゼンシュタインは、カット同

士の摩擦や衝突が視覚的な刺激を生み出すとした。それがいかに計算ずくの緻密な意味構築であると考えられたかは、「モンタージュ思考とは、分解され、分化された感覚が、あらためて統合されることで、数学的正確さで動く道具、すなわち機械につくり変えられた"有機的"世界の頂点なのである」(Eisenstein, 1928＝1982) とするエイゼンシュタインの言葉からも明らかである。

　当時影響力のあったもう1つの理論として、フランスの「フォトジェニー (photogénie)」をあげることができる。フォトジェニーは、ルイ・デリュック (Louis Delluc) によれば、映画には、過去と現在、夢と現実を対比させることで内在的な時間の流れが創出され、それゆえに固有の映像美や効果を持つとして提唱されたが、現在の視点からは理論というにしては、やや散漫に思われる。確かに人類の歴史上、初めて手にした「動く写真」を前に、当時の実作者や知識人がその可能性と意味を探求しようとした痕跡として無視できないのであるが、映画をアカデミックに対象化するための、ある種の客観化と理論化の作業には、もう少し時間を要したと考えてよいだろう。

2 記号学、精神分析学、文学理論などの導入

　映画理論が、同時代の学術研究の成果を共有し、一般的に認められるようになるのは、第二次世界大戦後である。特に1960年代に、フランスのクリスチャン・メッツ (Christian Metz) は、ソシュールの記号学の諸理論の映画への援用を行い、欧米の映画理論に多大な影響を与えた。1964年に発表した論文「映画—言語体系か、言語活動か？(Le cinéma, langue ou langage？)」で、「今こそ映画の記号学を創始すべきときである」(Metz, 1964＝1982) と宣言したメッツの理論は、「物語性 (narrative)」の構造を記号学的コードと見立て、言語それ自体とはおのずから異なる映画の記号学を確立しようとしたユニークなものであった。

　メッツのアプローチは後に、ドゥルーズなどから批判されるが、メッ

ツのほか、本来は構造主義的記号論の論客として広範に活躍したロラン・バルト（Roland Barthes）やウンベルト・エーコ（Umberto Eco）らの映画研究領域への影響や、映画監督ピエル・パオロ・パゾリーニ（Pier Paolo Pasolini）らの著名な実作者が制作した記号学的解読との親和性が高い映画群と彼ら自身の批評的言説の存在感も重なって、映画における記号学的アプローチは、1980年代半ば頃まで、映画理論の領域において支配的な影響力を保ち続けた。

このほか、フロイトの精神分析学、マルクス主義批評、文学批評、脱構築に代表されるポスト構造主義、フェミニズム批評、さらには人類学など既成の学問分野から、映画理論は広範な影響を受けてきた。それと並行して、記号学的アプローチと共に映画研究の中心的な分野である、ナラティブ分析（narrative analysis）、精神分析（psychoanalysis）、作家主義（author theory）、ジャンル研究（genre study）、スター研究（star study）、ジェンダー分析（gender study）などの成立と活性化が見られた。

しかしながらそれらは、アメリカの映画理論家デヴィッド・ボードウェル（David Bordwell）が'SLAB Theory'と批判的に名づけたように、S（ソシュールの記号学）、L（ラカン派精神分析）、A（アルチュセール派の構造主義的マルクス主義）、B（バルトのテクスト分析理論）などの既成の有力な抽象理論を、いわば「権威」として、そのまま個別の映画分析に援用することに終始する形で展開されてきた面があることも完全には否めない（Bordwell, 1989）。

ボードウェルの主張はある程度、首肯できると共に、彼の映画理論領域での影響力は無視できえない程度に大きいのは事実であるが、皮肉なことにボードウェル自身の立場がロシア・フォルマリズムの文学批評の立場に依拠しているという点で、結局のところ、どの映画理論も、あくまでもテクスト分析そのものが動かしがたいプライオリティとして位置づけられているという点で、以下に見るようにカルチュラル・スタディーズとの大きな違いが見られる。

3 | メディア研究、カルチュラル・スタディーズとの比較

　第二次世界大戦後、テレビが誕生したことが、映画産業のみならず、映画研究領域にも影響を与えることになる。新聞、ラジオに代表されるマス・メディアについては、メディア研究（Media Studies）、マス・コミュニケーション研究（Mass Communication Studies）などが戦前から研究を発展させてきたが、映画は、映画理論を中心に、やや自律的なアプローチの模索が見られてきたのだが、テレビというもう1つの映像メディアの誕生、さらには特に草創期においては映画的手法を参考にしたテレビ制作の特質によって、映画理論とメディア研究、マス・コミュニケーション研究の扱う領域の境界が必ずしも自明のものではなくなる。

　ここでさらに注目すべきなのは、1970年代以降、映画理論、メディア研究が共に、イギリスで発展したカルチュラル・スタディーズ（Cultural Studies）の多大な影響を受けることになったことである。カルチュラル・スタディーズは、元々は、1964年に創設された英国バーミンガム大学現代文化研究センターを舞台に、スチュアート・ホール（Stuart Hall）らを中心に発展したものである。大衆文化は、カルチュラル・スタディーズの主要な対象であったため、映画やテレビはおのずと、その主要な研究対象となる。

　カルチュラル・スタディーズは、社会学、文化人類学、文学理論、哲学、歴史学その他多くの学問領域の横断的な性格を持つと同時に、既存のディシプリンや研究手法の政治性への批判的な関心から、それらディシプリンへの一種の脱構築による内破を志向する性格を併せ持っている。映画理論も、既成の理論からの影響を多く受けているが、あくまでも映画理論がディシプリンを志向するのに対して、カルチュラル・スタディーズは反ディシプリン的である点で大きく異なる（Turner, 1998）。

　しかしながら、カルチュラル・スタディーズの、従来の映画理論との最大の相違点は、オーディエンスの持つ力への関心にある。映画のテク

ストよりもオーディエンスの持つ能動的な力に意味を認め、その映画体験の多様性やプロセスそのものに注目するカルチュラル・スタディーズにとってみれば、映画理論のアプローチは、映画誕生の時代から映画は何を意味するかという問題意識から出発し、結局はほとんどのところテクストの解読に傾斜しがちであったという点で、必然的に批判の対象とならざるを得なかった。

　そのため、英国映画協会（The British Film Institute）（現在はオックスフォード大学出版局）から発行されている英国の『スクリーン (Screen)』や、フランスの『カイエ・デュ・シネマ (Les Cahiers du cinéma)』などの影響力を誇ってきた代表的な映画批評誌は、オーディエンスの取りうる解読の在り方すらも、テクストを分析することで予測可能であるかのような映画理論のテクスト中心主義の象徴として、カルチュラル・スタディーズから批判されたのである。

　1970年代の映画理論研究の最高の成果の1つとされ、フェミニスト理論にも影響を与えたローラ・マルヴィー（Laura Mulvey）の論文「視覚的快楽と物語映画 (Visual Pleasure and Narrative Cinema)」（1975）は、ハリウッドにおいて支配的であった映画製作のスタンスが、実は「男性観客の視線」を意識して構築されてきたイデオロギーであることを暴きだしたという点で、映画理論研究の中では、とりわけオーディエンスの視点への理解が見られるものであるが、これですら、カルチュラル・スタディーズの立場からは、単一のテクスト解読が前提にされた一方的な決め付けであるとして疑問視された（Modleski, 1988）。

　さらに一方で、カルチュラル・スタディーズが発展していく時期が、ちょうどテレビの影響力が映画のそれを凌駕していく1970年代以降の時代に重なる点も見逃してはならないだろう。多様なパワーのダイナミクスに関心を寄せるカルチュラル・スタディーズにとって、文化産業の中で影響力を増してきたテレビが、その研究対象として占める比重が必然的に大きなものになる。同時に、テレビの影響力の増大は、隣接研究領域の中でのカルチュラル・スタディーズのステイタスを押し上げる環境を整えることにもつながる。したがって映画理論領域が、カルチュラ

第6章　映画/映像へのアプローチ

ル・スタディーズの影響を受けることになるのは、むしろ当然の帰結とも言えるかもしれない。

　さらにここで事情が複雑なのは、産業としての映画とテレビの間の流動性が高まっていったことである。劇場用映画がテレビやビデオで視聴されるようになり、一方で例えば、スティーブン・スピルバーグ監督の出世作『激突(Duel)』(1971)のように、低予算で製作されたテレビ用映画が劇場で公開されるケースも出てくる。こうなると、自律的な映画空間やテレビ空間の境界が曖昧になっていく。

　そもそも映画理論によって、主にテクスト解読として理解されてきた映画体験と、カルチュラル・スタディーズによって、例えばレイモンド・ウィリアムス(Raymond Williams)によって、「流れ(flow)」として位置づけられてきたテレビの視聴体験は、かなり異なるものとされていた。シルヴィア・ハーヴェイ(Sylvia Harvey)は、映画体験には、「聖なる(sacred)」イメージが備わっており、この点において、テレビの視聴体験と「質」が異なると論じたし(Harvey, 1996:250)、さらにアン・フリードバーグ(Anne Friedberg)は、フィルムを使用しないビデオ映画には、本来、映画が特質として備えていた「アウラ(aura)」が失われると主張した(Friedberg, 1993:139)。

　しかしながら、映画とテレビ産業の流動性の高まりがもたらす製作システムや視聴体験の変化は、このような従来の議論の不毛性をも突きつけかねないだろう。ただしそれが単純にカルチュラル・スタディーズの優位性を意味するわけではないことも同時に強調しておく必要がある。オーディエンス研究に比して、やや勢いを失いかけていたテクスト分析の再評価も活発化している。欧米の主要学者25人の執筆からなる大著『Reinventing Film Studies』(2000)は、新たな映画理論の体裁を用いながら、実のところ映画理論家たちによる映画理論宣揚の宣言書のようでもある。

　この中でジル・ブランストン(Gill Branston)は、映画テクストの分析は、「21世紀において最高の、生きる技術」(Branston, 31:2000)だと結論し、カルチュラル・スタディーズから目の敵にされた英国の映画批

評誌『スクリーン』の編集長を長年務めたジェフリー・ノエル＝スミス（Geoffrey Nowell-Smith）に至っては、単に映画理論だけではなく、記号学など言語学的アプローチが導入される以前の、戦前の映像美学の復興を主張し、絵画や音楽と同次元に映画を論じる批評空間の必要性を主張している。確かに、100年を超える映画史の中で、世代を超えて鑑賞に堪える古典とされる作品が数多く生み出されてきたが、その魅力の探究は映画理論の蓄積によるテクスト分析なくしては考えにくいだろう。

4 今後の展望

最後に21世紀初頭の現在の映画/映像をめぐる研究領域の現況を概観するならば、それぞれに課題を抱えていると言える。映画理論家たちは、映画が何を意味するかを説明しうる「大きな理論(grand theories)」が今や失われていることを認識している（Gledhill & Williams, 2000；Kuhn, 2009）。一方でカルチュラル・スタディーズも、1980年代以降の世界各国の大学の人文学の再編、高等教育のグローバリゼーション、多文化主義の導入などと関連し、「もはや不可逆的なところにまで一般化されつつある」（上野・毛利, 2000：236）ものの、一方で、その反動として批判力の減退が指摘されることがしばしばある。今後求められるのは、関連研究領域のさらなる交流と、他分野との架橋的なアプローチの模索である。なぜならば、映画/映像をめぐる世界的な環境は、より一層の複雑さを増しているからである。

グローバル化の進展によって、映画もテレビも欧米のみならず、アジア、アフリカを含めた広範な地域の作品が世界中で流通されるようになったが、その際、研究で求められるのは、テクスト分析やオーディエンス分析に加えて、流通そのもののダイナミズムや、それが映画/映像コンテンツに及ぼす影響などである。これについては、メディア・スタディーズの批判的政治経済アプローチ（Critical Political Economy）のような方法論を積極的に活用することで、より構造的な分析を可能にしてくれるだろう。

映画とテレビの境界の融解という点では、わが国で顕著なように、テレビ局による映画製作が、映画界で主流化している現実も見逃せない。それに伴い『踊る大捜査線』、『のだめカンタービレ』シリーズをはじめとする数々の映画のように、テレビ放送の後に、同じ顔ぶれの出演者による映画版が製作されるケースも増えており、それら1つ1つを単体の作品やテクストとして対象化して分析することを無意味にせしめかねない。これについても、ビジネスとしての映画/映像業界のダイナミズムを念頭に置いたアプローチの併用などが期待される。

　また、デジタル革命は、映像の中身、受容、記録、貯蔵、加工処理、検索などを劇的に変容させている。デービッド・キャメロン監督による3D映像の映画『アバター (*Avatar*)』(2009)が世界の歴代映画興行収入記録を塗り替える大ヒットを記録し、その後も3D映像の製作が相次いでいることから、今後、三次元映像の映画が主流になる可能性がある。すでにCGの利用も活発化している現状とあわせて、これらの、従来のフィルムとビデオの二項的な相違に容易に還元できない多様な映画/映像表現、関連産業、および消費の急速な変化は、研究者のアプローチの枠組みを間断なく揺さぶり続けることになるだろう。例えば、アムステルダム大学のトーマス・エルセッサー (Thomas Elsaesser) は、デジタル化時代に対応するために、フロイトの再解釈に基づいて、映画理論の精神分析的アプローチの抜本的な再構築を提唱している (Elsaesser, 2009) が、このような新しい取り組みが重要になってきている。

　三次元映画をオーセンティックな映画芸術の定義から外れるとして無視することは容易ではあるが、事情はそんなに単純ではない。周知のように、かつてベンヤミンは、映画に代表されるマス・メディアの複製技術が、伝統芸術に備わっていたオリジナルとしての近寄りがたい「アウラ」を消失させるとした (Benjamin, 1936)。しかしながら皮肉なことに、先に述べたように、フリードバーグは、ビデオ時代が到来した1990年代に、ビデオの席巻によって映画が備えていたはずの「アウラ」が失われるという逆説的な批判を行ったのである。とはいえ、新技術の誕生のたびに、一世代前の表現形態に「アウラ」を認めて擁護し始め、一方で

新技術を敬遠するという歴史的な循環がもしあるとすれば、それは一歩道を誤ると研究の停滞を招きかねない。

　ジョン・ヒル（John Hill）が言うように、映像メディア間の違いを無視して同一視するのは間違いであるが、それらの違いを本質化するのも誤った方向に導きかねないというシビアな認識も重要であり（Hill, 1998：610）、今後の映画/映像への研究アプローチは、現実の目まぐるしい変化を見据えながら、他研究分野との架橋を常に視野に入れた柔軟な対応が求められることになるだろう。その際、とりわけグローバルな政治経済のダイナミクスとその映像コンテンツの関係性への注目や、映画/映像をめぐる比較社会歴史的な視点がますます重要になってくると考えられる。

―――― **引用文献** ――――

Benjamin, W. (1936) Das Kunstwerk im Zeitalter seiner technischen Reproduzierbarkeit, Zeitschrift für Sozialforschung.（＝1970、高木久雄・高原宏平訳「複製技術時代の芸術作品」『ヴァルター・ベンヤミン著作集2』晶文社）

Bordwell, D. (1989) Historical poetics of cinema, In R. Barton Palmer (Ed.), *The cinematic text: Methods and approaches* (pp. 369-98), New York: AMS Press.

Branston, G. (2000). Why theory? In Gledhill, C. and Williams, L. (Eds.), *Reinventing film studies*. London: Arnold.

Eisenstein, S. (1928). An unexpected junction, *Zhizn' isskustva, no.34*, Leningrad.（＝1982、鴻英良訳「思いがけぬ接触」岩本憲児・波多野哲朗編『映画理論集成』フィルムアート社）

Elsaesser, T. (2009). Freud as media theorist: mystic writing-pads and the matter of memory. *Screen, 50*(1), 100-113.

Friedberg, A. (1993). *Window shopping: Cinema and the postmodern*. Berkeley, CA: University of California Press.

Gledhill, C., & Williams, L. (2000) *Reinventing film studies*. London: Arnold.

Harvey, S. (1996). What is cinema? the sensuous, the abstract and the political, In Christopher Williams (Ed.), *Cinema: The beginning and the future*.

London: University of Westminster Press.

Hill, J. (1998) Film and television. In J. Hill & P. C. Gibson (Eds.), *The Oxford guide to film studies* (pp. 605-611). Oxford University Press.

Kuhn, A. (2009) *Screen* and screen theorizing today. *Screen, 50*(1), 1-12.

Metz, C. (1964). Le cinéma, langue ou langage?, *Communications. 4*, 52-90. (＝1982、森岡祥倫訳「映画——言語体系か、言語活動か？」岩本憲児・波多野哲朗編『映画理論集成』フィルムアート社)

Modleski, T. (1988). *The women who knew too much: Hitchcock and feminist film theory*. New York: Methuen.

Mulvey, L. (1975). Visual pleasure and narrative cinema, *Screen, 16*(3), 6-18.

Nowell-Smith, G. (2000). How films mean, or from aesthetics to semiotics and half-way back again. In C. Gledhill. & L. Williams. (Eds.), *Reinventing film studies*, London: Arnold.

Turner, G. (1998) Cultural studies and film, In J. Hill and P. Church Gibson (Eds.). *The Oxford guide to film studies* (pp. 195-201), Oxford University Press.

上野俊哉・毛利嘉孝（2000）『カルチュラル・スタディーズ入門』筑摩書房．

第 7 章
表　　象

松本　健太郎

1 表象と人間

　本章の使命は文化の組成や、あるいはコミュニケーションのメカニズムを考察する際にも重要となる「表象」概念を多角的に照明していくところにある。この概念はどういった意味なのか。言語表象と映像表象はどう異なるのか。また表象と実在との関係は現在どのように変容しつつあるのか。以上のような問題に回答を付与すべく、以下では議論を展開していく。

1.1　「表象」概念の意味

　まず、手始めに「表象」（representation）という概念の定義についてであるが、字義的には表現・描写・代議制・上演・演出などの意味をもつということを確認しておこう。W・J・T・ミッチェル（W.J.T. Mitchell）が解説しているように、この概念は美学・記号学・政治理論・演劇論などで、それぞれ異なる定義（例えば美学でいう表象とは「他の事物を『代理する』事物」という意味であり、政治学でいう代表とは「他の人間に『代わって行為する』人間」という意味である。あるいは演劇では俳優が他の人物を表したり、「その人物に『扮したり』する」）を付与されてきたという経緯があるが、しかし各分野で定義上の異同があるとしても、総じて当該概念の本質が他の何かを代理するものという点で一致していることは確かであろう。さらに付言しておくと、代理物たる「表

象」という概念は、記号学者であり小説家でもあるウンベルト・エーコ（Umberto Eco）の「記号」概念——彼はそれを「すでに成立している社会的慣習に基いて何か他のものの代わりをするもの」（Eco, 1976=1996a：25）と規定している——にも通底する性格を備えている。

1.2 「表象動物」としての人間

　「表象」（あるいは「記号」）を操作する能力が人間存在の特殊性を解明する上で重要な要素であることは間違いない。ミッチェルはエルンスト・カッシーラーの人間観を念頭に置きながら、「人間とは『表象動物』、象徴する人（*homo symbolicum*）である。すなわち、記号——他のものの『代役となる』、もしくはそれに『置き換わる』もの——をつくりあげ、操作することを特徴とする生き物なのである」（Mitchell, 1990=1994：28）と語る。指示対象（すなわち指し示される人物や事物など）を代理的に表現する言葉や、現実の光景をあるがままに映像化する写真など、言語表象や映像表象などを含め、人間はさまざまな形態の代理物を産出し、それをやりとりすることで記号活動やコミュニケーション活動を遂行する存在なのである。あるいは、映画評論家のアンドレ・バザン（André Bazin）が「ミイラコンプレックス」（1958=1970：13）の名で表現したように、人間とは時間と共に失われていく何かを彫像にしたり、絵に表したり、写真に収めたりすることで、つまり表象化の営為によって、死に対する抵抗を文化的な次元で企図する奇妙な心性をもった動物だといえるのだ。

1.3 表象とコミュニケーション

　ところでミッチェルは4つの項から構成される図式（図1）を提示しながら、「表象」と「コミュニケーション」との関係に論及している。

　この四角形の内部では2本の軸が直角に交差しているが、このうち縦のものは「表象の軸」として、横のものは「コミュニケーションの軸」として指呼される。ミッチェルは具体例を示しながら説明を加えるが、例えば「ひと塗りの絵の具」によって「石」が表象される場合を想定し

図1

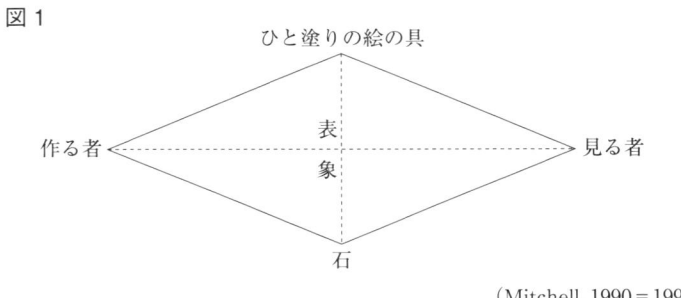

ひと塗りの絵の具 ― 表象 ― 石
作る者 ←----→ 見る者

(Mitchell, 1990＝1994, 29)

たとき、表象するもの（絵の具）/表象されるもの（石）、それら両者を連結する線が前者の「表象の軸」ということになる。他方、後者の「コミュニケーションの軸」とは、その表象の送り手（作る者）/受け手（見る者）を連結する線に相当する。ここでミッチェルは「表象」概念と「コミュニケーション」概念の密接な関係に言及しているのだが、特に彼による指摘のなかで重要と思われるのは、「表象の軸」がコミュニケーションを媒介する線になると同時に、それを遮断する線にもなりうる、ということである。どういうことかというと、絵の具による石の表象とは、それを作る者と見る者との狭間で展開される視覚的コミュニケーションの手段となるわけだが、他方では、その表象には作者の見方あるいは視座が反映されており、ときとして誤解、誤謬、虚偽などが派生する原因ともなりうる、ということである。

2 言語表象/映像表象の秩序

2.1 言語と映像の関係と、その歴史的変遷をめぐって

ひとくちに「表象」といっても、そこには言語的なものも含まれれば、非言語的なものも含まれる。以下では非言語表象の例として映像表現をあげつつ、その表象のメカニズムを言語表現との比較のなかで論じてみよう。

言語と映像という2つの表象形式の相違に関しては、従来、記号学の領野で詳細な分析がなされてきた。その一例として、言語が映像の意味作用を一方的に規定すると考えたロラン・バルト（Roland Barthes）の記号観を挙げておくことができるだろう——彼によると「言語とは他の記号体系を解釈することのできる唯一の記号体系」であると考えた（1994:1436）。つまり言語記号は、映像を含む非言語的な記号体系を意味論的に統御するものとして解されるのだ。この基本的認識は、彼の映像論にも浸透している。映画の一ショットに対するナレーションにせよ、絵画に対する表題にせよ、言語メッセージは映像がもつ多義性を縮減させる方向に作用する——それは、まさしく言語による映像の意味の支配にほかならない。スーザン・ソンタグ（Susan Sontag）は「解釈するとは対象を貧困化させること、世界を萎縮させることである」と語ったが、そのような解釈行為は、まさに言語活動の介入によって成立しうる（1961＝1996:22-23）とも考えられるのかもしれない。余談となるが、Mitchell（1986:58）は言語学的モデルの援用によって映像記号を取り込もうとした記号学が挫折した経緯に論及し、それを言語帝国主義（linguistic imperialism）という言辞でもって揶揄している。

　記号学的理論は、概して、言語/映像の意味論的関係を理論化する上で歴史的次元を捨象した議論に徹することがある。実際にバルトは「映像表象」に対する「言語表象」の固定的かつ超時代的な優位性を主張したわけだが、これに対してヴィレム・フルッサー（Vilém Flusser）は「言語」と「映像」の双方向的な規定関係を洞察し、文字テクストが画像の意味を注釈するだけではなく、逆に映像が文字テクストの意味を図解し、イメージ化しうるものであると指摘している。さらに彼は「言語」と「映像」の歴史上の闘争を弁証法的と表現し、両者の関係が歴史的に可変的であると示唆する。

2.2　自然/因襲をめぐる論争

　言語表象と映像表象の差異と関係性を考察の対象にしようとするとき、それは「自然/因襲」（nature/convention）にまつわる宿命的な

優劣論争(パラゴーネ)を想起させもする。ミッチェルは映像を「自然的な記号」として、他方では言葉を「因襲的な記号」として捉える常套的な区別の理論的欠陥を指弾するため、これら2つの表象形式の優位性を擁護する各々の立場を概観する。このうち前者の言説では、指示対象との自然な結び付きを前提とする「映像」の優位性が強く信奉されることになる。

　例えばジュゼッペ・カリオーティ（Giuseppe Caglioti）が映像表象の可能性に期待を寄せた根拠がそうであったように、「自然的な記号」とは直接的で、無媒介的で、精確な事物の表象を提供することで、あらゆる属性の人々を連結しうるコミュニケーションの普遍的な手段となる。逆に後者の言説では、因襲的記号たる「言語」の優位性が強く信奉されることになる。そこで因襲的な記号とは、いわば自然からの解放と自然に対する優越の証となり、可視的で物理的な対象のみを表象しうる映像とは対照的に複雑な心的観念を分節化し、伝達することのできる操作性の高い表現形式として高く評価される。これに対してミッチェル本人はと言えば、この「自然/因襲」という伝統的な区分に対して必ずしも賛意を示してはいない。その代わりに、この本質主義的な二項対立的概念の対案として、哲学者ネルソン・グッドマン（Nelson Goodman）らの記号観に対する積極的な支持を表明するのである。

2.3　グッドマンの記号観

　グッドマンらは映像記号を稠密でアナログなシステムに依存するものとして、他方で言語記号を有限の項に分化されたシステム、あるいはデジタルなシステムに依存するものとして記述する。そして彼の理論の鍵概念である「充満」は、このうち前者に関連するのだ——「ある記号は、記号機能を発揮するその特徴が多ければ多いほどそれに比例していっそう充満している。例えば、線グラフの場合、線上の各点が座標上でとる位置の違いだけが意味をもつ。線の太さや色は問題にならない。しかし一本の線で描かれた素描——線による描写——の場合、線の太さや色やその他の特徴すべてが意味をもつ。素描は図表よりも充満である」（Goodman & Elgin, 2001：177）。つまり特定の記号が充満しているか

否かは、その意味作用を規定するにあたって関与するパラメーターの数によって、また、それを分節する単位の明晰さによって判断される。ウンベルト・エーコ（Umberto Eco）も指摘することだが、「非言語的な記号はそのほとんどが通常、2つ以上のパラメーターに依存している」（1976＝1996b:48）。他方でアルファベットの体系に関して考えてみれば、その言語的なメッセージの意味作用を規定する上で重要なのは、文字のフォントや大きさ、色などではなく、むしろ、その文字が特定の聴覚像を喚起する特定の記号として認識されうるか否か、ということである。その限りにおいて、アルファベットの体系の場合には、必然的に、その意味作用を規定する要因は数的に制限されたものとなる。

　言語システムは構文論的にも、意味論的にも分化しているが、絵画システムに内包される要素はむしろ未分化であり、その意味作用は複数のパラメーターに依拠して方向づけられる——このようなわけで、映像記号に対する解釈は、言語のそれと比べたとき、曖昧さ、不確定性、多義性を残す傾向にある。エルンスト・ゴンブリッチ（Ernst Gombrich）が語るように、「視覚的なイメージは喚起能力の点では最高であるが、表現的な目的のための使用には問題があるし、補助なくしては言語の記述機能と対抗しても全く勝ち目はない」（1982:138）。

3 │ 表象と実在の関係性と、その現在

3.1 「透明な表象」とコミュニケーション

　　「どのような表象も、なんらかの犠牲を強いる。直接性や現前性や真理の喪失というかたちで」（Mitchell, 1990＝1994:46）。

　ミッチェルはそう語るが、しかし数ある表象形式のなかには、上記のような"喪失"を感知させないようなタイプのものがある。写真など「透明な表象」とでも言いうるような映像がそれに該当する。

　なぜ写真が透明であるかというと、それが現実の光景をあるがままに

再現したものであるからである。バルトの写真観によると、その表象は"みえない"という。なぜなら写真をみるとき、私たちが実際にみているのは被写体の形象でしかなく、写真そのものはそれを包み込んでいる透明な皮膜にすぎない、と捉えることが可能だからである。

　誰もが抱く素朴な印象として、写真は解釈が容易であり、同じ世界観を人々に共有させるには打ってつけの表現形式だといえる。写真はそれを見る者の母語が異なっても、あるいは、その者の教養や解釈コードに差異があっても、撮影者がみた光景をそのまま届けてくれる。言語表象と比較してみると、写真表象の場合には解釈の偏差が少なく、一見すると純粋なコミュニケーションを達成してくれるもののようにみえる。つまり、それは撮影者がみた光景を完全に伝達してくれるもののようにみえるのだ。

3.2　視覚のピラミッド

　写真の表象空間は、しばしば遠近法のそれとの連続性のなかで語られることが多いが、ここで遠近法の原理を説明する際によく引き合いに出される「視覚のピラミッド」を想像してみると理解しやすい。それは、ちょうど2つのピラミッドが合わせられたような形をしている。片方のピラミッドの頂点には絵のなかの消失点が対応し、もう片方のピラミッドには画家もしくは観客の眼が対応する。そして、それら2つの四角錐の重なりあう底辺が「透明な窓」に見立てられたキャンバスが対応するのだ。

　ところでミッチェルが提示した先述の図式では、表象を介して「作る者」と「見る者」が対峙する構図が認められた。これに対して「視覚のピラミッド」を念頭におきながら遠近法絵画（もしくは写真）を考える場合、鑑賞者は画家（もしくは撮影者）の視点から世界を眺めているかのような錯視を体験する。つまり、それらの「透明な表象」では、「作る者」と「見る者」は互いに対峙することなく視点を共有し、したがって表象がコミュニケーションの障害となり、誤解、誤謬、虚偽を誘発することはないように見受けられる。

3.3 表象による実在の支配

リアリティの精度の高い映像は実在への欲望をかきたてる。しかし、その表象がもたらすものが実在の錯視であり、結局のところ虚構でしかないことも忘れてはならない。しかし、にもかかわらず、ときとして人は表象を通じて実在をコントロールしようと欲する。そしてその欲望は、例えばエドワード・サイード（Edward Said）によるオリエンタリズム批判——それは西洋人がつくりだした「東洋の表象」が「実在の東洋」を圧殺するメカニズムを標的にしたものである——などによっても浮き彫りにされる問題となっている。

現在では、表象とそれを伝達/保存するメディアがますますテクノロジー集約的なものとなりつつある。そして、それらのメディアが複雑に絡み合うことで、世界をみる方法は大きく変わってしまったといえるだろう。ギー・ドゥボール（Guy Debord）は「かつて直接に生きられていたものはすべて、表象のうちに遠ざかってしまった」（1967＝2003, 14）と主張するが、たしかにスペクタクル化する現代社会のなかで「実在」と「表象」との関係には変化が生じつつあると言えるのかもしれない。

───── **引用文献** ─────

Barthes, R. (1994). *Roland Barthes, Œuvres completes, Tome II 1966-1973*, Éditions du Seuil.

Barthes, R. (1995). *Roland Barthes, Œuvres completes, Tome III 1974-1980*, Éditions du Seuil.

Bazin, A. (1958). *Qu'est-ce que le cinéma : ontologie et langage*, Cerf.（＝1970、小海永二訳『映画とは何かⅡ——映像言語の問題』美術選書）

Caglioti, G. (1995). *Eidos e psiche : struttura della materia e dinamica dell'immagine*, Ilisso Edizioni.（＝2001、鈴木邦夫訳『イメージの現象学——対称性の破れと知覚のメカニズム』白揚社）

Debord, G. (1967). *La société du spectacle*. Buchet/Chastel.（＝2003、木下誠訳『スペクタクルの社会』筑摩書房）

Eco, U. (1979). *A theory of semiotics*. Indiana University Press.（＝1996a、

1996b、池上嘉彦訳『記号論 I』『記号論 II』岩波書店)

Flusser, V. (1983). *Für eine Philosophie der Fotografie*. European photography. (=1999、深川雅文訳『写真の哲学のために——テクノロジーとヴィジュアルカルチャー』新曜社)

Gombrich, E.H. (1982). *The image and the eye: Further studies in the psychology of pictorial representation*. Phaidon.

Goodman, N., & Elgin, C.Z. (1988). *Reconceptions in philosophy & other arts & Sciences*. Routledge. (=2001、菅野盾樹訳『記号主義——哲学の新たな構想』みすず書房)

Mitchell, W.J.T. (1990). Representation. In Thomas McLaughlin (Ed.), *Critical terms for literary study* (pp. 27-49). University of Chicago Press. (=1994、大橋洋一他訳「表象」フランク・レントリッキア他編『現代批評理論——22の基本概念』平凡社)

Mitchell, W.J.T. (1986). *Iconology : Image, text, ideology*. The University of Chicago Press.

Said, E.W. (1978). *Orientalism*. Vintage Books. (=1993、今沢紀子訳『オリエンタリズム 上・下』平凡社)

Sontag, S. (1966). *Against interpretation*. Farrar, Straus and Giroux. (=1996、高橋康也他訳『反解釈』筑摩書房)

執筆者紹介 （アルファベット順）

宮原　哲（MIYAHARA, Akira）
西南学院大学外国語学科教授、スピーチ・コミュニケーション Ph. D.(Pennsylvania State University)。日本コミュニケーション学会会長。著書に『ニッポン人の忘れもの』（西日本新聞社）、『入門コミュニケーション論』（松柏社）など。

大坊郁夫（DAIBO, Ikuo）
大阪大学大学院人間科学研究科教授。関心テーマ：対人コミュニケーション、社会的スキル・トレーニング。著書：『社会的スキル向上のための対人コミュニケーション』（編著、ナカニシヤ出版、2005 年）など。

花木　亨（HANAKI, Toru）
南山大学外国語学部英米学科准教授。米国オハイオ大学大学院コミュニケーション研究科博士後期課程修了。コミュニケーション研究博士。

日高勝之（HIDAKA, Katsuyuki）
立命館大学産業社会学部准教授。1965 年生まれ。NHK 報道局ディレクター、英オックスフォード大学客員研究員等を経て現職。専門はメディア学・映画学、カルチュラル・スタディーズ。

池田理知子（IKEDA, Richiko）
国際基督教大学教授(Ph. D.)。主要著書は、『異文化コミュニケーション・入門』（共著、有斐閣）、『現代コミュニケーション学』（編著、有斐閣）、『よくわかる異文化コミュニケーション』（編著、ミネルヴァ書房）など。

井上奈良彦（INOUE, Narahiko）
九州大学大学院言語文化研究院教授。同大学院比較社会文化学府において異文化コミュニケーション講座担当。専門はコミュニケーション学、特に議論の分析やディベート教育。ハワイ大学 Ph. D.(言語学)。

板場良久（ITABA, Yoshihisa）
神田外語大学専任講師・助教授などを経て、現在、獨協大学外国語学部教授。1995 年、ミネソタ大学大学院コミュニケーション研究科博士課程修了(Ph. D.)。

柿田秀樹（KAKITA, Hideki）
獨協大学外国語学部英語学科准教授。主著、『現代コミュニケーション学』（共著、有斐閣、2006 年）、「表象の越境・越境の表象―コミュニケーションの行為媒体（エージェンシー）」（『ヒューマン・コミュニケーション研究』、2010 年）。

河合優子（KAWAI, Yuko）
東海大学文学部准教授。ニューメキシコ大学大学院　コミュニケーション学博士。主著は『よくわかる異文化コミュニケーション』（ミネルヴァ書房）、『「移民国家日本」と多文化共生論』（明石書店）など、いずれも共著。

北本晃治 (KITAMOTO, Koji)
帝塚山大学人文学部教授。主要論文、「ラカン『欲望のグラフ』から見たコミュニケーション教育の本質」『ヒューマン・コミュニケーション研究』第37号（日本コミュニケーション学会）

清宮 徹 (KIYOMIYA, Toru)
西南学院大学文学部准教授。コミュニケーション学博士、労使関係・人的資源修士（ともにミシガン州立大学）。主な研究は、不祥事と危機管理、批判的経営研究、コンフリクトと交渉、組織と社会のディスコース分析。

小西卓三 (KONISHI, Takuzo)
ピッツバーグ大学博士候補。神田外語大学、獨協大学非常勤講師。ウェイン州立大学修士（コミュニケーション学）、ウィンザー大学修士（哲学）。主要著書：『論理アタマのつくり方』（すばる舎、2003年）。

丸山真純 (MARUYAMA, Masazumi)
長崎大学経済学部准教授（国際コミュニケーション論担当）。米国オクラホマ大学大学院コミュニケーション研究科博士課程修了（Ph. D.；異文化コミュニケーション論専攻）。

松本健太郎 (MATSUMOTO, Kentaro)
二松學舍大学専任講師。人間・環境学博士（京都大学）。著書に『「明るい部屋」の秘密──ロラン・バルトと写真の彼方へ』（共著、青弓社）、『メディア・コミュニケーション論』（共編著、ナカニシヤ出版）などがある。

松本 茂 (MATSUMOTO, Shigeru)
立教大学経営学部国際経営学科教授。現在、日本コミュニケーション学会副会長、日本ディベート協会専務理事、中央教育審議会教育課程部会委員、文部科学省・外国語能力の向上に関する検討会委員なども務めている。

守﨑誠一 (MORISAKI, Seiichi)
神戸市外国語大学外国語学部国際関係学科准教授。米国ケンタッキー大学コミュニケーション・情報学研究科修士課程修了。1997年 Ph. D.（コミュニケーション学博士）取得。専門は異文化間コミュニケーション学。

師岡淳也 (MOROOKA, Junya)
立教大学異文化コミュニケーション学部准教授。米国ピッツバーグ大学大学院博士課程修了（Ph. D.）。著書：『メディアコミュニケーション論』（共著、ナカニシヤ出版、2010年）など。

灘光洋子 (NADAMITSU, Yoko)
立教大学異文化コミュニケーション学部、および大学院異文化コミュニケーション独立研究科教授。関心分野は、異文化コミュニケーション論、医療の場におけるコミュニケーション。

内藤伊都子(NAITO, Itsuko)
日本大学国際関係学部非常勤講師、明治大学情報コミュニケーション学部兼任講師。日本大学大学院国際関係研究科博士後期課程修了。博士(国際関係)。専門社会調査士。専門分野は異文化間コミュニケーション。

中川典子(NAKAGAWA, Noriko)
流通科学大学サービス産業学部教授。米国ポートランド州立大学大学院スピーチ・コミュニケーション学科修士(MA)。関西学院大学社会学研究科社会学専攻(博士)。専門は異文化コミュニケーション、異文化心理学。

中西雅之(NAKANISHI, Masayuki)
津田塾大学学芸学部英文学科教授。コミュニケーション学博士(Ph. D.)。専門は対人、異文化間コミュニケーション。著書に『なぜあの人とは話が通じないのか？ 非・論理コミュニケーション』(光文社新書)など。

中西満貴典(NAKANISHI, Mikinori)
岐阜市立女子短期大学勤務。専門は記号論。天国/地獄などの対構造を形成したり、反対に、解体したりする力学を研究。最近、教員も学生も大学のことを「ガッコー」と呼ぶのが気になります。大のドラゴンズ・ファン。

鈴木志のぶ(SUZUKI, Shinobu)
北海道大学大学院国際広報メディア・観光学院准教授。ミネソタ大学大学院コミュニケーション学研究科博士課程修了(Ph. D.)。これまで対人・異文化・組織コミュニケーションの研究テーマに取り組んできた。

鈴木　健(SUZUKI, Takeshi)
明治大学情報コミュニケーション学部准教授。コミュニケーション学博士。主業績：『政治レトリックとアメリカ文化』(朝日出版社、2010年)、『パフォーマンス研究のキーワード』(共著、世界思想社、2011年)。

高井次郎(TAKAI, Jiro)
名古屋大学大学院教育発達科学研究科教授。コミュニケーション学 Ph. D.(University of California, Santa Barbara)。専門は対人コミュニケーションと比較文化心理学。日本グループダイナミックス学会常任理事、日本社会心理学会常任理事などを歴任。

山口生史(YAMAGUCHI, Ikushi)
明治大学情報コミュニケーション学部教授。博士〔学術〕。専門は、コミュニケーション学〔組織・異文化〕および組織行動学。著書(単著・編著・分担執筆)、国内外学術論文、新聞連載など執筆多数。専門社会調査士。

吉武正樹(YOSHITAKE, Masaki)
福岡教育大学准教授。オクラホマ大学大学院コミュニケーション学博士。著書に『多文化社会と異文化コミュニケーション』(三修社)、『21世紀の英語科教育』(開隆堂)など。

日本コミュニケーション学会40周年記念

現代日本のコミュニケーション研究
──日本コミュニケーション学の足跡と展望

2011年4月30日　第1刷発行

編著者	日本コミュニケーション学会
発行者	前田俊秀
発行所	株式会社 三修社
	〒150-0001 東京都渋谷区神宮前2-2-22
	TEL 03-3405-4511
	FAX 03-3405-4522
	振替　00190-9-72758
	http://www.sanshusha.co.jp
	編集担当　澤井啓允・松居奈都
印刷・製本	壮光舎印刷株式会社

©2011 Printed in Japan
ISBN978-4-384-05659-4 C1030

R〈日本複写権センター委託出版物〉
本書を無断で複写複製（コピー）することは、著作権法上の例外を除き、禁じられています。本書をコピーされる場合は、事前に日本複写権センター（JRRC）の許諾を受けてください。
JRRC〈http://www.jrrc.or.jp〉　e-mail: info@jrrc.or.jp　tel: 03-3401-2382〉

装幀　久保和正デザイン室